LANZANDO UNA
REVOLUCIÓN
SOBRE EL LIDERAZGO

LANZANDO UNA REVOLUCIÓN
SOBRE EL LIDERAZGO

EL DOMINIO DE LOS CINCO NIVELES DE INFLUENCIA

CHRIS BRADY | ORRIN WOODWARD

Copyright © 2005 por LIFE

Copyright © 2005 por Obstacles Press, Inc.
Reservados todos los derechos. Prohibida la reproducción o transmisión por cualquier forma o medio electrónico o mecánico, incluidos fotocopia, grabación o por algún sistema de almacenaje o recuperación, sin la autorización por escrito de Obstacles Press, Inc. Cualquier pregunta debe ser enviada al editor.

Obstacles y el logo Obstacles logo son marcas de LIFE.

Edición, Número 1, Marzo 2008

Publicado por:
Obstacles Press, Inc.
4072 Market Place Dr.
Flint, MI 48507

Impreso en los Estados Unidos de Norteamérica

www.life-leadership-home.com
www.life-leadership-home.ca

Los movimientos revolucionarios atraen a aquellos que no son lo suficientemente buenos para las instituciones establecidas, al igual que a aquellos que son demasiado buenos para ellas.
                                        -George Bernard Shaw

La mayor revolución de nuestra generación es el descubrimiento que los seres humanos, al cambiar las actitudes internas de sus mentes, pueden llegar a cambiar los aspectos externos de sus vidas.
                                        -William James

En veinte años estarás más desilusionado por todas aquellas cosas que no hiciste, que por las que sí hiciste. Por ello déjate llevar. Navega mar adentro fuera de puerto seguro. Atrapa los vientos alisos al navegar. Explora. Sueña. Descubre.
                                        -Mark Twain

La Revolución no es una cena festiva.
                                        -Sun Yat-sen

Agradecimientos

Cuando se escribe un libro como este, los autores corren el riesgo de parecer un saberlo-todo. Antes de que el lector brinque a esa conclusión, permítenos liberarnos de toda responsabilidad al afirmar que, todos los días luchamos para implementar y mejorar nuestras habilidades con los conceptos contenidos en estas páginas. El material que les presentaremos a continuación no es una teoría, más bien es una experiencia de la vida real de dos hombres de negocios que deben vivirla todos los días. Hemos tenido muchas experiencias y hemos aprendido más aún, en los más de diez años juntos en esta empresa de negocios, nos hubiera ayudado muchísimo si durante el camino hubiéramos podido contar con la información contenida en estas páginas y en esta forma. Por ello, decidimos escribir este libro.

El segundo riesgo que tienen los autores es que parece como que trabajan solos. No hay nada que puede estar más alejado de la verdad. Estamos endeudados con muchos escritores y líderes contemporáneos y finados, oradores, maestros y mentores de los que hemos obtenido mucho. La bibliografía que se encuentra al final de este libro hace una lista de aquellas personas que hemos elegido para citar sus comentarios y los conceptos materiales más importantes. En particular, queremos rendir un homenaje a John Maxwell y Jim Collins por ilustrar la idea de Niveles de Liderazgo. No sabemos cual, o si alguno de los dos, haya encontrado el concepto primero, pero nos han inspirado las ideas profundas y la perspectiva que ambos nos proporcionaron. Otra persona que se encuentra hasta arriba de la lista y a la que le debemos agradecer es a nuestro paciente editor y mentor literario Rick Wolff. Nos ha mostrado todo un nuevo mundo al cual nos es grato pertenecer. También queremos agradecer a nuestro amigo y Pastor Robert Dickie por ser nuestro mentor espiritual y por su amistad durante los años; su ejemplo es el mejor sermón de todos. A nuestras esposas, Terri Brady y Laurie Woodward, que de alguna manera se las arreglan para ser hermosas, amables, flexibles, comprensivas y alentadoras todo al mismo tiempo, se merecen un agradecimiento especial y gratitud. Un agradecimiento adicional a Terri Brady por su minuciosa supervisión de la edición inicial de este manuscrito. También estamos en deuda con nuestros socios Tim Marks y Larry Van BusKirk por ideas clave que hicieron que este libro fuera mucho mejor. Gracias también a Russ Mack por creer desde el principio en un mayor alcance referente a este manuscrito. Chris desea agradecer a sus padres, Jim y Gayle Brady. Así mismo Orrin desea agradecer a sus padres, Bud (finado) y Kathy Woodward, por siempre creer en él y por su aliento. Norm Williams, nuestro diseñador gráfico y artista, merece reconocimiento por responder con paciencia a nuestras múltiples directrices y cambios continuos. También queremos reconocer y agradecer a Bob Dickie III y por su equipo, por todas las horas que invertidas, y a Doug y Tiffany Huber que han servido con ahínco en varias áreas tras bambalinas.

Lo mas importante, deseamos darle toda nuestra gloria a nuestro Amo y Salvador Jesús Cristo. Todo lo que hemos logrado y todo lo que lograremos es por Su gracia.

Contenido

Introducción xi

QUÉ SIGNIFICA SER UN LÍDER

Capítulo 1 Discusión de Liderazgo 3
  Ejemplo Histórico: Winston Churchill 16

QUÉ ES LO QUE TRAE UN LÍDER CONSIGO

Capítulo 2 Cualidades Fundamentales 25
  Ejemplo Histórico: William Wilberforce 51

QUÉ ES LO QUE HACE UN LÍDER

Capítulo 3 El Ciclo del Logro 59
  Ejemplo Histórico: Mel Fisher 87

CÓMO CRECE UN LÍDER DESDE EL PUNTO DE VISTA PERSONAL

Capítulo 4 El Libro de Mayor del Liderazgo Trilateral 95
  Ejemplo Histórico: Benjamin Franklin 109

CÓMO CRECE UN LÍDER EN INFLUENCIA

Capítulo 5 Los Cinco Niveles de Influencia 117
  Ejemplo Histórico: Reina Elizabeth I 121

Capítulo 6   El Primer Nivel de Influencia: El Aprendizaje   123
  Ejemplo Histórico: Theodore Roosevelt   140

Capítulo 7   El Segundo Nivel de Influencia: El Desempeño   147
  Ejemplo Histórico: Tom Brady   171

Capítulo 8   El Tercer Nivel de Influencia: El Dirigir   176
  Ejemplo Histórico: George Washington   190

Capítulo 9   El Cuarto Nivel de Influencia:
      El Desarrollo de Líderes   197
  Ejemplo Histórico: Horatio Nelson   237

Capítulo 10   El Quinto Nivel de Influencia:
      El Desarrollo de Líderes que
      Desarrollan Líderes   246
  Ejemplo Histórico: Pablo el Apóstol   252

CONCLUSIÓN   259

BIBLIOGRAFÍA   263

Introducción

Justo antes de la Gran Depresión un hombre llamado Ira Yates vendió su negocio lucrativo para regresar a la vida de granjero que conoció cuando era niño. Compró mil hectáreas de terreno en el este de Texas y lucho a lo largo de los años de la Depresión, con apenas lo necesario para poder sobrevivir. Conforme escuchaba rumores de varios que descubrieron campos de petróleo en Texas, decidió perforar en su rancho, pero se le dificultó que las compañías de petróleo le ayudaran con este proceso tan complicado. Finalmente, Yates colocó una torre de perforación de prueba y descubrió que estaba viviendo sobre uno de los yacimientos de petróleo más grandes de América del norte. Hizo una fortuna. La habilidad de liderazgo se parece mucho al equipo que usaron Yates y sus compañeros para perforar y descubrir la ya existente riqueza de petróleo que se encontraba debajo de sus terrenos. Cada uno de nosotros tiene una fuente de talento y habilidad enterrada en lo profundo de nuestro ser. Se requiere un taladro del liderazgo es requerido para intervenir en el glaciar de nuestro potencial. Tal y como con el equipo de perforación de Yates, necesitarás hacer un esfuerzo para obtener la habilidad de liderazgo, pero las recompensas son incalculables. Todos somos convocados para dirigir en alguna capacidad tarde o temprano en nuestras vidas. Algunos de los temas involucrados son grandes, otros son pequeños. Algunas veces las responsabilidades que requieren liderazgo duran toda la vida, y algunas veces solamente se necesitan por un breve momento. Entonces, el liderazgo es algo que cada uno de nosotros debe esforzarse por entender y para utilizar de manera mas completa. Ya sea en un escenario corporativo, un negocio propio, una iglesia, una organización voluntaria, o en nuestro propio hogar, el mejorar nuestras habilidades de liderazgo, por medio del proceso de desarrollo que se describe en este libro, es la clave para quitarle las cadenas al potencial que tenemos escondido en la profundidad de nuestro ser. Ayudar a los demás guiándolos por el mismo proceso es el tercero para alcanzar la grandeza colectiva y las victorias de una organización. Es vital para poder intervenir en nuestras fuentes internas de potencial la disposición y la habilidad para crecer como persona y como organización. James C. Hunter escribió, "Nunca dejo de impresionarme del por qué las organizaciones no insisten que sus líderes mejoren continuamente y trabajen persistentemente para convertirse en los mejores líderes que pueden llegar a ser. Con la increíble responsabilidad que implica dirigir a los demás y con las altas apuestas que esto involucra (entran en juego), para mi sería obvio que las organizaciones enfocaran su atención para ayudar a sus líderes desarrollar sus habilidades de liderazgo y por lo tanto su carácter". Escribimos este libro por que nuestro trabajo con más de miles de empresarios a lo largo de América del norte por más de diez años nos ha convencido que la mayoría de las personas (y sus organizaciones) tienen mucho más potencial dentro de ellos del que ellos mismos reconocen. El liderazgo es la llave que abre la cerradura de ese potencial. Hemos visto una y otra vez que cuando las personas se sienten vivas pueden lograr cosas que nunca hubieran pensado que eran posibles, una vez que empiezan a hacerse responsables del liderazgo. Francamente los resultados, han sido revolucionarios. Noel Tichy escribió, "Lo que hacen los líderes, en un amplio sentido es crear revoluciones". El diccionario Webster define el término revolución como "una actividad o movimiento diseñado para hacer cambios fundamentales". Al principio, las revoluciones comienzan con el malestar de parte de una persona o quizás de un pequeño grupo de individuos. Estos líderes tempranos comienzan a trabajar para influenciar los eventos que asaltan el status quo. Las cosas nunca podrán ser como eran antes. Se deben hacer cambios. Generalmente otras personas se ven atraídas al esfuerzo por la pasión de los ideales expuestos por los líderes. Gradualmente, los esfuerzos de estos "iniciadores" tempranos ganan momento, atrayendo talento y soporte de áreas cada vez más extensas. Tal y como un pequeño fuego con más oxigeno y gasolina tiene la capacidad de crecer para convertirse en una fogata, también lo hace una revolución crece en poder y potencia cuando se hacen cambios fundamentales y los resultados de esos cambios comienzan a salir a flote.

Algunas veces las fogatas terminan incendiando el bosque que tienen a su alrededor conforme va creciendo para convertirse en un incendio forestal. Sin embargo no debemos olvidar que todos los grandes incendios comienzan con una pequeña chispa. Se manera similar, todas las revoluciones comienzan con pequeñas rebeliones. La causa principal siempre puede rastreada hacia una persona o idea en particular. Los cambios fundamentales se pueden hacer por que en algún lugar, de alguna manera, por alguna razón, alguien proporcionó liderazgo. Una persona puede decidir dirigir. Una persona que es un líder si hace una diferencia.

Un verdadero liderazgo puede traer cambios radicalmente positivos a un ambiente estancado. Puede revitalizar viejas relaciones, organizaciones que tienen un desempeño pobre, e individuos con desempeños más bajos que su potencial. El liderazgo hace que sople el viento como un viento fresco que hace que las telarañas de la complacencia se desvanezcan. Para la mayoría de las organizaciones, es muy común encontrar administración y muy raro encontrar liderazgo. Nuestra experiencia nos ha mostrado que, con mucha frecuencia, en los lugares donde se requiere un buen liderazgo, existe una mala administración como impostora. El liderazgo y la administración son dos conceptos completamente distintos. El liderazgo se trata de hacer las cosas correctas; la administración se trata de hacer esas cosas de manera correcta. Ambas son vitales, pero cada una tiene su lugar. Cualquier grupo, cualquier organización, cualquier causa puede ser revitalizada con un liderazgo adecuado y una gran administración. El liderazgo debe venir en primer lugar. Por lo tanto, ya sea que se inicie una nueva aventura o se le de la vuelta a una existente, el primer y el paso mas importante para alcanzar el éxito es Lanzar una Revolución de Liderazgo.

En este libro, se presentaran ideas y principios de liderazgo en "niveles" ascendentes para así ilustrar el efecto creciente de una habilidad de liderazgo que incrementa. Se hará claro que conforme el individuo o la organización crece en efectividad de liderazgo, también lo harán los resultados, los cuales ganarán poder y fuerza como un fuego que cada vez se torna más y más brillante, o de manera mas ilustrativa, como una revolución. Además cada capítulo se acentúa con un ejemplo de la historia para demostrar la manera en la que los principios se aplican en situaciones de la vida real. Como escribió el autor Barry López, "Algunas veces para sobrevivir una persona necesita mas una historia que comida". Las historias que relata la historia con frecuencia son más interesantes y más educativas que muchas horas de enseñanza por medio de una exposición frontal.

La vida debería tratarse de propósito, significado, causa y de llenar los destinos que Dios nos proporcionó. Sin excepción, esto se logra por medio, con y para las personas. En otras palabras se hace por medio del liderazgo. El escritor Ken Kesey dice, "No se dirige apuntando con un dedo para decirle a las personas a donde deben ir. Diriges cuando vas a ese lugar y presentas tu caso". Nuestra intención es que este libro llegue a cierto lugar y presenté un caso persuasivo. Ese lugar es la fuente de tu propia potencia, y el de tu organización. El caso que deseamos presentar es, que tu potencial es abundante y suficiente para cumplir para lo que has sido llamado en esta vida. En este momento está ahí, sentado en espera de ser aprovechado. Esto se logra al hacerte responsable de dirigir aquellas áreas de tu vida en las que haz sido llamado. Conforme vayas creciendo en tu habilidad de liderazgo, revolucionarás tu vida.

Esperamos que las paginas que se presentan a continuación te iluminen, instruyan, edifiquen, enseñen y que te alienten, pero mas que nada que te inspiren para colocar tu torre de perforación de liderazgo en tu vida y/o en tu organización y así coseches la abundancia que esta enterrada dentro de tu ser. A todos ustedes les deseamos todo el éxito que están preparados para obtener.
Que perforen felizmente.
Que empiece la revolución.

—Chris Brady y Orrin Woodward, otoño del 2006

QUÉ ES SER UN LÍDER

CAPITULO 1

Discusión de Liderazgo

Algunas veces si quieres ver un cambio para mejorar, debes ocuparte tú mismo de hacer las cosas.

—Clint Eastwood

Una cuestión de liderazgo

Nos encontramos en una época donde el liderazgo es de suma importancia. En el caos, entre confusión y mediocridad galopante que encontramos en nuestras escuelas, iglesias, lugares de trabajo, familias, vidas personales, política nacional y relaciones internacionales, seguimos escuchando las mismas preguntas: "¿Puede alguien dirigir por favor?" "¿No hay nadie que pueda arreglar esto?" "¿Hay alguien que pueda darle sentido a todo esto?" "¿Hay alguien que le importe lo suficiente para hacerse responsable y para que aquí podamos mejorar?" "¿Dónde están los líderes?" "¿Aún existen héroes en la actualidad?"

Estas y otras preguntas fluyen libremente. Todos parecen asumir de manera innata que algo hace falta. No es difícil identificar problemas en una situación. Pídele a alguien que identifique cual es el problema en su iglesia, con su jefe o con sus vecinos y mas vale que estés preparado para recibir una larga explicación. ¡Y no se te ocurra preguntar acerca del gobierno! Podría tomar días. El identificar cosas negativas y áreas a mejorar es un juego de niños. Hacer sugerencias para hacer cambios y modificaciones tampoco es difícil, Todos tienen una opinión acerca de cómo realizar mejoras. El que se te ocurra una buena idea no es la gran cosa. El mundo esta lleno de buenas ideas y de personas que piensan profundamente sobre teorías importantes. Lo que hace la diferencia es la implementación y los resultados. Es lo que diferencia a los héroes del resto de las personas. Además la implementación y los resultados, requieren liderazgo en cualquier campo o empresa.

¿Qué es liderazgo?

El concepto de "liderazgo" es muy complejo. Casi todos tienen una impresión de lo que significa, por lo menos en sentido general, pero no nos ayuda mucho generalizar sobre lo que significa liderazgo. Para poder entender como dirigir, por que dirigir y que significa dirigir, debemos dejar en claro que incluye esta idea compleja, representada por esta pequeña palabra.

Hemos realizado ejercicios para tratar de definir liderazgo con grupos pequeños y grandes e invariablemente pasa lo mismo. Comenzamos a obtener frases de dos o tres palabras que suenan bastante bien, por ejemplo "tomar la responsabilidad" y "conseguir resultados", o descripciones de una palabra como por ejemplo "compromiso", "perseverancia", "carisma", e "integridad". En un sentido todas estas son verdad, pero de alguna manera no nos llevan lo suficientemente lejos. Entonces cambiamos e intentamos definiciones al combinar todas estas frases, pero esto crea un gran caos, como una gran sopa de letras que encontraríamos en un baño corporativo. De alguna manera las palabras que de manera individual significaban algo para nosotros, al pensar en liderazgo y al fusionarlas dejan de tener el mismo sentido. Al llegar a este punto lo más útil ha sido recurrir a algunos expertos en el tema. Seguramente ellos pueden aportar algo de congruencia. A continuación presentamos una pequeña lista:

1. James C. Hunter: "Nosotros definimos liderazgo. . . como la habilidad de influenciar a la gente para trabajar de una manera entusiasta hacia metas identificadas para un bien común".
2. Al Kaltman: "Un líder exitoso es aquel que obtiene mejor desempeño que las personas ordinarias".
3. Bill George: "El trabajo del líder es facilitar un ambiente estimulante, permitiendo así a los empleados atender a sus clientes, proporcionándoles además capacitación, educación y el apoyo necesario".
4. Andy Stanley: "Los líderes tienen una imagen mental de lo que quieren para el futuro y después invita a las personas a que los sigan".
5. Vance Packard: "Liderazgo es hacer que los otros quieran hacer algo de lo que uno está convencido que debe de hacerse".
6. Garry Wills: "Liderazgo es movilizar a los otros hacia una meta compartida entre el líder y los seguidores".
7. Alan Keith: "En ultima instancia liderazgo es crear un camino para que las personas contribuyan para que algo extraordinario ocurra".
8. George Barna: "Un líder es aquel que moviliza; Aquel que se enfoca en influenciar a las personas; una persona que se maneja y actúa de acuerdo con sus metas; alguien que tiene una orientación en común con aquellos que se basan en liderazgo y alguien que tiene personas que están dispuestas a seguirlo" y "Liderazgo es el proceso de motivar, movilizar, dotar y dirigir a las personas para que apasionadamente y estratégicamente busquen una visión de Dios que todos adopten como grupo".
9. Kenneth O. Gangel: "Yo considero que liderazgo es el ejercicio de nuestras cualidades especiales bajo el llamado de Dios

para servir a cierto grupo de personas para que así logren las metas que Dios les dio con el fin de tener a Cristo en su gloria".
10. Dwight D. Eisenhower: "Liderazgo es el arte de hacer que otra persona haga algo que tu quieres que se haga, pero por que el lo quiere hacer".

Estos conceptos y definiciones son buenos y útiles, hay algunos que nos gustan particularmente, pero John Maxwell nos da una definición ejemplar, citada aquí en toda la extensión de su Libro *"The 21 Irrefutable Laws of Leadership"*:

El liderazgo es tan sólo *influencia*. Las personas tienen muchos conceptos erróneos sobre el liderazgo. Cuando escuchan que alguien tiene un titulo impresionante o una posición de liderazgo asignada, asumen que esa persona es un líder. Algunas veces esto es cierto. Pero los títulos no tienen mucho valor cuando se trata de liderar. El liderazgo verdadero no puede ser premiado, nombrado o asignado. Proviene solamente de la influencia y no puede imponerse. El líder se lo debe de ganar.

Entonces, ¿Qué es influencia? Nuestra explicación favorita del significado de influencia proviene del autor y predicador del siglo XVIV Albert Barnes: "Influencia es aquello que posee un hombre como talento, aprendizaje, carácter, experiencia y posición en la cual se asume que lo que el dice es verdadero; que lo que el propone es sabio".
George Barna nos dice, "Para ser efectivo, un líder debe tener influencia. La cual es un *producto* de un gran liderazgo; *no* es su sinónimo. Puedes tener influencia sobre la vida de una persona sin dirigirlo hacia ningún lugar".
Tal vez nunca habrá una definición corta y simpática de liderazgo. Estamos seguros que nunca habrá una en la que todos los "expertos" estén de acuerdo. Esta dificultad para lograr una explicación concisa del concepto nos da una idea de la inmensidad de la misma. Pero todas las

definiciones antes mencionadas se acercan al mismo fin. Cualquier intento de ser más conciso o específico sería como intentar agarrar humo. Como propósito de este estudio, fusionaremos el comentario anterior con lo siguiente:

Liderazgo es la influencia de otros, hacia una dirección productiva y guiada por la visión y se logra a través del ejemplo, convicción y carácter del líder.

¿Por qué liderazgo?

Hemos investigado los pensamientos de muchas mentes brillantes acerca de la definición de liderazgo y así como con una pintura compleja, la imagen se hace cada vez más nítida conforme la vamos moldeando y trabajando. Para entrar más en detalle, debemos discutir el *propósito* del liderazgo.

Muchas personas están interesadas en el liderazgo, por lo que imaginan les puede dar lo siguiente:

1. Poder
2. Control
3. Ventajas o ser Atendidos

Pero la vida de un líder difiere mucho de estas expectativas. La vida de un líder involucra incluye:

1. Proporcionar poder (facultar)
2. Ayudar a otros a resolver problemas y a salir adelante
3. Servir y atender a otros

Los líderes dirigen por la satisfacción de crear algo más grande que ellos mismos. Warren Bennis un notable asesor de liderazgo dice que desea publicar libros "que perturban el presente para beneficio de un mejor futuro". Esto esta bien y es un sentimiento que comparte Hyrum Smith: "Los líderes conducen a los conflictos planeados en contra del status quo".

> *Los líderes no soportan dejar las cosas como las encontraron.*

Para ilustrar, considera la historia de Ray Kroc y del nacimiento del imperio de comida rápida de McDonald's. Kroc descubrió el pequeño restaurante McDonald's en el sur de California alrededor de 1950 y quedó impresionado. Los hermanos McDonald habían desarrollado una operación eficiente, única y altamente rentable. Contaban con la producción y entrega de comida rápida a la perfección, ellos consideraban que estaban haciendo mucho dinero. Sin embargo Kroc vio más lejos. Se dio cuenta de que su pequeño restaurante podía ser copiado, duplicado y reproducido en toda la nación, y se dedicó a la tarea de lograrlo. Jim Collins, autor de *"Good to Great"*, explicó que los grandes lideres tienen ambiciones que van más allá de sus interés personales. No quedan satisfechos con su propio éxito, sino que se enfocan casi totalmente en promover la visión de la *empresa*.

En un principio Kroc intentó asociarse con los hermanos McDonald, pero se sintió restringido y fue como un ancla para su progreso. Después intentó comprar los derechos de su sistema por un periodo de 10 años, pero nuevamente, su visión supero la de ellos y vio que las prohibiciones escritas en el contrato eran incompatibles con la meta que el quería alcanzar. Maury Klein explica lo que sucedió en *"The Change Makers"*: "Al ampliarse esa visión, [Kroc] encontró que los hermanos no estaban dispuestos a cambiar ni una letra del estricto contenido sobre los términos originales". Sin embargo la mejor explicación, proviene de Kroc: "Los hermanos McDonald y yo simplemente no nos encontrábamos en el mismo plano. Yo estaba obsesionado con la idea de hacer que McDonald's fuera el mejor y mas grande. Ellos estaban contentos con lo que tenían". Los hermanos McDonald estaban contentos. Kroc no lo estaba.

Por lo tanto si liderazgo significa influencia aplicada a una visión completa e integral, deducimos que esta influencia esta motivada por el descontento del status quo y dirigida hacia algo mejor. A nosotros nos gusta llamarlo "hacer la diferencia". Y los líderes lo hacen en la misma dirección de su visión del futuro, una visión que ve más allá que los demás. George Barna dice, "[Los líderes] deben poseer totalmente una visión, debe ser una percepción de la realidad por venir, con la que están completamente comprometidos". Los líderes no soportan dejar las cosas como las encontraron. Están motivados a mejorarlas. Proviene de este descontento, y se dirige hacia la visión que poseen y con la que están comprometidos para ejercer su influencia. Según el presidente Theodore Roosevelt, "Necesitamos líderes con idealismo inspirador, líderes que gocen de grandes visiones, sueñen en grande y luchen por esos sueños para que se vuelvan realidad; Aquel que logre encender a las personas con el fuego de sus propias almas ardientes". Esto es lo que significa *dirigir*.

Resultados

El nivel de liderazgo determinará el éxito de los resultados. Conforme pasa el tiempo, donde encontramos malos resultados, hay una deficiencia de liderazgo. Donde hay resultados estelares, hay un poderoso liderazgo. John Maxwell dice que "Todo asciende o se derrumba con Liderazgo".

Primero consideremos los resultados de un liderazgo deficiente.

Cuando un líder o aquellos que se encuentran en una posición de dirigir limitan sus responsabilidades, simplifican las cosas, o fallan en cuanto a sus responsabilidades los resultados se encontrarán lejos de poder ser alcanzador. Bill George dice en *"Authentic Leadership"*, "Una encuesta de Time/CNN realizada en el verano del 2002 reportó que el 71% de las personas encuestadas sienten que el típico Director General es menos honesto y menos ético que el promedio de las personas". Al considerar los estándares morales y éticos de los Directores Generales de las grandes compañías, el 72% los consideraron 'más o menos' o 'pobres.' Una encuesta similar realizada por el "Wall Street Journal" en Europa reportó que solamente el 21% de los inversionistas europeos consideran honestos a los lideres de las grandes corporaciones". Por lo tanto uno de los primeros productos o resultados de un liderazgo deficiente es una reducción de confianza que las personas deberían tener en aquellos que deberían estar dirigiendo. Así como el autor Les Csorba escribió en *"Trust"*, "Liderazgo es carácter en movimiento".

Después viene el dolor y el sufrimiento, que pueden encontrarse en un nivel corporal, financiero o emocional, dependiendo de las circunstancias o pueden tener implicaciones y ramificaciones geopolíticas de gran magnitud.

Los tiempos durante la guerra de 1812 fueron peligrosos para el recientemente constituido Estados Unidos. Con tan solo unas cuantas décadas, el joven país se encontró envuelto en otra guerra contra Inglaterra. A excepción de la impresionante serie de victorias navales, Estados Unidos fue destrozado por los ingleses. Washington la capital nacional, aun se encontraba en plena construcción y no solamente fue invadida con gran éxito, sino que también fue humillantemente incendiada. Mientras ambas naciones estaban en el proceso de firmar un tratado, los ingleses sabían que la palabra paz no viajaría lo suficientemente rápido para detener a las fuerzas invasoras que habían sido enviadas para conquistar a la ciudad de Nueva Orleáns.

Nueva Orleáns era una ciudad estratégica por su ubicación. La mayoría del comercio proveniente del oeste de Norte América bajaba por el Misisipi y a través de Nueva Orleáns en la base de la delta del río. Inglaterra creía que si perdíamos Nueva Orleáns, Estados Unidos se partiría a la mitad lo cual obligaría a celebrar un tratado más favorable para ellos. La invasión de Nueva Orleáns, permitiría al parlamento inglés rechazar los términos actuales y negociarian una paz más ventajosa para ellos.

La confianza que tenían en el Liderazgo de Nueva Orleáns para defenderse de un ataque era como emprender la retirada con la certeza que iban a regresar. El comité de seguridad de Nueva Orleáns expidió un reporte en el cual detallaba la pobre moral y ausencia de preparativos locales por parte de la milicia para defender la ciudad. La ciudad había pasado de manos de los españoles, a la de los franceses y finalmente a

Estados Unidos en menos de una década y la lealtad de sus defensores estaba en cuestión. De hecho, el vocero del senado del estado de Luisiana consideró entregar la ciudad a los ingleses sin pelear por que la mayoría de los habitantes eran más leales a la ciudad misma que a los Estados Unidos. Además tenían mucho miedo de que hubiera una rebelión por parte de los esclavos en esa área.

En contraste, los ingleses se sentían confiados. Vanagloriándose de sus victorias en las guerras Napoleónicas, ellos esperaban seguir por el mismo camino, esperaban lograr una derrota definitiva en Nueva Orleáns. Muchos de los veteranos de Wellington el ejército victorioso de Waterloo, se encontraban en la milicia del ejército invasor. Los habían puesto a prueba con una batalla y habían vencido, por supuesto ninguna milicia multicultural los podría igualar.

Si el liderazgo de la defensa de Nueva Orleáns se hubiera mantenido en ese estado de total confusión, las esperanzas de los ingleses habrían estado bien fundadas. El tumulto de Nueva Orleáns le hubiera abierto camino al ejército de los ingleses al igual que lo que ocurrió en Washington. Solamente podemos suponer lo que hubiera sucedido al pequeño Estados Unidos si lo hubieran dividido a la mitad de sur a norte.

La tragedia de un liderazgo deficiente es muy clara en la defensa de Nuevo Orleáns durante la guerra de 1812. Los resultados son similares a los de un liderazgo deficiente en cualquier otro lugar, a pesar de que no sean fatales ya sea en la industria, en la política o en la casa. El caos, la falta de progreso, la confusión y la frustración siempre estarán presentes cuando un líder se rehúsa o dirigir fracasa en ello.

Ahora observemos *liderazgo real* en acción al resumir nuestro punto de vista en la batalla de Nuevo Orleáns.

El Comandante Andrew Jackson marcho directamente hacia esta tormenta. La voluntad indomable y el valiente liderazgo de Andrew Jackson fue lo único que intervino entre un tratado de paz aceptable y la potencial destrucción de los Estados Unidos. Sin más recursos que su pequeña fuerza militar de Tennessee, Jackson, llegó a la escena justo a tiempo para poner en orden el caos y suprimir el miedo. Asumiendo el liderazgo de un ejercito parchado que incluía a la milicia de Louisiana, una banda de piratas locales y algunos cientos de voluntarios negros de Haití, ejercito de Jackson, aún con todas estas fracciones era en tamaño solamente un poco mayor que la mitad de las fuerzas invasoras de los ingleses.

El general Jackson se puso a cargo de inmediato. Declaró ley marcial en la ciudad e impuso un toque de queda muy estricto. Cuando lo alertaron de que la llegada de los ingleses estaba a menos de un día de distancia de Nueva Orleáns, movilizó a todas sus tropas y las puso en acción. En vez de esperar a que los ingleses llegaran a la ciudad, Jackson ideó un ataque sorpresa. Si Jackson se hubiera esperado, y hubiese permitido que los soldados ingleses asaltaran la ciudad bajo sus propias condiciones, la endeble confianza que tenía la población de Nueva Orleáns sobre la capacidad de Jakson para detener a los ingleses se hubiera destrozado. En vez, el ataque sorpresa por parte de los americanos frenó a los ingleses y les impidió avanzar. La batalla se inició justo en donde Jackson decidió que debiera ocurrir.

El trabajo rápido y creativo por parte de la defensa permitió al ejército pequeño y sin clase de Jackson actuar con un nivel de desempeño muy superior a sus fuerzas. La batalla comenzó con una intensa barrera de artillería, pero la valentía personal de Jackson infundió valentía en sus hombres para que resistieran ante las abrumadoras probabilidades. Siguió un intenso combate y los héroes europeos lanzaron a sus mejores tropas a pelear en contra de las fuerzas de Jackson. De una manera astuta Jackson utilizo a sus tropas para enfrentar cada reto de los ingleses, muchas de las primeras peleas terminaron en batallas de cuerpo a cuerpo. Sin poder avanzar y después de sufrir fuertes pérdidas, eventualmente el frente ingles terminó rindiéndose. La batalla se convirtió en una derrota avasalladora para los ingleses. Tres de los mejores generales ingleses murieron en lo que se convirtió en la batalla más desigual de la Guerra. A tan solo unos cuantos cientos de metros se encuentran alrededor de mil ingleses muertos y moribundos. Los americanos tuvieron un total de trece bajas y heri-

> *Cualquiera puede desarrollar su habilidad de liderazgo.*

dos.

La batalla de Nueva Orleáns, como después fue llamada, permitió que se ratificara el tratado, y se terminara de ese modo el conflicto, poniéndole fin a la guerra de 1812. La diferencia entre el pesimismo inicial de los defensores de Nueva Orleáns y el resultado americano final fue directamente proporcional al liderazgo y las decisiones tomadas por el General Andrew Jackson.

Era la misma compañía, los mismos hombres, la misma batalla, el mismo enemigo pero un líder distinto que volteo la marea. La fortaleza del liderazgo hace toda la diferencia.

Cultivando el Liderazgo

Entonces ¿Cómo puede una persona adquirir liderazgo? Con el simple hecho de preguntarlo, predisponemos un primer punto muy importante: La habilidad de liderazgo se puede adquirir. Algunos dicen que los líderes nacen, que vienen a este mundo con habilidades naturales. Es verdad, hasta cierto punto. Otros dicen que el liderazgo se puede aprender.

La verdad es que cualquiera puede desarrollar su habilidad de liderazgo por encima de sus niveles actuales. Una analogía similar es la fuerza muscular y el desarrollo físico. Claramente algunas personas nacen con un físico más robusto que otras, pero todas las personas tienen el potencial y la habilidad para trabajar en el físico que Dios les proporcionó para fortalecer y darles tono a sus músculos. Sin importar que tan grande o que tan pequeño, que tan fuerte o que tan débil sea, todos los individuos pueden trabajar para mejorar su condición física.

De ese mismo modo puede ser considerado el liderazgo. A pesar de que las personas pueden exhibir diferentes niveles de liderazgo naturales, *todos* pueden cultivar y desarrollar sus habilidades de liderazgo. Además, la habilidad, difiere de una tarea a otra, por ello una persona puede tener una influencia débil en un área pero muy fuerte en otras. Todos pueden ser líderes de algo y generalmente las cualidades de las personas se encuentran en las áreas que más les interesan. Entonces con el simple hecho de que estés interesado en desarrollar una habilidad de liderazgo, más fuerte en un área en particular probablemente significa que ya tengas algún grado de habilidad natural en esa área. Este no siempre es el caso, pero nosotros hemos observado que a menudo, es cierto. En el libro *In The Leadership Challenge*, los autores Kouzes y Posner escribieron: "Lo que nosotros hemos descubierto y redescubierto, es que el liderazgo no esta reservado tan sólo para algunos hombres y mujeres carismáticos. Es un proceso que utilizan las personas ordinarias cuando dan lo mejor de si mismas y permiten que salga lo mejor que pueden ofrecer a los demás. Lo que nosotros hemos descubierto es que las personas hacen que pasen cosas extraordinarias cuando liberan al líder que poseen en su interior".

Entonces la estrategia se basa en cultivar y desarrollar la habilidad de liderazgo que tenemos en nuestro interior. Debemos entender que el liderazgo puede y debe ser desarrollado, aún para los más "dotados". Esto esta hecho a propósito. El cambio siempre está presente, pero el crecimiento y la superación son opcionales. El desarrollo del liderazgo es un proceso deliberado.

El proceso de desarrollar el liderazgo inicia al encontrar una fuente de liderazgo y sabiduría en un área de interés particular. El entrenamiento y el crecimiento inician al asociarse con aquellos que han "alcanzado el fruto del árbol" los que quieren ser lideres deben buscar de que parte del árbol cuelga el fruto y después aprender de aquellos que han obtenido resultados. El autor Stevenson Willis escribió, "Busca. . . .El apoyo de aquellos que ya han llegado a la meta que tu anhelas; ya que las palabras de aquel que ha prosperado pesan más que las palabras de aquel que no".

Discutiremos esto detalladamente más adelante en el libro. En este punto es suficiente decir que el liderazgo puede y debe ser desarrollado, y ocurre deliberadamente en la misma dirección de aquel que ya lo logro en esa área. Esta es la mejor y la manera más corta de desarrollar la habilidad de liderazgo.

Arte y Ciencia

La esencia del liderazgo no puede ser clasificada o codificada de una manera fácil y tampoco puede ser servida en un modo predeterminado. Nosotros creemos que la razón por la que tiene esta dificultad yace en la esencia misma del liderazgo. Como ves, hay quienes dicen que el liderazgo es un "arte". En su libro *Leaders on Leadership* Doug Murren dice, "Un líder es mas que un artista, que un científico o un político; el liderazgo por si mismo es una forma de arte". Siendo un arte, sería fácil para las personas que tienen el "talento correcto". Otros dicen que no hay arte en ser un gran líder y que se puede aprender. Aún así hay otros que separan estas expresiones en dos, y dicen que un buen liderazgo es en parte un arte y en parte una ciencia. Nosotros estamos de acuerdo con este último. Es difícil definir lo que un líder con exactitud realmente es, ¡pero lo reconocemos cuando aparece!

Entonces el liderazgo es en parte *arte* y en parte *ciencia*. Esto significa que el liderazgo involucra "supuestos", que son procesos mentales, maneras de pensar o mentalidades bajo las cuales un líder opera. Esta es la parte "artística" del liderazgo. Por encima de estas mentalidades se encuentra el lado "científico", o bien lo que "hacen" los lideres en realidad. Estas son las acciones y las estrategias del liderazgo. Juntos al mezclar arte y ciencia, empezamos a entender lo que realmente significa el liderazgo. Según el autor James Strock, "el liderazgo, construido sobre una fuerte base de veracidad, también requiere de la parte artística para alcanzar la cima".

Así como los artistas y los científicos pueden desarrollar sus habilidades, también lo pueden hacer los líderes: siendo este el propósito de este libro. Los siguientes capítulos tienen como objetivo ayudar al lector a desarrollarse como líder. Comenzaremos con unos pre-requisitos que deben tener todos los líderes antes de avanzar, después discutiremos el Ciclo del Logro que le servirá al líder como un círculo de retroalimentación que experimentará en su búsqueda de crecimiento. El libro irá en ascenso para llegar al final con los cinco niveles del liderazgo.

Lo que un líder realmente es: Winston Churchill y "El mejor momento para Inglaterra"

Todo comenzó con lo que nosotros llamamos las conquistas "incruentas" de: Renania, Austria, Checoslovaquia y después Memel que se encuentra en Lituania. Estos países y territorios cayeron ante la Alemania nazi sin dar mucha batalla. El primer ministro inglés y el primer ministro francés, en una reunión en Munich con Adolfo Hitler en septiembre de 1938, les pidió que "hicieran un gran esfuerzo para estar de acuerdo con Hitler" repartir lo que anteriormente se conocía como República Checa. Como resultado de esta pacificación desvergonzada, "una prospera e industrial nación fue dividida y llevada a la bancarrota en una noche", como diría William Shirer en "The Rise and Fall of the Third Reich", y las personas libres de Checoslovaquia fueron subyugadas por uno de los mas despiadados megalomaniacos de la historia. Como comentó el mismo Hitler, "Checoslovaquia había dejado de existir". Cuando Neville Chamberlain primer ministro inglés regresaba a Inglaterra de Munich, erróneamente presumía que "había paz en nuestro tiempo".

Por aproximadamente seis años había una voz que lloraba desde la oscuridad en contra de este apaciguamiento ciego. Esta voz se escuchaba impetuosamente y con frecuencia. La voz hablaba fuertemente. Esta voz continuamente nos prevenía de la gran amenaza del poder progresivo de los nazis y una y otra vez predijo las conductas de las conquistas de Hitler. El hombre que se encontraba atrás de la voz era: Winston Churchill.

Un antiguo miembro del parlamento, un antiguo Primer Lord Dios del Almirantazgo del Reino Unido y un miembro extremadamente activo del gobierno inglés durante la primera guerra mundial, desde 1929 Churchill ya no formaba parte del gobierno. En términos de posición o autoridad, el no tenía poder. No contaba con la influencia de un puesto público. No tenía influencia oficial ante las políticas de su gobierno. Sin embargo, como pone en claro Martin Gilbert en su libro "*Churchill*: A

Life", hizo lo que pudo para informar, persuadir y convencer a la población del peligro que corrían y no solamente Inglaterra sino que toda Europa. "Al pedirme que no haga un discurso del peligro que corre Europa", Churchill dijo que, "es como pedirle a un cienpies que se porte bien y no ponga un solo pie en la tierra". En cuanto a las acciones cobardes de los estados neutrales ante la agresión nazi, Churchill dijo "Ellos esperan que si le dan de comer lo suficiente, el cocodrilo se los comerá al final".

Según William Shirer, "En Inglaterra, Winston Churchill, era el único que parecía entender. No hubo nadie que expusiera las consecuencias de Munich mas acertadamente que el en su discurso dirigido a la Cámara de los Comunes del 5 de octubre: 'Nosotros hemos perpetuado una derrota total y no mitigado... Y no hagan suposiciones de que ya es el final. Esto apenas esta comenzando'".

El siguiente paso de Hitler fue formar una alianza con Mussolini, el insaciable dictador de Italia sediento de sangre, lo que se conoce como el pacto de acero. Después de esto, firmó un tratado de no agresión mutua con Rusia. De una manera sistemática Adolfo Hitler se fortaleció y eliminó la amenaza de aquellos que eran lo suficientemente fuertes para detenerlo. Como resultado, su lenguaje se tornó más atrevido. Durante una plática con sus jefes militares, Hitler dijo:

> Voy a proporcionar una razón propagandista para iniciar la guerra, que importa si es o no es verosímil. Al final no le van a preguntar al vencedor si dijo o no la verdad. Cuando se comienza y se hace la guerra no es la verdad lo que importa lo que importa es la victoria. ¡Cierren sus corazones ante la lastima! ¡Actúen brutamente! El hombre más fuerte es el que tiene la razón. . . . ¡Sean severos y sin remordimientos! ¡Fórrense de acero para impedir cualquier signo de compasión! . . . Cualquiera que haya reflexionado acerca del orden del mundo sabe que su significado se encuentra en el éxito del mejor por medio de la fuerza.

Los países individuales de Europa estaban a la merced de un hombre degenerado que utilizaba palabras como estas y lentamente el mundo empezaba a darse cuenta del peligro incipiente.

Después el 1 de septiembre de 1939, más de un millón de tropas alemanas cruzaron la frontera de Polonia para invadirla. En este punto el mundo ya había despertado. Después de unos días, Inglaterra y Francia finalmente le declararon la guerra a Alemania. Casi inmediatamente después, pusieron a Winston Churchill de nuevo en el gobierno como Primer Lord Dios del Almirantazgo.

Después de ocho cortos meses, la mañana del 10 de mayo de 1940, Alemania invadió de manera simultánea a Holanda, Bélgica y Francia. Ese mismo día antes de que amaneciera Churchill fue nombrado primer ministro. Después escribió que ese día cuando se fue a acostar estaba conciente de que "estaba profundamente aliviado, por que, por fin tenía la autoridad para dirigir todo el escenario. Sentía como si estuviera caminando con el destino y que todo lo que había vivido era para prepararme para este momento y para este juicio".

El hombre que toda Europa había ignorado fue puesto a la cabeza en el último minuto de desesperación. La civilización del oeste se había estado desmoronando por una severa falta de liderazgo. Ahora esa falta de liderazgo estaba por terminar.

Winston Churchill tomó vigorosamente las riendas de la autoridad. En la tarde del 13 de mayo, solamente tres días después de convertirse en primer ministro, Churchill convocó a sus ministros y les dijo, "Lo único que tengo para ofrecerles es sangre, esfuerzo, lagrimas y sudor". Después frente a toda la Cámara de los Comunes dijo:

> Si preguntan ¿Cuál es nuestra política? Yo les contestaré: es hacer la guerra por mar, tierra y cielo, con todo nuestro poder y con toda la fuerza que Dios nos dio; hacer la guerra en contra de una tiranía monstruosa, nunca rebasada en la oscuridad, un catalogo lamentable de crímenes humanos. Esa es nuestra política.
>
> Si preguntan ¿Cuál es nuestra meta? Yo les contestare con una sola palabra: victoria, victoria a cualquier costo, victoria a pesar

del terror, victoria a pesar de que tan largo o difícil sea el camino; por que sin victoria no habrá supervivencia. Deben darse cuenta de esto: no habrá supervivencia para el imperio inglés, no habrá supervivencia para todo lo que el imperio inglés ha defendido, no habrá supervivencia para el impulso y la necesidad de las eras, para que la humanidad vaya hacia delante y logre sus metas.

Sin embargo tomen esta tarea con ardor y esperanza. Me siento seguro de que nuestra causa no sufrirá una derrota entre los hombres. En este momento siento que tengo el derecho de pedirles su ayuda a todos, y decir, "Vengan, vayamos juntos hacia delante con todas nuestras fuerzas unidas".

Después Francia, Bélgica y Holanda cayeron ante las fuerzas de los nazis. Los primeros días de enero a la orilla del mar de Dunkirk, alrededor de 350,000 soldados ingleses y franceses tuvieron que ser rescatados por medio de una heroica evacuación marítima poco tiempo antes de ser arrasados por el ejercito alemán que estaba avanzando. En un discurso que estaba principalmente dirigido a Alemania y a Italia (Churchill confiaba en el presidente de EE.UU. Roosevelt), Churchill nunca había estado tan inspirado:

> A pesar de que largos tramos de Europa y muchos viejos y famosos estados han sido derrotados y han caído ante las manos de la Gestapo y de toda la odiosa organización que rige a los nazis, no vamos a rendirnos ni vamos a fallar.
> Vamos a seguir hasta el final. Vamos a pelear en Francia, vamos a pelear en los mares y en los océanos, vamos a pelear en el aire con confianza creciente y con fortaleza progresiva, vamos a defender a nuestra isla, a cualquier costo.
> Vamos a pelear en las playas, vamos a pelear en la tierra, vamos a pelear en el campo y en las calles, vamos a pelear en las montañas, nunca nos rendiremos.

Según Martin Gilbert, "Churchill no le presto atención al sentenciado. El ya había decidido que la derrota de los otros no podría cambiar sus intenciones". Como era obvio que Francia había sido totalmente derrotada, Churchill dijo:

> Espero que la batalla de Inglaterra este a punto de comenzar. De esta batalla depende la supervivencia de la civilización cristiana. De esta depende nuestra propia vida inglesa y la larga continuidad de nuestro imperio instituido. Toda la furia y el poder del enemigo pronto se pondrán en nuestra contra. Hitler sabe que nos tendrá que destrozar en esta isla o perderá la guerra. Si logramos hacerle frente, toda Europa será libre, y la vida del mundo entero marchara hacia adelante hacia las extensas soleadas tierras altas; pero si fallamos, entonces el mundo entero, incluyendo Estados Unidos, y todo lo que hemos conocido y por lo que nos importa, se hundirá en el abismo de una nueva era oscura y mas siniestra, y quizás mas prolongada por la luz de una ciencia pervertida. Por lo tanto debemos unirnos para realizar nuestra tarea así que aguantémonos a nosotros mismos que si el imperio ingles y su Commonwealth resisten mil años, los hombres dirán Este fue su mejor momento".

De hecho ya había comenzado la batalla de Inglaterra. Los aviones alemanes ya habían empezado a bombardear el este de Inglaterra, que apuntaban a las áreas civilizadas mas pobladas para infundirle terror a las masas. Alrededor de diez mil personas inocentes murieron. Estados Unidos no se uniría a la guerra hasta dentro de un año y medio aproximadamente. Inglaterra estaba sola.

Sin embargo Winston Churchill, era un verdadero líder. Tenía una causa que lo consumía por completo y que guiaba sus pasos, además la confianza de un hombre que sabe que estaba destinado para este momento de la historia. Su fortaleza, su confianza, su determinación y su constante comunicación con el pueblo de alguna manera hicieron que las cosas no se desmoronaran. La pequeña isla peleó como un león enjaulado y de alguna manera resistió. Eventualmente Japón hizo que Estados Unidos se involucrara en la guerra y los países fascistas fueron derrotados uno por uno por los aliados.

Así como escribió Martin Gilbert, "la inspiración personal de Churchill era por si misma un elemento en el poder de guerra que tenía Inglaterra". Eso es liderazgo.

El liderazgo también puede ser reconocido por los resultados que genera. Churchill formó un gabinete de guerra muy efectivo lo cual incrementó de una manera muy eficiente la habilidad de su nación para producir municiones y equipo. Realizo acuerdos secretos de provisiones con Estados Unidos. Gilbert escribió, "Un impresionante instrumento para hacer guerra estaba en su lugar; Churchill, con su vigorosa energía, su amplia experiencia y su esperanza inquebrantable de un final victorioso, les proporciono el ímpetu y el fuego necesario". Como resultado vimos que la Inglaterra de Churchill se mantuvo fuerte ante un masivo e implacable ataque alemán. Eso es liderazgo.

Un legado duradero también es evidencia pura de liderazgo. La mayoría de los historiadores están de acuerdo: que los años de la segunda guerra mundial y especialmente los primeros años que incluyen la batalla de Inglaterra, son "Los Mejores Momentos De Inglaterra". Para un país con una historia tan larga y rica, esto realmente tiene significado. Nuevamente, *eso es* liderazgo.

El tema del liderazgo es un tema fascinante y muy profundo. Los líderes vienen de todos los tamaños, formas, y de todos los caminos de la vida. En este libro les explicaremos y enseñaremos lo que significa el liderazgo, pero si en algún momento alguien desea un simple retrato del liderazgo en vez de todas las palabras, solamente debes imaginarte al corpulento Winston Churchill de sesenta y tantos años parado definidamente en medio de los escombros de Londres después de ser bombardeada y casi destruida, con un puro enganchado firmemente entre sus dientes y sus gruesos dedos elevados en el aire con confianza haciendo la señal de "victoria". Al proporcionar una imagen mental del futuro que se prefiere, al movilizar a los otros para alcanzar una meta en común, influenciarlos para ir en una productiva dirección guiada por visión, por estas razones Churchill era el ejemplo perfecto de la convicción y el carácter de un líder.

QUÉ ES LO QUE TRAE UN LÍDER CONSIGO

CAPÍTULO 2

Cualidades Fundamentales

Estudia mientras los demás duermen, trabaja mientras los demás no hacen nada; prepárate mientras los demás juegan; y después sueña mientras los demás piden deseos.

—William A. Ward

El viaje para llegar al meollo de este concepto llamado liderazgo acaba de comenzar. Lo que hemos discutido hasta ahora puede entenderse como un mapa de carreteras, que sirve como guía para llegar al lugar donde podemos descubrir y entender lo que significa liderazgo.

Después de llegar a ese lugar, debemos abrir una puerta para encontrar una estructura que representa el liderazgo como una serie de escaleras ascendentes. Este capitulo trata sobre cómo llegar a la base de esas escaleras. Antes que cualquiera pueda empezar a subir las escaleras para alcanzar el éxito del liderazgo, deberá contar con la combinación correcta para poder abrir la puerta.

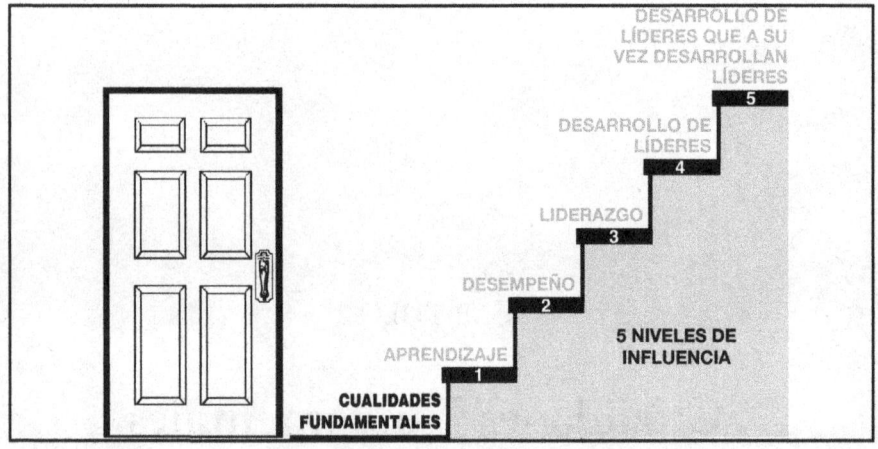

La combinación para poder entrar esta compuesta por las tres H. Estas tres características de la "materia prima" para un líder son:

1. Hambre
2. Humildad
3. Honorable

Estas son la cualidades fundamentales de un líder, el que se va a convertir en líder debe poseer las tres H como prerrequisito para poder avanzar. Es inútil proceder en el desarrollo del liderazgo sin estas piedras angulares. No puedes empezar a subir las escaleras hasta que hayas podido entrar al cuarto donde empiezan.

Primera cualidad fundamental 1: Hambre

Se impulsa al líder a cambiar el status quo. Como discutimos en el capitulo anterior, un líder no solamente se encuentra a disgusto con cómo se encuentran las cosas, sino que también debe querer cambiarlas para bien. Este descontento es el que produce la ambición o la motivación para avanzar y alcanzar el cambio. Algunos lo llaman la voluntad de ganar. El autor John MacArthur escribió: "Parece que todos los líderes con talento tienen un impulso innato para ganar. Los que no tienen este instinto para ganar no son líderes muy efectivos".

El hambre por si misma es uno de los aspectos más importantes del liderazgo. El hambre provee la energía para comenzar, la resistencia para persistir y la voluntad para terminar una tarea. Es esta hambre o ambición la que le da vida al liderazgo. El liderazgo no es innato, como se creía en Europa en la edad media, ni esta determinado por posición, como se cree hoy en día, esta determinado por la influencia y el desempeño. El hambre es su causa.

> El hambre por si misma es uno de los aspectos más importantes del liderazgo.

Existe una ecuación análoga a esta idea del hambre:

Trabajo = Fuerza X Distancia

Esta formula representa entidades físicas por naturaleza y describe la forma en la que operan de una manera precisa. El trabajo realizado es el resultado de la Fuerza multiplicada por la Distancia sobre la cual funciona dicha Fuerza. En el caso de liderazgo, el trabajo que se ha realizado es equiparable con los Resultados. La fuerza sería el Esfuerzo expedido por el líder y sus seguidores, y la Distancia es considerada como el Alcance que tiene el liderazgo sobre el tiempo o las personas. Si le aplicamos entonces terminología de liderazgo a una ley de física, tendríamos lo siguiente:

Resultados o Influencia= Esfuerzo X Alcance

Podemos ver que el Esfuerzo juega un papel vital, el Esfuerzo es el resultado directo del hambre involucrada y entre mayor sea el Esfuerzo los Resultados o Influencia serán mayores. Si un individuo esta solamente involucrado marginalmente para alcanzar una meta, es muy probable que esa meta nunca se vaya a lograr. El esfuerzo debe ser significativo, y los esfuerzos significativos solamente pueden provenir de aquellos que estén significativamente "hambrientos".

Se cuenta una leyenda de un joven escudero que se encontraba al servicio de un gran caballero. La ambición de su vida era convertirse en un caballero. Conforme pasaban los años, el caballero entrenó al escudero en las técnicas de batalla y armamento. Ya que el escudero era joven e impaciente se dedicó incansablemente a preguntarle al caballero si ya estaba oficialmente listo para convertirse en caballero. Agotado por estas preguntas repetitivas, el gran caballero manda al escudero a las montañas para buscar a un viejo sabio que había sido el mejor caballero en sus tiempos. Después de un largo y arduo viaje, el joven escudero encuentra al sabio.

"Me ha enviado mi señor para que me aconsejes. Me ha dicho que tu puedes determinar en que momento voy a ser lo suficientemente bueno para convertirme en un caballero".

El sabio le responde en silencio pero empieza a moverse para que el niño lo siga a la orilla de un lago entre las montañas. En silencio se suben en un pequeño bote y navegan hasta llegar al centro del lago.
"Sumérgete en el agua", le ordena el sabio misterioso al escudero.
"¿Salto al agua?" pregunta el escudero.

El sabio simplemente acierta con la cabeza. El escudero salta del bote hacia el agua helada de la montaña. Pero antes de que el joven pueda salir, el sabio mete la mano al agua y le detiene la cabeza al escudero, reteniéndolo abajo del agua. El escudero patalea furiosamente y le agarra el brazo al todavía muy fuerte sabio, pero en vano. Los segundos se convierten en minutos y finalmente la pelea termina para el escudero. En ese instante el sabio agarra al joven y lo vuelve a meter al bote.

El escudero furioso, luchando para poder respirar, temeroso y exhausto levanta la mirada y ve al sabio.

"¿Por qué estabas tratando de matarme?"

"No estaba tratando de matarte. Si hubiera tratado lo hubiera conseguido".

"Entonces, ¿Qué estabas haciendo?" preguntó el escudero de una manera incrédula.

"Enseñándote".

"¡Vaya lección! ¿Qué era lo que tenía que aprender exactamente? ¿Qué eres un viejo loco y estúpido?"

"Si, eso y mas". El sabio acertó con la cabeza serenamente.

"Déjame hacerte una pregunta. Cuando te tenía sumergido, ¿Qué estaba pasando por tu mente?"

El escudero pensó por un momento, mientras que su enojo se calmaba un poco.

"Aire, pensaba en aire. Tengo que respirar o me voy a morir. Eso era en lo único que estaba pensando".

"Ahí lo tienes joven escudero. Cuando quieras ser un caballero tanto como querías aire, te convertirás en uno".

Esta pequeña historia es una descripción precisa de lo que nosotros podemos llamar "hambre significativa". Claramente el escudero estaba motivado por la amenaza en contra de su propia vida. A pesar de que la historia nos ilustra con una exageración, la moraleja sin embargo queda clara. Para que se pueda lograr cualquier cosa, uno debe de estar completamente motivado. Una manera gráfica para representar ambición o hambre es la siguiente:

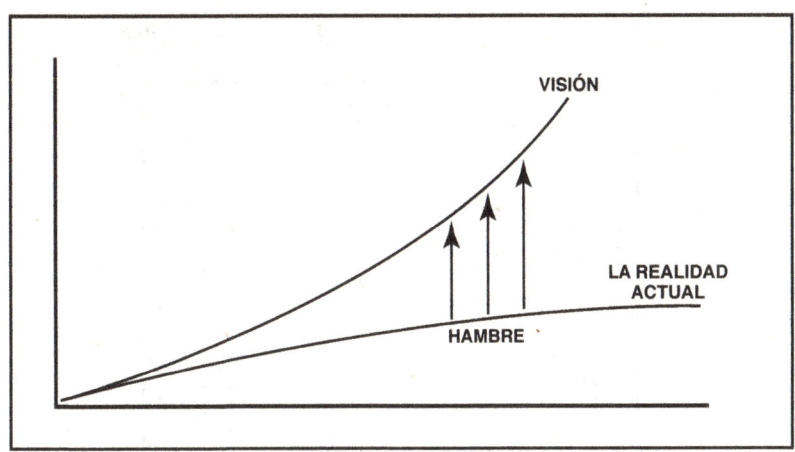

En esta gráfica, la realidad actual se encuentra representada por la curva inferior y la visión del líder de una mejor realidad se encuentra representada con la curva superior. La brecha que las divide es el hambre. Esta gráfica nos enseña claramente que el hambre crece como una semilla en la tierra del descontento y crece para arriba hacia una mejor visión del mañana igual que una planta crece hacia el sol.

El hambre como una disciplina

Aquellos que adoptan una responsabilidad activa para promover su motivación con regularidad van a hacer un mejor trabajo que aquellos que no lo hacen. Es la responsabilidad del líder mantenerse siempre con hambre. Napoleón Hill, autor de un libro que se ha vuelto famoso en todo el mundo llamado "*Piense y Hágase Rico*", comentó, "Uno debe darse cuenta que todos los que han acumulado grandes fortunas primero tuvieron que soñar, esperar, desear y planear *antes* de lograrlo".

Todo el liderazgo comienza con hambre. En el momento en que el líder no tiene hambre, el líder deja de funcionar como tal. Esto puede sonar radical, pero es cierto. Recuerda un líder es aquel que lleva a las personas a algún lugar. En el momento que el líder deja de moverse, el líder no esta dirigiendo. Y se requiere ambición para mantener al líder en movimiento.

Imagina que el éxito es un camino que te lleva a tus sueños:

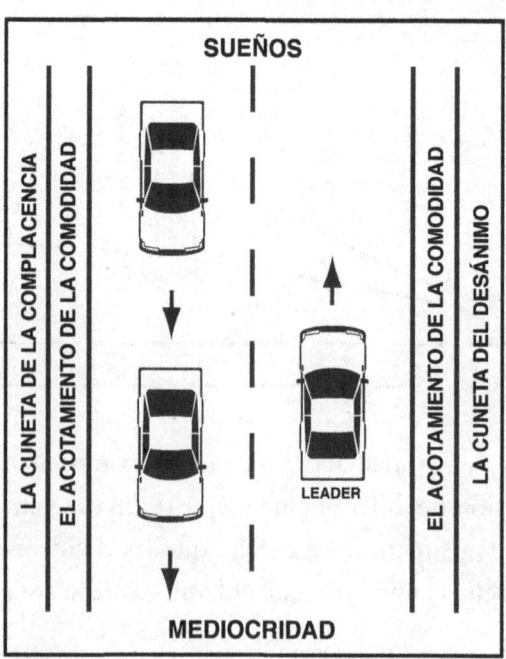

De cada lado a lo largo de la carretera se encuentran los acotamientos. A menudo, los acotamientos de las carreteras están hechos de grava. Si el conductor inadvertidamente se desvía y se mete a la grava, el sonido sirve como advertencia para que cambie el curso y pueda seguir viajando de una manera segura en la carretera. Por el contrario, algunas veces esa misma grava puede derrapar las llantas del vehículo y llevarlo desde la carretera hacia la cuneta.

En el acotamiento izquierdo encontramos a la *comodidad*. Estar cómodo está bien en pequeñas dosis y en ciertas áreas de la vida, pero, al igual de la grava, también puede servir como advertencia. Recuerda, la ambición florece al estar a disgusto con el status quo. El descontento y el estar cómodo no pueden coexistir. Si un líder se esta demasiado cómodo, la ambición se morirá, y corre el riesgo de que la cómoda y suave grava lo jale hacia la cuneta de la *autocomplacencia*. Webster define a la Autocomplacencia como "auto satisfacción acompañada de no estar al tanto de los peligros actuales y / o deficiencias". La autocomplacencia jala al líder hacia el camino del éxito y bloquea cualquier camino hacia sus sueños igual que un coche está atascado en una cuneta.

Existe otro peligro cuando se viaja demasiado cerca del acotamiento de la comodidad: Intentar oponerse al tráfico. La mayoría de las personas en esta vida están buscando el camino fácil. Desean comodidad y para obtenerlo, pagan el precio de la mediocridad, así que se apresuran para llegar hacia él; como vacas en un establo a la hora de la comida. Si un líder intenta dirigir desde una posición de comodidad, el o ella chocara contra esa masa de trafico que va en dirección contraria lejos de los sueños y hacia la mediocridad.

Sin embargo, los líderes deben rechazar la comodidad y a su vez buscar la excelencia. Adoptan la teoría del autor Al Kaltman: "Sin un trabajo valioso, la vida apesta". Conducen por el carril correcto del diagrama y en dirección opuesta al tráfico. El carril correcto nunca tiene tráfico. Parece que siempre hay escasez de líderes, pero una plétora de personas que van hacia el otro lado. Esta es una de las razones por las cuales los líderes son tan especiales. También debe saber que ser un líder significa que debes viajar cerca del acotamiento de la frustración. De hecho, esta es lo que diferencia a cualquier líder real. El ser un líder es un estudio en manejo de la frustración. ¿Cómo puede uno tener una ambición mas brillante, sin sentirse frustrado por las realidades actuales? ¿Cómo puede un líder estar en guerra con el status quo y no sentirse frustrado a la vez? La respuesta, por supuesto, es que ningún líder puede. Cualquier líder real que viaja por el camino del éxito hacia sus sueños se encontrará con la frustración en el camino. La frustración puede ser saludable, pero al igual que el otro lado del camino, esta grava de frustración representa una trampa. Demasiada frustración puede ser una advertencia para el líder que puede estar apuntando hacia un problema de actitud y puede jalar al líder hacia la Cuneta del Desaliento. El Desaliento es un freno por que le roba las esperanzas al líder. Sin esperanza el líder se queda atrapado en la Cuneta del Desaliento y por lo tanto deja de avanzar hacia sus sueños.

La única manera de mantenerse alejado del tráfico, del acotamiento de la comodidad y de la Cuneta de la Autocomplacencia y la única manera de viajar cerca del acotamiento la frustración pero lejos de la Cuneta del Desaliento es manteniéndote enfocado en los sueños que tienes delante de ti. El tener un sueño enfocado, permite al líder mantenerse de manera segura en el Camino al Éxito. La mejor forma de permanecer enfocado es manejando esa hambre.

Por ello, el mantenerse con hambre es realmente una disciplina. Webster define disciplina como "el entrenamiento que corrige, moldea o perfecciona las facultades mentales". El hambre es por supuesto una facultad mental; debe darse cuenta que necesita, entrenamiento, moldeamiento y perfeccionamiento. Los líderes reales entienden esto y toman los pasos necesarios con regularidad para darle a su hambre comida y los cuidados necesarios. Muchas veces los líderes no tienen que saber mas acerca de lo *que* debe hacerse; ellos deben encontrar más inspiración para hacer lo que ya saben hacer. ¿Cómo se hace esto exactamente?

Los Tres Niveles de Motivación

Existen tres niveles de motivación en donde se alimenta y nutre el hambre. El primero no es tan poderoso como el segundo y el segundo no es tan poderoso como el tercero.

Primer nivel de motivación: éxito material

Esta primera categoría esta compuesta por todas las cosas materiales que excitan nuestros sentidos y que nos estimulan a actuar como líderes. Para muchas personas, uno de los aspectos atractivos de actuar como líderes en su campo implica la ganancia material o financiera que acompaña al éxito. Uno no tiene que buscar muy lejos o por mucho tiempo para encontrar las "cosas" que son deseables. Nuestra sociedad moderna y comercial esta llena de entretenimiento, posesiones, recompensas y cosas atractivas que requieren dinero. A algunas personas les gustan los vehículos nuevos y sueñan con comprarse ese nuevo convertible con interiores de tela y llantas deportivas. Otros sueñan en construir su propia casa mandada a hacer para adaptarse perfectamente a sus especificaciones, quizás en una remota y bonita propiedad. Hay otros que desean viajar a lugares exóticos donde pueden conocer gente nueva e interesante y probar la comida regional. Acudir a eventos deportivos profesionales en lugares preferenciales, el tener el suficiente dinero para pagar deudas, desarrollar seguridad financiera o retirarse antes de tiempo, todos estos son sueños comunes. Estos y una lista interminable de otras recompensas pueden y deben ser estimulantes. La emoción de ganar el suficiente dinero para hacer que estos sueños se hagan realidad puede servir como motivación y el combustible de la ambición. El autor u orador Anthony Robbins nos dice que, "si tienes un ¿por qué? lo suficientemente grande, siempre puedes deducir el ¿cómo?"

La Contribución y La Caridad

Una discusión acerca de la motivación en este nivel estaría incompleta sin señalar que "las recompensas materiales" también pueden proveer el dar caritativamente. Esta es una categoría emocionante para todos aquellos que tiene causas que tocan su corazón. Todos los días hay personas que necesitan ayuda. Puede ser que cada quien esta preocupado por la situación de personas sin hogar de nuestro país, o niños que no tienen que comer en países extranjeros, o aquellas embarazadas en crisis, o esposas maltratadas, o huérfanos, o personas con capacidades diferentes. Puede ser que haya una preocupación especial por los tres pequeños niños del otro lado de la calle que sabemos que los padres no tienen suficiente dinero para festejar la Navidad. Tal vez te gustaría donarle dinero a una iglesia para su nivel de influencia, avance, o programas de misiones. Todas estas causas necesitan dos cosas: personas que les importe y dinero.

Con éxito material en las manos de aquellos que les importa, se pueden realizar cambios significativos. La dieta de cualquiera que este construyendo sueños debe incluir tiempo en la categoría de dar caritativamente. La Biblia dice, "Más bienaventurada cosa es dar que recibir". (Hechos 20:35). El éxito material en las manos de buenas personas aumenta la oportunidad de experimentar esta increíble ley de vida. El familiarizarse con las necesidades de los otros es una forma muy importante de construir sueños.

Motivaciones Negativas

El primer nivel de motivación no esta siempre impulsado por recompensas positivas. También puede surgir de realidades negativas. Anthony Robbins habla de la equidad de las fuerzas motivacionales del placer y del dolor.

Regresando a nuestro ejemplo del imán, vemos que el lado negativo algunas veces puede ser una fuerza tan productiva como la del lado positivo, alejándonos de alguna realidad que queramos cambiar. Todavía hablando de aspectos materiales, podemos ver que la falta de dinero puede ser un motivador. Otros están motivados para alcanzar mayor éxito por que tienen una falta de tiempo significante para pasar con sus amigos, familia y servicio comunitario. Algunos están tan estresados por las deudas y un flujo de dinero "negativo" que están lo suficientemente motivados. Están hartos de pedirle dinero prestado a Pedro para pagarle a Pablo, ¡incluso involucrando a veces a todos los Apóstoles! La advertencia en este punto, es que no debes lamentarte demasiado por estos motivadores negativos. ¡No querríamos inducir una depresión! Hay estudios clínicos que han demostrado que la depresión no es motivadora.

Segundo Nivel de Motivación: Reconocimiento y Respeto

El siguiente nivel de motivación incluye al reconocimiento y respeto. Este es un nivel más profundo y poderoso que el nivel de éxito material.

RECONOCIMIENTO

Es un hecho que en muchos casos las personas no se sienten apreciadas. La mayoría desean el reconocimiento que los otros les pueden dar; una parte de la naturaleza humana incluye la profunda necesidad de ser notado y apreciado por los demás. En casi cualquier libro bajo la categoría de "las habilidades de las personas", encontraras párrafos o incluso capítulos enteros que refieren a las razones por las que debes apreciar y hacer sentir importante a las otras personas. William James escribió, "el principio mas profundo de la naturaleza humana es el deseo de ser apreciado". Charles Schwab, millonario y experto personal durante la era de Carnegie Steel (no te confundas con el genio financiero de hoy en día), dijo, "Tengo aún que hallar a la persona sin importar cuan grande o elevado sea su status, que no haya hecho su mejor esfuerzo y haya puesto más empeño bajo un espíritu de aprobación implícita que uno bajo un espíritu de crítica".

No es un secreto que todas las personas necesitan aliento. Por esta razón, el reconocimiento de las otras personas es otra fuente sana de motivación. Tal vez uno desea lograr un nivel de éxito en los negocios o en el trabajo por que eso atrae el reconocimiento público. Quizás uno quiere un titulo en el trabajo que se acompañe de mayor responsabilidad para así ganarse la placa o el tro-

> *"El principio mas profundo de la naturaleza humana es el deseo de ser apreciado".*

feo codiciado en esa área. Estas y otras formas de reconocimiento pueden y deben ser utilizadas como motivación para hacer un mejor trabajo, siempre y cuando nuestra necesidad de reconocimiento por los demás no se haga demasiado grande. Sin embargo, como con todas las cosas, existen límites.

Respeto

Sin embargo, existe un nivel mas profundo en esta categoría de motivación. Este nivel mas profundo se llama respeto. Mucho más fuerte que la necesidad de ser simplemente reconocido, es el deseo de que una persona que respetas, te respete también.

Tal vez uno desea que un grupo de compañeros del trabajo o en el negocio observen y respeten tus logros. Muchas personas están motivadas al tener el respeto de un mentor, padre, maestro o jefe. Otros buscan el respeto de su cónyuge. En el nivel más profundo de esta categoría se encuentran aquellos que están luchando por auto-respeto. Y tal vez a veces la vida puede tratar a la gente con gran severidad. Ellos lo intentan y fallan de manera repetida. Ahorran en caso de una contingencia y sufren una inundación. Suben la escalera del éxito solamente para encontrar que estaba apoyada en la pared equivocada. Y conforme pasa el tiempo, las personas construyen un intenso deseo de ganar, de lograr algo que va a probarles que son valiosos, que lo pueden lograr. Jane Haddam dijo, "En mis días, nosotros no teníamos autoestima, teníamos respeto por nosotros mismos y no teníamos mas que lo que nos habíamos ganado". Y según Axle Munthe, "Un hombre puede soportar mucho siempre y cuando se soporte a si mismo". Estos axiomas parecen sonar ciertos para muchos.

Otra categoría de respeto podría llamarse "Cómo hacer callar a los críticos". Los aspectos motivacionales son fáciles de ver. ¿Cuántas personas ambiciosas se han paralizado como resultado de crítica destructiva? ¿Cuántas de las grandes figuras de la historia han recibido críticas belicosas que los maldicen en cada esquina? ¿La respuesta? ¡Casi todos!

George Washington fue criticado internacionalmente cuando era joven, cuando alguien encontró una copia de su diario confidencial durante una escaramuza contra los franceses. Se publicó en los periódicos de toda Europa con la intención de humillarlo. A Henry Ford lo llamaban "Dedos grasosos". A Benjamín Franklin primero lo criticaron los colonos por ser demasiado europeo, después por los europeos por convertirse en el campeón que luchó a favor de la libertad de los colonos. A Ronald Reagan le decían viejo, senil, económicamente irresponsable, lo acusaban de quedarse dormido durante juntas de gabinete y de no comprender la complejidad de las crisis geopolíticas. Lo que dijeron de Fred Astaire fue, "No sabe actuar. No sabe cantar. Esta ligeramente calvo. Sabe bailar un poco". Lo que dijo un agente de Hollywood acerca de Lucille Ball fue, "No le presten atención. Ella es magnifica para divertirse, pero no le veo ningún futuro en actuación". Napoleón dijo que el duque de Wellington, que posteriormente lo derrotaría en Waterloo, era "un pésimo general y que los ingleses eran pésimos soldados". Gary Cooper dijo que Clark Gable se iba a "Caer de frente" en la parte que interpreto de la película "Lo Que El Viento Se Llevó". El gerente del Grand Ole Opry le dijo a Elvis Presley, "Tu no vas a llegar a ningún lado, ¡deberías mejor regresar y seguir conduciendo tu autobús!" El Instituto Técnico de Munich dijo acerca de un joven llamado Albert Einstein que aplicó para ingresar a su universidad, "No promete nada". Un millonario hombre de negocios comento acerca de Charles Lindbergh y su vuelo a través del atlántico, "Nunca lo logrará. Está sentenciado". Cuando Abraham Lincoln se postuló para reelección en 1864—justo antes de que rotundamente derrotara a su oponente—un editor de un periódico dijo, "el Sr. Lincoln ya esta derrotado. El no puede ser reelegido". Del presidente Theodore Roosevelt se dijo, "Roosevelt fue el primer presidente cuya característica personal primordial es la falsedad, el primero que se vanaglorió por ser u dos caras, el primer fanfarrón el primer abusivo, el primero que engañó y fue condenado por 'mentir en repetidas ocasiones, su desvergonzado trato hacia las mujeres desahuciadas . . . y los conflictos civiles que casi inevitablemente aseguraría la resistencia patriota a la usurpación por un genio medio loco líder del proletariado".

La crítica es un hecho de la vida para cualquier persona que lleve a cabo un trabajo y el que tengas a alguien diciéndote todo el tiempo que no puedes o debes lograr algo puede ser un gran motivador. Sin embargo, volvemos a repetir que no lo debes llevar demasiado lejos. Sin importar lo que logres, no vas a recibir respeto de los críticos. ¿Por qué? Por que el otorgar respeto no es su trabajo. Son críticos. Si en algún momento dejan de criticar, entonces por definición dejan de ser críticos y por consiguiente dejan de existir. Y no hay nadie que quiera dejar de existir. Entonces ve y haz lo mejor que puedas. Pruébales a los críticos que están equivocados. Utiliza sus dudas y su negativismo como un gran motivador. Pero busca solamente a aquellos que respetas por respeto. Ignora a los críticos. O mejor aún, ¡toma al crítica como una señal de que vas por el camino correcto!

Este anhelo por ser respetado del que hemos estado hablando puede ser un gran motivador. Nos puede hacer que nos esforcemos más para hacer un buen trabajo que el primer nivel: éxito material. De hecho, se dice que las personas hacen mas por respeto y por admiración de lo que harían por dinero. Entonces encuentra a aquellos que admires, que se encuentren en una posición de la vida en la que tu desees estar, aquellos que estén viviendo sus vidas en una manera que tu desees imitar y esfuérzate para obtener respeto por lo que estas haciendo y logrando. Este es uno de los mejores caminos para alcanzar el éxito. Ya que cuando obtienes el respeto de aquellos que está donde tu quieres estar, estarás en el camino para llegar a donde ellos están y hacia el lugar que tu mismo quieres ocupar.

Una pequeña advertencia: Uno nunca debe de estar demasiado preocupado por obtener la aprobación de las demás personas. En última instancia, su aprobación o rechazo es algo sobre lo que no tenemos control. Simplemente recomendamos que estos líderes busquen la aprobación de personas exitosas quienes hayan puesto buenos ejemplos, que estén interesados en ustedes y en su éxito.

> *Busca el respeto solamente de aquellos que respetas.*

Esto puede ser logrado de manera productiva siempre y cuando las cosas se mantengan en balance.

En conclusión y secundariamente solamente para complacer a Dios, debe buscar el auto respeto. Que sus esfuerzos resulten en paz mental que solo puede provenir del conocimiento que personalmente hizo lo mejor que pudo?

Tercer Nivel de Motivación: Propósito, Destino y Legado.

Propósito

La recompensa material y la contribución son emocionantes. El reconocimiento y el respeto pueden ser estímulos aún más grandes, pero por mucho, la motivación más sustentable, importante, profunda y duradera proviene de un sentido de propósito. El propósito es el "norte verdadero" de nuestra brújula mental y emocional. El propósito nos saca del reino de solamente vivir para nosotros mismos y para complacer nuestros deseos egoístas y nos lleva a un plano más alto. El propósito involucra sacrificarse por algo mejor, contribución para hacer una diferencia y energía dirigida hacia una visión a largo plazo.

Se ha dicho que "nuestro propósito en la vida es encontrar un propósito en la vida". Nosotros estamos aquí por una razón. Nuestro nacimiento y desarrollo no ocurrieron por error, ni como resultado de una serie de accidentes cósmicos de probabilidades. Según Edgar Andrews un mundialmente renombrado microbiólogo y autor de "From Nothing to Nature" escribió en su libro, "Las probabilidades son el contrario del propósito". En la profundidad de cada uno de nosotros encontramos el estimulo interno para poder lograr algo; en esencia, para cumplir un propósito. J. Douglas Holladay dijo, "todos nosotros buscamos vivir una vida que tenga significado. La gran pregunta que nos atormenta es: '¿De que manera puede nuestra vida realmente hacer una diferencia?'".

Viktor Frankl dijo, "Nosotros no determinamos nuestro propósito, nosotros lo detectamos". Un hombre aplicó este proceso de descubrimiento para desenterrar un artefacto arqueológico muy importante. Cuando el científico encuentra algo, remueve pequeñas capas de tierra con mucho cuidado. Conforme va progresando este proceso que consume mucho tiempo, el artefacto se vuelve más y más visible, cada vez se puede aprender mas y mas acerca de él, hasta que todo el objeto esta completamente desenterrado y expuesto al mundo. De una manera individual, nuestros propósitos en la vida se parecen mucho a esto. Nosotros podemos sentir por años como si lo estuviéramos desenterrando. Muchas veces esto puede ser un proceso lento y en el cual tenemos que soportar mucho dolor. Sin embargo, si nos apegamos a buscar, eventualmente comenzamos a descubrir pequeñas piezas de lo que Dios ha construido y equipado para que nosotros hagamos. Conforme vamos explorando, nuestro propósito se vuelve mas claro. Y con esperanza, si trabajamos de una manera diligente hacia las respuestas, todo el propósito es descubierto y envuelto de una manera entusiasta. Esto es vitalmente importante. Así como decía el general Douglas MacArthur, "Todo hombre se debe sentir avergonzado de morir antes de lograr algo magnífico en este mundo".

> *"Nosotros no determinamos nuestro propósito, lo detectamos".*

Destino

El destino lleva al propósito más lejos, al comprender el componente espiritual. El destino dice que nosotros fuimos creados, para un propósito dado, que las habilidades únicas y las oportunidades que encontremos en nuestras vidas fueron dadas por Dios. La persona que eres, en donde vives, los talentos con los que naciste, las oportunidades que han venido y que vendrán en tu camino, son todas parte de una pintura más grande, una pintura en la cual te pintaron para completar la única parte que solo tú puedes realizar.

Puede ser que esto te sea difícil de aceptar, pensar en que la vida quizás es un manojo de sucesos que ocurrieron solo por casualidad. Nosotros entendemos este escepticismo y respetamos el derecho de las personas a hacerlo. Pero nuestro buen amigo Tim Marks dice que, "tienes que estar seguro que sabes por que crees en lo que crees". Nuestro estudio histórico nos ha mostrado una y otra vez que, así como dijo Benjamin Franklin en la convención constitucional que formo nuestra nación, "Dios gobierna en los asuntos de los hombres". George W. Bush dijo que se sentía como si lo estuvieran llamando para ser presidente por que tenía que "mantener un cargo". En su libro, *"A Charge to Keep"*, Bush dijo lo habían inspirado las palabras de un himno escrito por Charles Wesley:

> A charge to keep I have, (un reto tengo que mantener)
> A God to glorify, (un Dios glorificar)
> A never dying soul to save, (un alma inmortal a salvar)
> And fit it for the sky. (y tupirla en el cielo)
> To serve the present age, (para servir a la era actual)
> My calling to fulfill; (Mi llamado a cumplir)
> O May it all my powers engage (Ocuparé todo mi poder)
> To do my Master's Will! (¡para cumplir con los deseos de mi Señor!)

Entre la primera y segunda guerra mundial, Winston Churchill, dijo cuando su suerte en la política se encontraban en su peor momento, "Tengo una fuerte convicción interior de que todavía me falta por realizar el mejor de mis trabajos y con apoyo viajo con la tormenta". En otra ocasión citó a su gran ancestro el duque de Marlborough: "Así como yo lo veo, el destino es el que determina la mayoría de las cosas". Incluso después de haberse convertido en un héroe a nivel mundial por dirigir a como primer ministro a Gran Bretaña a la victoria en la segunda guerra mundial. A pesar de que no lo reelegían como primer ministro en esa época, dijo, "Yo se que voy a volver a ser primer ministro. Lo se". Y efectivamente así fue. El autor Steven Hayward nos dice que, "Un sentido de destino muchas veces es una característica de la vida interna de los grandes líderes. El destino juega un papel genuino convocando al liderazgo cuando se requiere". Según la escritora Loraine Boettner en "*The Reformed Doctrine of Predestination*":

> Los héroes y los conquistadores algunas veces han sido poseídos con un sentido de destino que tienen que cumplir. Esta idea de destino que una vez fue adoptada, es el efecto natural del sentido

del poder, así que a su vez le añade mucho a ella. Una vez que una persona haya determinado lograr un gran objetivo, esta actúa con gran fuerza y consistencia para lograrlo: no esta dividida por la duda, o debilitada por el miedo; cree plenamente que va a lograr el éxito, y esa creencia es la mejor ayuda para lograr el éxito. La idea de un destino en un grado considerable se cumple por si misma.

Cada uno de estos comentarios soporta el profundo sentido interno, que se comparte por muchos de nosotros en cuanto a que fuimos creados por una razón, una razón muy distinta y nos dieron un destino que cumplir. Piensa en el poder que podrías tener con este sistema de creencia. ¿Qué harías si supieras que no puedes fallar? ¿Qué tan bien harías las cosas si realmente creyeras que lo que haces es algo que deberías de hacer? De hecho, este es el común denominador de todos los grandes de la historia. Se sintieron atraídos por los eventos que ocurrían en sus tiempos. Sentían que los crearon para jugar ese papel en ese momento de la obra. En una palabra se sintieron que estaban destinados.

William H. Murray dijo, "En el momento en el que uno se compromete definitivamente, entonces la Providencia también se mueve. Muchas cosas diferentes ocurren para ayudar a que ocurra algo que de otra manera nunca hubiera ocurrido. Toda una cascada de eventos nacen de la creciente decisión a favor de uno, incidentes de todas las maneras, nunca antes vistos, reuniones y asistencia material que ningún hombre había podido soñar que aparecerían en su camino". ¡Habla sobre el pensamiento de las posibilidades! "Es la Providencia que también se mueve" este es el concepto que aquí se examina. ¿Qué pudiera motivar más que saber que lo que estas haciendo estaba destinado, que se supone que lo tienes que hacer, y que la Providencia se mueve para ayudarte?

El destino es el nivel mas profundo disponible. Entenderlo puede ser la fuerza más estimulante, proveedora de motivación y sustento de todos los esfuerzos de tu vida. Respétalo, nútrelo, medita en el, reza con respecto a el y búscalo. ¡Después de todo es tu destino! ¡Que vivas para cumplir con él todos los días!

Legado

Benjamin Franklin escribió, "si no quieres ser olvidado, tan pronto te encuentres muerto y en descomposición, escribe cosas que valga la pena leer, o has cosas de las que valga la pena escribir".

El legado viene como resultado de entender nuestro propósito, en un sentido mas grande viene de entender nuestro destino y de vivirlo a plenitud. Lo que tenemos y lo que nos dan, no es tan importante como en que contribuimos y que dejamos atrás. La vida es corta. Nosotros estamos aquí solamente por un pequeño periodo en el tiempo. La Biblia nos enseña que, "Y de la manera que está establecido á los hombres que mueran una vez" (Hebreo 9:27), y ninguno de nosotros lo puede evitar. Y cuando llega ese momento, ¿Qué significado tuvo en tu vida? ¿Qué logramos? ¿En que contribuimos? ¿Cómo seremos recordados? ¿A quién le importará? Cuando haya terminado el funeral y nuestros parientes hayan regresado de la iglesia comiendo ensalada de papa sobre mesas destartaladas ¿Qué dirán?

Estas son las preguntas del legado. Stephen Covey le llama a esta discusión "comenzar teniendo el final en mente". ¿Qué pasaría? Si viviéramos nuestras vidas como si fuéramos a morir Marcus Aurelius dijo, "No vivas como si tuvieras mil años por delante". Muchos de nosotros deberíamos tomar ese consejo.

El legado es la respuesta a esas preguntas. Ya sea que lo que hacemos es positivo dar y servir a otros o destructivo, egoísta y dañino para otras personas, tendremos un legado. Nunca es demasiado temprano o demasiado tarde para empezar a pensar en el legado que surge del vivir nuestras vidas diariamente. El tener un propósito integral, entender nuestro destino personal y al ser sincero son los mejores componentes para un legado valioso. Como dice una cita famosa, "Mi vida es mi mensaje".

Reconsideración sobre los Tres Niveles de Motivación.

Existe otra manera de considerar estos Tres Niveles de Motivación. El mas superficial consistiría en el Éxito, el cual esta compuesto por recompensas materiales y respeto para los otros. El siguiente y más profundo nivel de motivación, sería el significado, el cual esta compuesto por el destino y tal vez por dejar un legado. El nivel más profundo y el que más poder da sería obediencia y el sacrificio hacia una visión dada por Dios.

Introdujimos esta descripción para ilustrar otra forma por la cual se puede describir el concepto de niveles progresivos de motivación. Sin embargo, la semántica no importa mucho. Lo que si importa es que los que van a ser líderes entiendan la importancia del hambre en sus variadas formas, como descubrirla, acariciar sus flamas y la lleva hacia el infierno abrasador. Como cualquier líder pronto descubrirás que, los logros verdaderos y duraderos provienen de los niveles más "profundos" de motivación. Efectivamente, un fuerte sentido de propósito, el entendimiento del destino personal y el deseo de dejar un legado positivo, duradero y que obedece la visión que tiene Dios para nosotros son los tipos más fuertes de motivación. Los líderes deben cultivar estas fuentes de motivación de manera regular para alimentar al desempeño y sostenerlo a largo plazo.

Cada paso que damos es un paso que nos acerca o un paso que nos aleja de nuestro destino. Recuerda, muchos comienzan el viaje. Muy pocos lo terminan bien. Los que lo logran son *los hambrientos*.

Segunda Cualidad Fundamental: Humildad

La definición de *hone* es "perfeccionar, alisar o pulir con una piedra de afilar o hacerlo mas agudo, intenso o efectivo". La segunda cualidad fundamental de un líder consiste en ser humilde, tener una actitud que permita intensificar y agudizar.

Como dice el dicho, "No sabes lo que no sabes". Además, lo que si sabes se te va olvidando gradualmente. Entonces, si no sabemos lo que no sabemos y se nos olvida lo que si sabemos, probablemente sería una buena idea seguir aprendiendo. ¡De esta manera al menos sabríamos algo!
El grandioso Sócrates declaró que si el era el hombre mas sabio en Atenas era por que solamente el asumió que no tenía todas las respuestas. El punto es que cuando se trata de aprender, nunca debemos de asumir que

ya llegamos a la meta. Para un líder la educación no tiene final. Necesitamos vivir como si fuéramos a morir mañana y aprender como si fuéramos a vivir para siempre. Cuando un líder se sigue permitiendo aprender, su potencial no tiene límites. Con esta mentalidad, hay algunos bloqueos en el camino del aprendizaje que un líder debe evitar constantemente.

Arrogancia

El que uno siga abierto a aprender es mucho más una actitud que cualquier otra cosa. La actitud de "sábelo todo" es la sentencia de muerte para el logro. Tal y como dijo F. A. Hayek, "No hay nada que este mejor guardado que la ignorancia de los expertos".

La vida es dinámica. Nuestro mundo cambia constantemente. Nadie puede tomar el riesgo de engañarse a si mismo pensando que tiene todo resuelto, sin importar quien es o cuanta experiencia tenga. La arrogancia produce ignorancia, y la ignorancia para un líder no es nada fantástica. Un verdadero líder sabe que sin importar cuanto haya logrado, todavía tiene mucho que aprender.

Lo opuesto de arrogancia es la humildad. ¿Con quién debe ser humilde el líder? La respuesta: con cualquiera que tenga algo que enseñarle. Mas importante, esto significa que ser humilde con los mentores (hablaremos más sobre esto en los siguientes capítulos). Segundo, significa ser humilde con los compañeros, y finalmente significa actuar de una manera humilde hacia los subordinados. Los líderes pueden aprender de cualquier persona en cualquier posición y deben tener una actitud humilde que permitirá aprender. Los líderes arrogantes no aprenden hasta que es demasiado tarde, si es que acaso lo hacen.

Desinterés

El permitirse aprender requiere energía. Esta energía proviene del hambre que ya hemos discutido anteriormente. En el área de ser educable la ambición del líder se hace evidente. Un líder debe estar sinceramente interesado en aprender de una manera regular. El desinterés o la apatía llevarán a un conocimiento viejo y una pobre habilidad para tomar decisiones. Ninguno de estos puede existir por mucho tiempo sin que existan resultados fatales en la vida de las tareas del líder.

Suposiciones Erróneas

Un líder puede estar abierto e interesado en aprender pero permanecer ciego por suposiciones erróneas. Algunas veces aquellos que se encuentran mas cerca de una situación no pueden ver algo que es obvio a simple vista. Los líderes deben estar en guardia en contra de las suposiciones erróneas. Así como le dijo el presidente Ronald Reagan al premier soviético Mikhail Gorbachev, "Confía pero verifica". Los líderes deben tener mentes abiertas e inquisitivas y deben ser lentos para no hacer conclusiones basadas en suposiciones previas.

Hábitos Arraigados

Todos somos producto de nuestros hábitos. Los hábitos pueden ser buenos pero también pueden ser perjudiciales. Los hábitos son nuestros amigos cuando nos llevan a través de las partes mundanas de nuestras vidas en "piloto automático". ¿Que tan engorroso sería si tuviéramos que acordarnos de respirar o involucrarnos mentalmente cada vez que nos amarramos las agujetas? Hay muchos hábitos que son útiles. Sin embargo, con lo que todo líder debe tener cuidado y debe evitar es dirigir por hábito, nunca aprender nada nuevo y solamente hacer lo que siempre ha hecho en la manera que siempre lo ha hecho. Un líder así ya no es un líder es un gerente. Los hábitos arraigados que prohíben el proceso del aprendizaje son como el veneno. Ningún líder debe jamás decir "esta es la manera en la que siempre lo hemos hecho".

El Síndrome de No-Inventado-Aquí (Not-Invented-Here)

El síndrome de No-Inventado-Aquí (Not-Invented-Here- NIH), de hecho se podría considerar como una forma de arrogancia. Cuando un líder se resiste a aprender algo nuevo por que no fue su idea, el proceso educativo de ese líder ha sido sacrificado en el altar del orgullo. Las buenas ideas pueden y generalmente vienen de todos lados. Los grandes líderes aceptan y adoptan este hecho, ellos se esfuerzan por aprender todo lo que pueden sin importar de quien fue la idea que inició el proceso. Ray Kroc, el fundador del corporativo de McDonald's, era famoso por su entusiasmo en las ideas de otras personas. Si una tienda en especifico en su cadena de franquicias, animaba al dueño a probar una idea en su tienda como una hamburguesa tipo la Big Mac y la idea tenía éxito, Kroc y su personal profundizaba sobre la idea y aprendía todo lo que pudieran acerca de ella y procedía con la implementación de la misma en toda la compañía. De esta manera, un enorme corporativo podía operar con las ideas e innovaciones de miles de individuos alrededor del mundo. Un líder debe estar abierto para aprender nuevas ideas, sin importar la fuente.

> *Los hábitos arraigados que prohíben el proceso del aprendizaje son como el veneno.*

Prioridades Incorrectas

A veces un líder puede tener una actitud hacia el aprendizaje pero no entiende correctamente las prioridades. Esto generalmente ocurre cuando el líder esta ocupado haciendo cosas incorrectas. Los líderes deben vivir en la región de lo importante, no en la región de lo urgente. Por supuesto existen cosas urgentes pero si vivir por lo urgente es una condición crónica, el líder tendrá poco tiempo para ocuparse de los temas importantes. Generalmente funciona de la siguiente manera: El líder empieza a dedicarle tiempo a los temas importantes y después lo interrumpen los temas urgentes. De manera gradual los temas urgentes acaban con el tiempo que el líder tiene para trabajar en los temas importantes. Entre mas pasa esto, mas temas urgentes surgen, por que las cosas importantes no se están manejando. Con el tiempo el líder es devorado por las crisis de lo urgente y no tiene tiempo para temas importantes y vitales.

Al llegar a este punto el líder está vencido. Ha encontrado otro camino del liderazgo hacia la gerencia. Ya no está dirigiendo el flujo de eventos está respondiendo a ellos y tratando de manejarlos. En tal situación, ¿Cómo puede el líder tener el tiempo o la energía para aprender cosas nuevas? ¿Cómo puede un líder siquiera notar o priorizar lo que hay que aprender? Estar ocupado a causa de prioridades incorrectas es un bloqueo que se encuentra con frecuencia, en el camino del aprendizaje de un líder. Cualquier líder debe estar al tanto de esto y no debe permitir que las responsabilidades del día a día oscurezcan su habilidad de aprender y de crecer.

> Los líderes deben vivir en la región de lo importante, no en la región de lo urgente.

Cinismo

Al igual que muchos de estos bloqueos en el camino del aprendizaje, el cinismo tiene mucho que ver con la actitud. Puede ser definido como "la condición de ser despectivo y desconfiado en cuanto a la naturaleza humana y motivos". El cinismo es lo que pasa cuando se le da demasiada libertad al escepticismo. Una pequeña dosis de escepticismo en un líder es sana y provee una barrera en contra de errores ingenuos, pero si se le permite al escepticismo envolver la perspectiva del líder, en consecuencia va a haber cinismo.

Los líderes se orientan hacia situaciones y retos con una actitud de aprendizaje, así como un estudiante no como un crítico. El ser crítico es uno de los atributos comunes de los fracasados los cuales de manera rápida encuentran los defectos de los otros o el lado negativo de las situaciones. Cualquier tonto puede encontrar un defecto, pero se necesita a un ganador para encontrar una solución. O bien en otras palabras, los perdedores se fijan en la culpa, mientras que los ganadores se dedican a solucionar problemas. Los líderes deben enfocarse al aprendizaje de una manera positiva, curiosa e inquisitiva y nunca permitir que sus responsabilidades o contratiempos dañen sus disposiciones.

Un líder debe evitar de manera diligente cada uno de los antes mencionados bloqueos en el camino del aprendizaje y debe pelear para seguir permitiéndose aprender. El aprender puede ser una de las cosas más gratificantes de la vida, y cuando se aplica a la increíble oportunidad de crecer y florecer como líder, es una de las bendiciones más grandes de la vida. Sin embargo en el caso de un líder el permitirse aprender va mas allá de la diversión y bendición convirtiéndose en un requerimiento. El ser un líder que no se permite aprender, es aquel que está destinado a chocar.

> *Cualquier tonto puede encontrar un defecto, pero se necesita a un ganador para encontrar una solución.*

Tercera Cualidad Fundamental: Honorable

La integridad puede ser considerada como la condición de "no hacer lo que esta mal". El carácter puede ser definido como hacer lo correcto, por el simple hecho de hacer lo correcto, incluso si es difícil de hacerse o no es popular. El honor nace de la fusión de ambas. El autor Jeff O'Leary, en The Centurion Principles, escribe, "'el honor está formado por las virtudes de integridad, honestidad, sacrificio, lealtad y humildad para servir a aquellos con mayor autoridad así como un corazón justo y piadoso para aquellos inferiores".

La palabra honor es raramente usada en nuestros tiempos parece un poco anticuada. Sin embargo vivir una vida de integridad y carácter no tiene época y para un líder es absolutamente necesario. Se trata de alternativas, las elecciones que toma una persona en su vida lo acompañan hasta la tumba.

¿Esto significa que una persona tiene que ser perfecta para convertirse en un líder? Por supuesto que no. La perfección en esta vida no es alcanzable, y nosotros, los autores, por supuesto que no somos la excepción. Sin embargo, un líder debe esforzarse continuamente para alcanzar la perfección, a pesar de saber que nunca la va a alcanzar. Los líderes más efectivos a lo largo de la historia han dirigido con sus corazones, en confianza y con honor. Si un líder se va por los atajos, trata a las personas indebidamente, o no interpreta correctamente la verdad se enciende una bomba de tiempo. Algún día, en algún lugar, la bomba estallará. En nuestros tiempos obvio y muy frecuente: cuando las figuras públicas están en la cima del poder, se hunden y se queman en una nube de vergüenza inflingida por ellos mismos. Desde escándalos políticos hasta fraudes corporativos de gran envergadura, estas calamidades son resultado de una falta de honor en el liderazgo.

> *"La felicidad humana y el deber mortal están conectados de una manera inseparable".*

La diferencia entre aquellos líderes que denigramos y aquellos que premiamos es su nivel individual de honor. De hecho, el honor es la fuerza que mantiene en su lugar al hambre. Sin honor, el hambre se desviará del camino correcto para finalmente servir solamente a los intereses egoístas. El honor es el componente que permite al hambre ser productiva para el hombre dentro del líder. De hecho, lo que básicamente se describe es otra palabra "anticuada": Deber. George Washington refirió en cuanto al deber, "La felicidad humana y el deber mortal están conectados de una manera inseparable". Entonces el liderazgo está se genera por hambre y mantenida en su lugar por el honor. Con esta combinación, los líderes encontrarán alegría en el cumplimiento de su deber hacia los otros.

Se ha dicho que el carácter de una persona es lo único que va a regresar de la tumba para entrar a los corazones de las personas que lo conocieron. Este es el legado de un líder. Las palabras de un líder y los pasos que da deben coincidir. Como dice el dicho, "Tu palabra es tu valor y tu valor está en tu palabra". Andy Stanley, autor de The Next Generation Leader, dice, "Para convertirte en un líder que valga la pena seguir debes dedicarle tiempo y atención al hombre interno. Para dejar un legado que vaya mas allá que solamente el logro, un líder debe avocarse a temas del corazón". El carácter se desarrolla en los valles y en las cimas de la vida, permitiéndole a la persona superar obstáculos y manejar el éxito. Abraham Lincoln observó, "Casi todas las personas pueden manejar la adversidad, pero si realmente quieres poner a prueba el carácter de una persona dale poder". El carácter conecta a la persona con lo que está bien y lo que es verdadero. Si reputación es lo que otros piensan de ti, entonces carácter es lo que Dios conoce deti.

Este concepto de honor es muy importante para un líder por que las personas solamente van a seguir a un líder tan lejos como ellos sientan que pueden confiar en el. Las personas no van a seguir a un líder en el que no confían. Según R. Ruth Barton, "Establecemos la caída de líderes jóvenes si los animamos a tener una visión de lo que pueden lograr, antes de considerar el tipo de persona amable que deberían de ser". Warren Bennis nos dice, "En el estadio del liderazgo, el carácter cuenta. No lo estoy diciendo de manera casual. Mis convicciones acerca del liderazgo basado en carácter, vienen de años de estudios, observaciones y entrevistas con líderes y con personas cercanas a ellos. . . . Nunca he visto a una persona desviada de una posición de liderazgo por falta de competencia técnica. Pero he visto a muchos que se han desviado por falta de juicio y carácter". Y así como dijo Heráclito, "El carácter de un hombre es su destino".

En conclusión, se debe recordar que un componente muy importante del honor es la valentía. Sin la valentía para hacer lo correcto por que es correcto, sin importar ramificaciones hacia uno mismo, uno no se merece realmente que le digan líder.

Hambre, Humildad, y Honorable: William Wilberforce perpetró "Standing Against Evil"

Eran coartados como bestias sobre sus lomos contra de los húmedos tablones de madera, ordenados en largas filas de la cabeza a los pies. Cientos eran puestos en fila de viga a viga y de proa a popa del barco rancio. Los jefes de las tribus africanas los secuestraron de sus aldeas y se los vendieron a los comerciantes en Zanzíbar quienes los transportaban a través del infame "pasaje medio" desde el Océano Atlántico hasta el Caribe. Servían para hacer trabajos forzados en los plantíos de azúcar. Pero tenían que sobrevivir el viaje primero, y muchos no lo hacían. Las condiciones eran indescriptibles. Herman Melville escribió, "Los esclavos eran guardados, de punta a talón, como troncos, los muertos por asfixia eran desposados y separados de los vivos todas las mañanas". Los barcos de esclavos que concordaban con esta descripción iban y venían a través del

Océano Atlántico durante cientos de años.

Esta forma de violación tan desesperada y sin dignidad, de todo lo que es decente de los instintos de la humanidad es difícil de imaginar hoy en día. Lord Brougham, un contemporáneo y ávido enemigo del intercambio de esclavos, lo llamó "el peor de todos lo crímenes que ha cometido el hombre". ¿Cómo podríamos eliminar esta terrible institución? ¿Quién podría ejercer la suficiente fuerza para abolirlo? Mas importante, ¿*Quién*? Desde los labios secos de esas pobres almas transportadas a través del océano en una oscura desesperación, se escuchaba el llamado de un líder.

En su diario personal, el 28 de octubre de 1787, un inglés desconocido de veintiocho años respondió al llamado. Escribió, "Dios todopoderoso puso ante mi dos grandes objetivos, la supresión del intercambio de esclavos y la reforma de los morales". En *"Character Counts"*, el autor J. Douglas Holladay escribió, "Wilberforce un incansable reformador y supremo encargado de abolir el odioso intercambio de esclavos de Inglaterra, posiblemente guió la única y mas efectiva defensa en contra del mal y la injusticia de toda la historia". Wilberforce y sus seguidores escribieron libros y panfletos, hablaron el público y trabajaron desde adentro del parlamento para iluminar la atrocidad involucrada en el intercambio de esclavos africanos. Persistieron año tras año para mantener las realidades de la práctica a la vanguardia de la revelación del público.

William Wilberforce trabajaría por mas de cuarenta y siete años para ver que su visión de abolir el intercambio de esclavos se hiciera realidad, destruyendo su salud, carrera política (muchos creían que iba a ser el futuro primer ministro), y reputación contemporánea. El biógrafo John Pollock describe la batalla de Wilberforce: "De hecho la pelea fue costosa y larga. Wilberforce fue atacado y asaltado dos veces. Por supuesto se convirtió en el hombre más denigrado de Inglaterra. Para hacer peor las cosas, algunos de los héroes mas grandes y las fuerzas mas poderosas de Inglaterra se opusieron ante Wilberforce, incluyendo a la familia real, la gran mayoría del gabinete adquirió poderosos intereses". Un amigo le escribió diciendo, "Espero leer que fuiste carbonizado por las plantas de los indios del oeste, cocinado por los comerciantes africanos y devorado por los capitanes de Guinea, pero no te desanimes ¡yo escribiré tu epitafio!".

Desdeñado por la inmensidad de su llamado, Wilberforce y su banda de "santos" (Como los llamaban sus enemigos sarcásticamente), continuaron sus vidas, al ejercer presión sobre la sociedad inglesa y el gobierno. Inglaterra era especialmente importante para la eliminación del intercambio de esclavos por que su marina era la única fuerza del mundo que era capaz de detener esta empresa extremadamente lucrativa. A pesar de que la esclavitud en Inglaterra se había prohibido legalmente en 1722, todavía prosperaba en otras partes del imperio y en otros países. Eventualmente, por medio del esfuerzo de Wilberforce y de aquellos que dirigía, la marea de la opinión popular cambió.

En 1819 la marina inglesa comenzó a interceptar con mucha fuerza barcos de esclavos en mar abierto, dejando libres a los cautivos. En 1833, tres días antes de la muerte de Wilberforce, el parlamento inglés prohibió legalmente el intercambio de esclavos y de todas sus posesiones incluyendo a las Antillas. La marina de los ingleses incluso empezaron a prohibir el intercambio de esclavos en todas las otras naciones, frenando barcos e incluso condenándolos por traer utensilios del intercambio de esclavos en el barco. Entonces el gobierno americano comenzó a registrar sus propios barcos, y eventualmente, bajo la administración de Abraham Lincoln, accedieron a que los ingleses registraran cualquier barco americano que fuera sospechoso de "esclavizar". En *To Rule The Waves* Arthur Herman escribió, "el último mercado abierto de esclavos de América, en la Havana, fue finalmente clausurado en 1869 gracias a la presión que ejercieron los ingleses. Para este momento, la marina de los ingleses se encontraba en proceso de impedir también el intercambio de esclavos a través de la costa del este de África". El intercambio de esclavos africanos estaba muerto.

Si alguna vez hubo un ejemplo de un líder que poseía las cualidades fundamentales adecuadas, fue William Wilberforce. Tenía deseo de aprender y ansioso por aprender cualquier cosa que le fuera a ayudar en su llamado, más ambicioso que nadie y un hombre de carácter completo. J. Douglas Holladay describió algunas de las cualidades fundamentales de

Wilberforce:

> Wilberforce y sus colegas estaban motivados por una creencia personal robusta, en un dios viviente que está preocupado por las vidas humanas individuales, justicia, y la transformación de las sociedades. En su corazón se encontraba un sentido profundo de la presencia y del poder de dios, dándoles visión, valentía y la perspectiva necesaria para escoger los temas y enfrentarse contra los poderosos intereses que estaban alineados en su contra. Wilberforce tenía un sentido profundo de llamado. . . y estaba comprometido con la importancia estratégica de una banda de amigos que pensaran de la misma manera, devotos para trabajar juntos en aventuras escogidas. . . y creía profundamente en el poder de las ideas y creencias morales.

William Wilberforce es el mejor ejemplo de cómo deben los líderes estar armados con *un profundo sentido de motivación, e incluso un llamado* que los lance hacia delante a través de los inevitables desafíos que se presentaran en el camino, aunque estos desafíos peligren su integridad física y vengan del los más altos niveles del mundo. (Un líder debe tener hambre).

La medida del carácter de un líder es principalmente influenciar a las otras personas, así como demuestra el discurso injurioso y violento de toda la vida de Wilberforce en contra de la inmortalidad de la esclavitud. Sus acciones no hubieran tenido ningún peso si la mortalidad de Wilberforce no hubiera sido irreprochable. (*Un líder debe ser honorable*) La altura del honor de Wilberforce, la profundidad de su llamado, y el compromiso de su energía hacia aprender y trabajar provoco que su liderazgo se fortaleciera. (Un líder debe ser *humilde* El llanto de los oprimidos fue finalmente escuchado.

Resumen

Las tres cualidades fundamentales de un líder, las tres H, son requeridas para tener acceso a la capacidad de liderazgo. Tener hambre, ser humilde, y honorable son requeridos para poder abrir la puerta que lleva a la base de las escaleras al liderazgo.

QUE ES LO QUE HACE UN LÍDER

CAPÍTULO 3

El Ciclo del Logro

No importa el número de horas que dediques, sino cuanto le dedicas a esas horas.

—Anónimo

Si tenemos las cualidades fundamentales en su lugar, el proceso para desarrollar el liderazgo puede comenzar. Según Bill George en *"Authentic Leadership"*, "A pesar de que hayamos nacido con potencial de liderazgo, todos nos debemos desarrollar para convertirnos en buenos líderes".

El proceso para desarrollar al liderazgo es donde el líder comienza a trabajar lo que realmente es y usa esa experiencia para adquirir habilidad y entendimiento. Este trabajo es el que impulsa al líder hacia los niveles ascendentes de la influencia. Esto

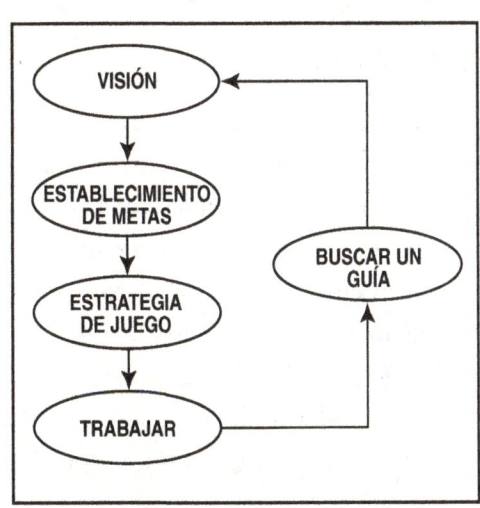

ocurre de acuerdo al ciclo del logro, como se muestra en el diagrama de la página (59).

George Barna, autor de "A *Fish Out of Water*", dijo, "Los líderes hacen las cosas correctas, por las razones correctas, en los momentos correctos". Esto no es tan fácil como suena. Para volverse capaz de hacer esto, los líderes deben evolucionar y lo deben hacer deliberadamente. Rotar repetidamente por el ciclo del logro es lo que le permite al líder crecer en habilidad, entendimiento, experiencia, discernimiento y sabiduría.

Visión

Todo el ciclo del logro comienza con visión. La visión es la realidad de la mañana expresada como una idea el día de hoy. Los líderes primero

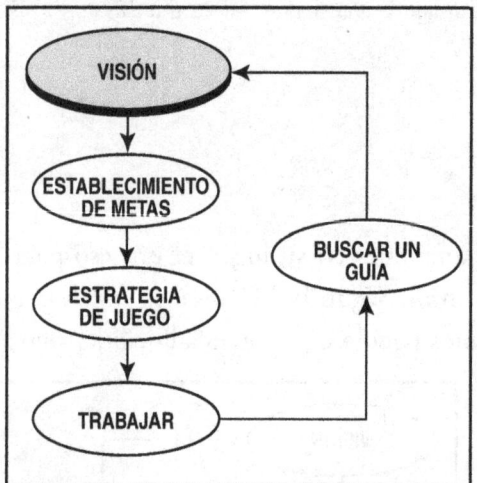

deben tener una visión de donde quieren llevarse a si mismos y a su organización. Kouzes y Posner escriben, "Los líderes inspiran una visión compartida. Ven a través del horizonte del tiempo, imaginando las oportunidades atractivas que van a estar disponibles cuando ellos y sus seguidores lleguen a ese destino distante. Los líderes tienen el deseo de hacer que algo pase, de cambiar el modo como son las cosas, de crear algo que nadie más ha creado. De algún modo, los líderes viven sus vidas hacia atrás. Ven las cosas con el ojo de la mente imaginan cómo van a ser las cosas incluso antes de que hayan empezado el proyecto, como un arquitecto dibuja un plano o un ingeniero construye una maqueta".

Después, los líderes deben proyectar consistentemente su visión antes de que lo hagan las personas que influencian. George Barna escribió, "La única manera que los líderes pueden hacer que sus grupos sostengan su energía después de un largo tiempo es dándoles una visión que justifique un compromiso a largo plazo. Los líderes efectivos le permiten a las personas poseer la visión como si fuera de ellos originalmente y así aclarar la manera en la que van a aportar con sus cualidades individuales y habilidades para hacer que la visión se convierta en un legado especial. Por lo tanto, la visión es un retrato de un mejor futuro en el cual podemos participar para desarrollar".

La visión viene de la imagen de un sueño en la mente de un líder. No siempre obtenemos lo que queremos, no siempre obtenemos lo que merecemos, pero casi *siempre obtenemos lo que imaginamos*. Tener una imagen mental clara es la visión que el líder carga y proyecta. Algunos lo llaman visualización. Aquí es donde nos puede ayudar el ejercicio de la construcción de sueños, para construir y mantener una clara visión en la mente del líder.

La visualización es una técnica que se utiliza en las industrias y en el mundo del deporte. Puedes ver a los corredores de coches de carreras y los esquiadores de montaña, momentos antes de una carrera con los ojos cerrados, moviendo sus manos de adelante hacia atrás conforme se imaginan en el curso de la competencia. Están recorriendo la carrera en sus mentes, visualizando un desempeño perfecto. De la misma manera, los líderes en cualquier tarea deben poder visualizar el resultado futuro antes de que pueda ser visto por otras personas. Los líderes ven más allá que los otros, y después realizan un proceso para llevarlos hasta ahí.

> *No siempre obtenemos lo que queremos, no siempre obtenemos lo que merecemos, pero casi siempre obtenemos lo que imaginamos.*

Cuando Walt Disney se acercaba a la muerte, alguien dijo que era una pena que no iba a vivir lo suficiente para ver su sueño Disneylandia hecho realidad. La esposa de Disney contestó que si no lo hubiera visualizado, nunca habría siquiera comenzado. Ya lo había visto todo en su mente. Esta es la visión de un líder. Esto es visualización.

La Biblia dice, "donde no hay visión, el pueblo se desenfrena" (Proverbios 29:18). Los líderes proporcionan esa visión como el primer paso en su influencia.

Establecimiento de una Meta

Es importante tener hambre y poseer la ambición para cambiar el status quo, con una clara visión de lo que va a ser, pero esta energía debe estar dirigida hacia algo en específico. Aquí es donde las metas entran en el juego. David Schwartz, autor de *"The Magic of Thinking Big"*, escribe, "una meta es más que un sueño; es un sueño sobre el que actuamos".

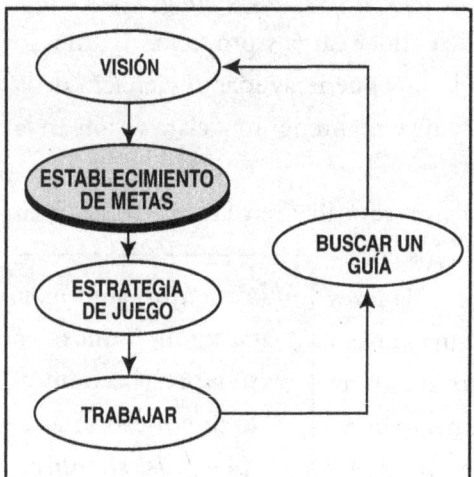

En las palabras del gran jugador de jockey Wayne Gretzky, "Vas a fallar el 100% de los tiros que no intentes hacer". Debemos asumir que se estaba *refiriendo a los tiros hacia una meta*. Sin metas específicas para dirigir las energías y las ambiciones, todos los esfuerzos estarán dispersos y a lo mucho quedaran como generalidades. Henry David Thoreau escribió, "No es suficiente estar ocupado. Las hormigas también lo están. La pregunta es: ¿En que estamos ocupados?" Un líder debe conocer la meta de sus esfuerzos. Un líder debe saber claramente que es lo que se va a lograr. En pocas palabras, los líderes usan el proceso de establecimiento de metas.

Existe una historia de dos hombres que se dispusieron para lograr resultados similares. Uno invirtió el esfuerzo necesario para establecimiento de metas y el otro no. Al final de un periodo dado, ambos habían trabajado de una manera diligente, pero el que había establecido una meta específica hizo un mejor trabajo que el otro. Esto es por que todo lo que hizo el hombre que había establecido la meta fue dirigido inconscientemente a su meta. Si había algo que hacer, primero determinaba si le ayudaría para lograr su meta. Si, si lo ayuda a establecer una meta entonces lo hacía. Si no, no lo hacía. Puedes ver que el hombre que estableció su meta tenía la ventaja de prioridades sobre el hombre que no estableció su meta. También tenía la ventaja al canalizar sus esfuerzos de manera más efectiva a través del poder del enfoque. Cualquier día existen un número de cosas "buenas" que se pueden hacer, pero solo hay algunas cosas "grandiosas" que se pueden hacer. Generalmente solo puede haber una cosa "mejor" que se puede hacer.

Como con el hambre, establecimiento de metas es una disciplina. Este asunto nunca debe ser descuidado. Como dijo Tom Garriga, presidente de Tang Wei Martial Arts Institute, "Una meta es un enemigo que debemos vencer con una estrategia de batalla y el compromiso de un guerrero. El proceso de liderazgo esta fundado en resolver y en el compromiso". Con esto en mente, hay algunos componentes para establecimiento de metas correctamente que todos los líderes deben personificar.

Las Metas Deben Ser Específicas

Las metas deben ser claras y exactas. Un líder no puede perseguir apasionadamente una generalidad. Los ejemplos de metas apropiadas y específicas serían, "ganar el maratón de Boston", o "convertirse en el presidente de la empresa", o "vender un millón de dólares en productos este año". Estos son claros y precisos. Los ejemplos de metas que no son lo suficientemente especificas son "ser un mejor papa", o "mejorar en mi habilidad de liderazgo," o "maximizar mi rendimiento en el trabajo". Estos son sentimientos generales de lo que se podría lograr, pero términos como "mejor papa" o "mejorar habilidad" o "maximizar" no son lo suficientemente específicos para atrapar al líder a que actúe. Términos flojos como estos le proporcionan al líder "espacio para moverse" un poco. ¿Cómo puedes saber si te convertiste en un mejor padre, si mejoraste tu habilidad o si maximizaste? El ser específico en lo que se refiere a las metas no solamente le da al líder un objetivo que alcanzar mas claro, sino que también elimina las dudas sobre si el objetivo fue logrado. Esto es lo que significa ser específico.

Las Metas Deben Escribirse

Una meta no es una meta hasta que el líder la pone por escrito. Esto puede sonar trillado. Pero es de vital importancia. Como con las metas que no son específicas, las metas que no se ponen por escrito le dan al líder la oportunidad de moverlas o cambiarlas si las cosas no salen como fueron planeadas. Pero una meta por escrito es difícil de evitar

Las Metas Son Grabadas en Piedra

El propósito de tener una meta en primer lugar es organizar los pensamientos del líder y proveer algo específico en que esforzarse. Establecimiento de una meta debe estar respaldado por compromiso, por que si esto no ocurre todo el proceso se derrumba. Por lo tanto las metas deben "escribirse sobre piedra". Una vez que se han decidido, estas metas no deberán ser cambiadas. Hay un dicho que dice, "Las metas son grabadas en piedra, pero la estrategia de juego debe ser dibujada sobre la arena". Así como les enseñaremos en "Estrategia de juego", puede ser necesario cambiar los planes sobre como se va a alcanzar la meta, pero la meta debe mantenerse firme. El compromiso dice que si lograste la meta con el plan A o el plan Z, la meta permanece.

Las Metas Deben Poderse Medir

Si una meta va a ejercer una fuerza motivadora sobre el líder, entonces debe de haber un método claro y cuantificable para poderla determinar cuando se haya logrado la meta. ¿Puede ser medida? ¿Cómo? ¿Qué tan fácil? y ¿Por quién? ¿Qué tan rápido después de terminarla? Este es el tipo de preguntas que deben contestarse cuando se establece una meta para asegurarse que el líder sepa cuando y como se logró la meta. La habilidad para medir el progreso de una meta también permite que existan correcciones por medio de la mente y la habilidad para que el líder enfrente la realidad brutal en relación con su progreso.

En deportes, casi siempre hay un marcador que es grande y obvio para todos los contendientes y aficionados. Está presente todo el tiempo con una actualización constante, específica, y que puede medirse el desempeño de los participantes hacia la meta del éxito. Para los líderes las metas deben ser igualmente claras y que se puedan medir.

Las Metas Deben Ser Realistas

Un líder no es un líder sin una visión de una mejor realidad, pero en el área de establecimiento de metas esto puede ser llevado demasiado lejos. Una cosa es tener una gran visión para una mejor realidad del futuro, y está bien que esa visión parezca loca y atrevida para cualquiera excepto el líder, pero la manera adecuada de establecimiento de metas para poder lograr esta enorme visión es mediante pasos graduales. Cada uno de estos pasos debe ser representado por metas realistas y específicas. Si la meta esta muy lejos del alcance del líder, eventualmente el líder se va a desesperar por el fracaso repetitivo al intentar lograr esa meta. Las metas deben ser lo suficientemente realistas para que el líder crea que las puede lograr y de esta manera energizado para hacer lo que sea necesario para lograrlas.

Las Metas Deben Proporcionar Motivación

Por un lado, las metas deben ser realistas, pero por otro lado deben poderse estirar lo suficiente extensión para inspirar al líder. Deben ser desafiantes. Deben provocarle al líder malestar y proporcionar ímpetu para hacer un mayor esfuerzo. La mejor manera de establecimiento de una meta es asegurarse que esté entre las dos cunetas "demasiado difícil" por un lado, o "demasiado fácil" por el otro. El líder debe creer que puede lograr la meta y al mismo tiempo sentirse incomodo por el nivel tan elevado de esfuerzo para poder lograrlo.

Las Metas Deben ir de Acuerdo con las Prioridades y los Valores

En la lucha para lograr algo, siempre habrá tentaciones para "venderse" o comprometer nuestras creencias. Pueden existir conflictos de interés que surgen a lo largo del camino, pero un líder no debe bajo ninguna circunstancia establecimiento de metas que no vayan de acuerdo con las verdaderas prioridades y los valores de su vida. Como dice el verso, "Pues, de que le sirve al hombre ganar el mundo entero?" (Marcos 8:36). Todo líder debe tener cuidado cuando establece metas para asegurarse que la meta no cruce sus propósitos con sus creencias y que lo que necesita hacer para lograr la meta no comprometa su honor.

> *Una meta que se olvida es una meta fallida.*

Las Metas Deben ser Importantes

El líder debe desarrollar maneras sistemáticas para recordar la meta constantemente. Esto puede hacerse poniendo letreros o tarjetas como recordatorio alrededor de su casa, lugar de trabajo o coche. Esto significa que deberás hablar de la meta con tu esposa, amigo o colega para que el pueda seguir recordándotelo y traerlo a colación durante las conversaciones. (Sin embargo este paso debe hacerse con cuidado). La Biblia nos advierte que "ni echéis vuestras perlas delante de los puercos" [Mateo 7:6], que significa que tienes que tener cuidado con quien compartes tus ideas mas valiosas, incluyendo las metas personales. El compartir metas solamente debe hacerse con las personas más cercanas en las que confías. Algún tipo de música en particular o pensamientos pueden disparar el enfoque del líder sobre los tiempos y ventajas de la meta. El punto es que el líder debe buscar métodos para que la meta prevalezca y se mantenga a la vista hasta que la meta se logre. Una meta que se olvida es una meta fallida. Los grandes líderes saben que deben presionarse mediante el desarrollo de recordatorios creativos de su compromiso con los logros.

Las Metas Deben Tener un Periodo Específico

Una vez que el líder ha establecido una meta específica, la escribe, se compromete a realizarla, determina como la va a medir, esta seguro de que es realista, motivadora, que va de acuerdo con sus prioridades y valores y encuentra métodos para hacerla importante, es crucial que se determine un limite de tiempo adecuado. Si una meta se establece sin límite de tiempo dado, se convierte en un deseo o una fantasía. El límite de tiempo le aplica presión al líder, como un reloj que avanza durante una carrera. Los corredores de motocicleta dicen, "Cuando se abre la reja, la plática termina". Lo mismo aplica en el caso de las metas una vez que se ha establecido un periodo determinado. El líder va desde la línea de salida hacia la meta y la carrera va en contra del reloj. La presión del reloj es necesaria para evitar el viejo dicho, "¡Cuando todo esta dicho y hecho, generalmente de dice mas de lo que se hace!"

Estrategia de Juego

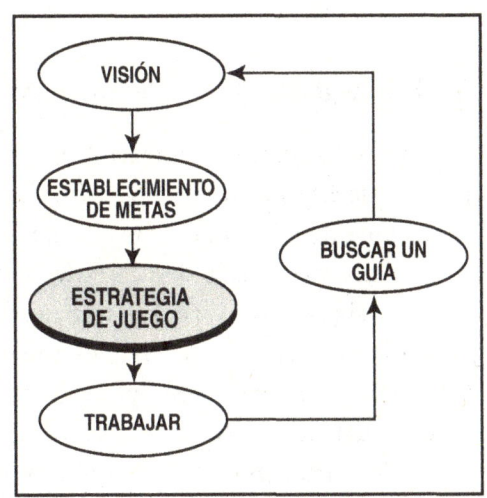

Después de establecer estos nueve detalles de cómo desarrollar una meta, el líder está enfocado, con mucha energía y listo para casi actuar. Otra vez usando como referencia al diagrama del Ciclo del Logro, vemos que hay otro paso antes de iniciar el trabajo que asegura que el trabajo del líder se dirija hacia el logro de la meta: hacer una estrategia de juego. Un líder con una meta pero sin una estrategia es como un arquero con un blanco pero sin flechas. La estrategia de juego es el mapa del líder. Le proporciona una guía para llegar a la meta. Le da la forma de lograr la meta. Aquí pueden florecer los poderes creativos del líder. El líder desarrolla su habilidad para pensar estratégicamente, a través de una lluvia de ideas sobre los métodos de ataque. La experiencia y aprendizaje pueden ser grandes facilitadotes. El hambre proporciona el "¿Por qué?", La meta el "¿Qué?" y la estrategia de juego el "¿Cómo?"

Las Estrategias de Juego Deben Dibujarse Sobre la Arena

El pensamiento estratégico es importante y desarrollar un plan bien pensado de cómo lograr una meta es vital. A pesar de esto el líder no debe permitir que la estrategia sea más importante que la meta. La estrategia de juego debe fluir, adaptarse a las condiciones de cambio, y ser capaz de cambiar en el momento que se de cuenta que no está funcionando. No hay plan que sobreviva completamente al chocar con la realidad. Como se mencionó anteriormente, es posible que conforme pasa el tiempo el líder tenga que realizar múltiples estrategias antes de poder lograr la meta. La meta debe estar escrita sobre piedra, la estrategia de juego se dibuja sobre la arena.

Las Estrategias de Juego Permiten Asignar Prioridades a las Tareas

Una de las grandes ventajas de la estrategia de juego es que permite el proceso de establecimiento de prioridades. El líder debe pensar y entender la siguiente pregunta ¿Que es lo más importante, a continuación?

Un maestro quería demostrarles a sus alumnos la importancia que tiene el asignar prioridades al trabajo. Tomo un frasco de vidrio y lo colocó sobre el escritorio junto a unas piedras grandes, unas piedras pequeñas, algunas cuentas, arena y una jarra de agua. Le dijo a la clase que el objetivo del ejercicio era meter la mayor cantidad posible de materiales al frasco de vidrio, con una combinación más densa posible. Primero metió todas las piedras grandes que cupieran en el frasco de vidrio, pidiéndole a la clase que le confirmara que el frasco estaba "lleno". Después puso las piedras mas pequeñas alrededor de las grandes hasta que la clase verificó una vez mas que ya no se podían colocar mas piedras dentro del frasco. Después atiborró las cuentas en el frasco alrededor de las otras piedras hasta que nada mas cupiera. Después vertió la arena alrededor de las piedras de varios tamaños hasta que nada mas cupiera dentro del frasco. Finalmente vertió la jarra de agua en el frasco, en este punto el frasco estaba completamente lleno no cabía una sola cosa mas

"Ahora el frasco esta lleno", dijo el maestro. "si no hubiéramos asignado prioridades de que debíamos poner primero dentro del frasco, no hubieran cabido tantas cosas en el frasco y no hubiéramos obtenido el resultado mas denso".

"No entiendo", dijo un estudiante. "¿Cómo nos enseña prioridades este ejemplo?"

"Porque," contesto el paciente instructor, "si hubiéramos comenzado con las piedras pequeñas, con la arena o con el agua no hubiera habido lugar para las piedras grandes. Los proyectos con los que nos encontremos en la vida deben ser manejados de la misma manera. Metan primero las piedras mas grandes y así sucesivamente hasta llegar a las mas pequeñas".

Esta es la lección de prioridades. La estrategia de juego para un líder es donde esto sucede. Sin esto el líder pasará el tiempo haciendo cosas "buenas" o incluso "grandiosas" pero no las "correctas". Un líder sabe que tiene que meter las piedras grandes primero.

> Un líder sabe que tiene que meter las "piedras grandes "primero.

Ed Koch, autor de *"The 80/20 Principle"*, escribe, "El Principio 80/20 afirma que una minoría de causas, contribuciones, o esfuerzo generalmente llevan a una mayoría de resultados, producción, o recompensas. Literalmente, esto significa que, por ejemplo, el 80 por ciento de lo que logras en tu trabajo viene de un 20 por ciento del tiempo. Entonces en una manera más práctica, cuatro quintas partes del esfuerzo o sea una parte dominante es en gran parte irrelevante". Conforme va pasando el tiempo, la habilidad del líder en esta área se dirige hacia la excelencia o se devalúa hacia la mediocridad. Recuerda, un líder es más valioso en el lugar donde añada el mayor valor posible. Andy Stanley, autor de *"The Next Generation Leader"*, escribió, "la habilidad para identificar y enfocarse en las pocas cosas que son necesarias es la característica distintiva de un gran liderazgo".

Las Estrategias de Juego se Desarrollan en Nivel Macro, Mini y Micro.

Muy parecido al tema de la asignación de prioridades es la clasificación de tareas u objetivos en diferentes niveles basados en su tamaño o importancia. Es importante que el líder entienda que los temas se pueden clasificar en al menos tres categorías. Que son:

1. Macro
2. Mini

3. Micro.

El nivel Macro es la primera capa. Incluye todas las cosas grandes, las cosas de alta prioridad, o los temas que tendrán el mayor impacto en una tarea específica. El nivel Mini va justo por debajo del macro, en donde los temas son más pequeños y no tan importantes. Finalmente el nivel Micro es el mas pequeño, el nivel de detalle donde los temas son los mas pequeños.

Es importante entender como los niveles Macro, Mini y Micro se acoplan entre si con la idea de las prioridades tal y como se mencionó anteriormente. El diagrama que se muestra a continuación nos muestra como el líder tiene prioridades que están dispuestas de acuerdo al principio de "y a continuación, que es lo más importante". Asociado con cada una de estas prioridades están los temas macro, mini, y micro. Estos dos conceptos fusionados le muestran al líder en donde debe enfocarse exactamente para tener un mayor impacto en la meta que quiere lograr. Un líder que es verdaderamente efectivo estructura una estrategia de juego que comienza con la prioridad más alta y los temas macro asociados con la tarea. Al terminarlos el líder trabaja en la siguiente prioridad más baja y en temas relacionados con esas tareas que van descendiendo de macro hacia micro.

		PRIORIDADES		
		ALTO	MEDIO	BAJO
TEMAS	MACRO	LO MÁS IMPORTANTE		
	MINI			
	MICRO			LO MENOS IMPORTANTE

Es importante mencionar que el diagrama es solamente una de las maneras para clasificar el trabajo que debe hacer un líder. Raramente se necesita manejar todas las prioridades o trabajar todos los temas mediante la gráfica. Frecuentemente se logra una meta antes de que sea necesario ese nivel de detalle. Por esta razón es importante que el líder revise sus prioridades y temas de una manera continua, para tener el mayor impacto posible conforme cambian las condiciones y se progresa.

Las Estrategias de Juego Son Mejores Cuando se Usan Primero Pensamientos Efectivos

La cualidad de pensamiento de un líder tendrá mucho que ver con el éxito del mismo. Existe un poder enorme en pensar de una manera efectiva hacia una meta y hacia como obtenerla.

La lluvia de ideas es el proceso por medio del que se piensa libremente, omitiendo juicios tempranos de los méritos que resulten de las ideas. La evaluación de las ideas puede venir después. La lluvia de ideas está diseñada para sacar buenas ideas de la cabeza y ponerlas en una estrategia de juego.

Napoleon Hill se hizo famoso por su grandioso libro, *"Think and Grow Rich"*. Su premisa básica consiste en que cada uno de nosotros tiene la riqueza verdadera en el poder de nuestros pensamientos. La Biblia dice, "Porque cual es su pensamiento en su alma, tal es él" (Proverbios 23:7). Dennis Waitley, ex-piloto de Blue Angels y exitoso autor y orador, dijo que en nuestros tiempos hemos entrado en "una batalla de la mente". Ya no nos encontramos en la era Industrial, nos encontramos en la era de la Información. No será la calidad de la información, sino que la calidad de interpretación de esa información, lo que hará la diferencia.

Un precepto clave para entender cuando estés pensando estratégicamente hacia una meta puede entenderse al visualizar el proceso como si fuera un juego de dominó. Para cualquier meta existen miles de tareas que nos ayudan para que se pueda lograr. Cuando un líder este dibujando una estrategia de juego, se debe preguntar: "¿Cuáles son las principales fichas de domino que van a tirar a las demás fichas?" es crítico enfocarse primero en las tareas mas importantes. Esto requiere planear con anticipación. Una vez que el líder haya determinado los pasos más importantes a seguir para lograr una meta, se debe hacer todo lo que este en tu poder para que se realicen los siguientes pasos. Esto debe pasar antes de involucrarse con los temas menos importantes. Estos son los puntos "principales" que deberán lograr primordialmente los líderes. No deben confiarse a ninguna otra persona. Muchas veces las personas no entienden este punto y ocupan todo su tiempo y energía trabajando en las fichas de domino que no van a tirar al resto. Al terminar el periodo específico, no se logran las metas y el líder se frustra. Pensar efectivamente nos lleva a una estrategia de juego adecuada que previene este error común.

Trabajar

Con las metas establecidas, y las estrategias de juego, el líder debe ejercer la mayor influencia posible hacia su cumplimiento. Esto no se hace en un vacío. La definición de un líder dice que otras personas están involucradas. Esto significa que el trabajo de un líder puede ser menos directo que el trabajo de sus subordinados. Esta sección esta diseñada para enseñarle el modo de pensar y actitudes de las tareas de un líder, no los detalles del trabajo que se va a realizar. Se supone que es lo mas amplio posible para que los líderes de todos los campos puedan encontrar relevancia en cada una de sus situaciones.

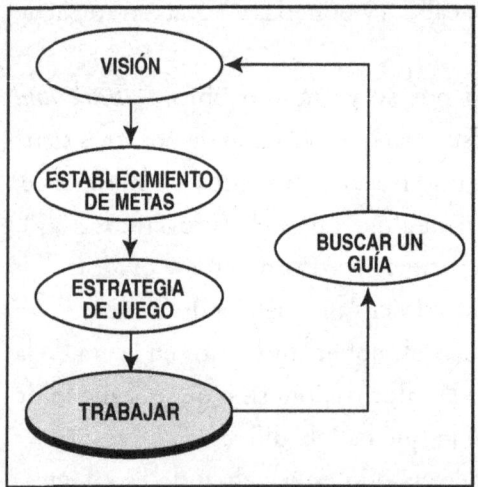

Al aplicarlo a un líder, el término *trabajar* engloba varias categorías. Cada una de ellas es necesaria para que las acciones de un líder sean efectivas. Las personas trabajan mucho mas duro si entienden de que manera sus esfuerzos encajan en un contexto mucho mayor.

Trabajar: Proyectar la Visión

Como ya hemos discutido el Ciclo del Logro comienza con la visión del líder. Esta visión debe ser proyectada y vuelta a proyectar ante la organización para estar seguros que todos están trabajando en unísono y que entienden el contexto general. Las personas necesitan entender de qué manera encajan sus esfuerzos en un contexto más extenso; se ha demostrado que las personas están más motivadas por un propósito y una por causa que por ninguna otra cosa. Entonces, es responsabilidad del líder, ser el portavoz aquel que constantemente les recuerda la visión de la organización.

El experto en liderazgo y autor George Barna dijo, "En la mayoría de los ministerios y negocios en los cuales he realizado consultorías, los seguidores no tienen idea de la visión, simplemente no tienen un sentido de participación personal en su búsqueda. Los grandes líderes ayudan a los individuos a encontrar sus papeles en la búsqueda de la visión".

Trabajar: Dirigir con el Ejemplo

Abraham Lincoln dijo, "Poner el ejemplo no es lo mas importante que influencia a la gente; es lo único".El líder debe poner el ejemplo, es lo primero y lo principal. "Lo que haces habla por si solo de tal modo que no puedo oír," señala directamente al meollo del asunto. Muchos tienen la idea de que un líder es alguien con posición, o alguien con la habilidad de hacer un buen papel. Pero un líder real es aquel que pone el ejemplo con sus acciones a diario.

En la película *"We Were Soldiers"*, Mel Gibson interpreta el papel de la vida real del Teniente Col. Hal Moore, un líder comprometido con sus tropas. En uno de los primeros combates de la Guerra de Vietnam, peleada en el Valle de Ia Drang, Moore cumple la promesa que le había hecho a sus hombres de ser el primero que bajaría del helicóptero y el último en irse al terminar la batalla. Después de una tragedia que rompió corazones y situaciones de batalla difíciles e inimaginables, Hal Moore y sus tropas finalmente ahuyentaron al enemigo y estaban listos para evacuar. Cuando el último helicóptero estaba despegando, Hal Moore finalmente se sube a bordo, el último hombre que dejo el campo de batalla, como prometió. Estuvo ahí con ellos en cada momento de la batalla, un líder que puso el ejemplo.

Trabajar: Demostrando una Fuerte Ética Laboral

No existen atajos para lograr el éxito. Los líderes que buscan atajos terminan obteniendo atajos. A pesar de que trabajar mucho no es el único secreto para alcanzar el éxito, es un componente crítico. Algunas veces aquellos que están en una posición de liderazgo quieren escoger la carga de trabajo y en vez decirles a los demás que hacer, pero este no es liderazgo verdadero. Cuando un líder usa como recurso delegar por que no esta dispuesto a hacer algo por si mismo, se ha ido por el camino de administrar en vez de dirigir. El liderazgo verdadero significa estar dispuesto a vivir abajo en las trincheras en donde esta la acción y hacer lo que sea necesario.

> *"El valor de actuar es lo que define a un líder".*

Por favor no nos mal entiendan. El trabajo de un líder no es hacer las tareas y responsabilidades de sus subordinados. Un líder simplemente debe estar dispuesto a hacerlo, ya que no hay trabajo que este por debajo del líder. Peter Drucker dijo, "ningún líder está por encima de las tareas básicas".

Aún más importante, un líder debe estar dispuesto a esforzarse en sus tareas especificas, sin esperar que el éxito venga fácilmente. La Biblia dice, "Que si alguno no quiere trabajar, tampoco coma" (Tesalonicenses 3:10). Cuando le preguntaban acerca de la cantidad de trabajo involucrada al realizar un experimento científico exitoso, el grandioso inventor Thomas Edison decía, "Nada de lo que es bueno trabaja por si mismo, solo para complacerte. Tienes que hacer que. . . la cosa trabaje".

Se va a necesitar mucho trabajo para convertirse en un líder con éxito así de simple y sencillo. Pero no te debes desesperar; el trabajo importante puede ser una de las bendiciones más grandes de la vida. La fuerte ética laboral demostrada por el líder le da energía a la organización e impulsa a todos hacia delante. Andy Stanley dijo, "El valor de actuar es lo que define a un líder".

Trabajar: Hacerse Responsable

Los líderes se hacen responsables por sus acciones y sus decisiones. Los líderes no siempre tienen la razón y no siempre toman las decisiones correctas. Los líderes verdaderos toman decisiones, y después hacen que esas decisiones sean correctas.

Al Kaltman dice, "El líder exitoso tiene un mejor desempeño que las personas ordinarias". Esto sucede porque el líder se hace responsable por esos resultados. Un líder no da excusas. Un líder no les echa la culpa a otros. Un líder no evade su deber. Kaltman continua, diciendo, "Los buenos líderes se dan cuenta de que ellos son los únicos responsables por el éxito o fracaso de sus esfuerzos. No establecen coartadas o ven hacia el otro lado para echarles la culpa a otros".

> *Si estas hablando de tu esfuerzo, entonces debe ser por que tus resultados son pobres.*

Hacerse responsable significa mantener un alto nivel de resultados. Los líderes no están satisfechos con estar ocupados, o con llevarse algo hasta la muerte. Los líderes verdaderos solamente están contentos con los resultados. Como dice el viejo dicho: "Si estas hablando de tu esfuerzo, entonces debe ser por que tus resultados son pobres". Si a los líderes no les gustan los resultados, hacen cambios, haciéndose completamente responsables de implementar esos cambios. Si algo sale mal, ellos se hacen responsables de la culpa. Si algo sale bien, comparten el crédito. Pero por debajo de todo, el líder se hace dueño y determina que "¡Si se va a volver una realidad, es por mí!"

El presidente Harry Truman era conocido por su pensamiento directo y no permitía tonterías cuando tomaba decisiones. Cuando era joven después de la Primera Guerra Mundial, Truman abrió una tienda de ropa y accesorios con un amigo de la guerra. El negocio se fue a la bancarrota, pero Truman aceptó su responsabilidad y pagó todas sus deudas. Después en su vida, cuando era presidente, Harry Truman tenía un letrero en su escritorio que decía, "La responsabilidad termina aquí". Truman entendió que junto con el liderazgo viene la responsabilidad de tomar decisiones difíciles.

Truman había sido vicepresidente por ochenta y dos días y no había sido informado de los temas mas importantes que tenía que enfrentar el presidente cuando Franklin Roosevelt falleció. Pusieron a cargo a Harry Truman a la mitad de La Primera Guerra Mundial como el líder de Estados Unidos y le pidieron que tomara decisiones monumentales sin poderse dar el lujo del tiempo para estudiar los asuntos más importantes. En este momento es cuando la habilidad de Truman para tomar decisiones difíciles valió la pena. Cuando se enfrentó a temas como la bomba atómica, la intervención comunista en Grecia, el conflicto con Corea y batallas de poder con el General MacArthur, Truman prosperó y aceptó la responsabilidad que acompaña al liderazgo. El viejo dicho "Cuando estés a cargo, hazte cargo" le quedaba bien al presidente Truman.

Aceptar responsabilidad o hacerse responsable es uno de los rasgos esenciales de cualquier líder. De hecho, la grandeza de un líder es directamente proporcional a la cantidad de responsabilidad aceptada y manejada. Para el Presidente Truman, todo comenzó y terminó haciéndose responsable por sus acciones y decisiones, echándole la culpa a nadie más que a si mismo.

Los líderes se hacen responsables y punto.

Trabajar: Orquestar y Alinear los recursos

Un verdadero líder se hace responsable de orquestar y alinear los recursos. Esto involucra dar el equipo a los otros o estar seguro de que los otros son recursos que se pueden manejar adecuadamente. El mejor equipo de liderazgo del mundo no podría funcionar si se le termina lo que necesita para operar.

Existen muchas historias de líderes que fracasaron por falta de recursos o asignación propia. El Grandioso Ejército de Napoleón marchó en contra de Rusia y se quedó atrapado durante el invierno y por una falta total de abastecimientos. Conforme avanzaban las fuerzas francesas, las fuerzas rusas quemaban y destruían cualquier pedazo de comida o cosecha que pudiera ser utilizado por el ejército de Napoleón. Como resultado, un ejército de cerca de un millón de tropas se desintegró. No fue por falta de habilidad o entrenamiento, ni por falta de una fuerte visión o liderazgo carismático; fue por falla de recursos. Los líderes deben hacerse completamente responsables, aún por la operación de sus organizaciones y por el flujo de recursos necesarios.

Trabajar: Resolver Problemas y Retirar Obstáculos

Los líderes anticipan problemas u obstáculos que impedirán sus planes, para que puedan resolverse y retirarse antes de que resulten consecuencias negativas. Esto requiere un compromiso mental activo. Los líderes deben estar pensando y buscando constantemente cualquier cosa que puede surgir y arruinar sus operaciones. Cuando estas cosas son identificadas, o se sospecha que existen, se deben formar planes estratégicos para erradicarlas. La mejor forma de enfrentar un problema es atacarlo mientras el problema aún es pequeño. No tiene caso derribar un árbol viejo después, cuando hoy puede ser jalado como una pequeña rama.

Existen dos fuentes de obstáculos a eliminar para lograr el éxito de la organización del líder. El primero esta compuesto por los elementos internos, y el segundo por influencias externas. Los obstáculos internos se encuentran bajo la autoridad del líder y por lo tanto pueden ser manejados de frente. Para arreglarlos se requiere valentía, una confrontación sana, e imparcialidad firme. Los elementos externos pueden o no ser cambiados por el líder, pero el líder debe buscar la manera de manejar la situación. Los líderes que ignoran las interferencias externas o simplemente esperan que desaparezcan están sentenciando su organización al fracaso. Recuerda, los líderes se hacen responsables por los resultados. Lo que incluye que los resultados están afectados por el exterior como por ejemplo, economía, las acciones de la competencia, ataques de grupos de interés, clima, y cambios en la ley. *A pesar de* que el líder no puede *cambiar* estas condiciones, de todas maneras es responsable por el éxito. Esto requiere vigilancia constante, pensar de una manera estratégica y creativa. Will Durant nos dice, "la libertad requiere vigilancia eterna. "Ama la paz pero mantén tu pólvora seca". Los líderes de cualquier área serían sabios si toman este consejo. El éxito requiere guardia constante. La armonía y condiciones para trabajar tranquilas son maravillosas, pero los líderes reales saben que estas condiciones son temporales, y permanecen vigilando para proteger la efectividad de su operación. Podemos estar seguros que la siguiente batalla se avecina en el horizonte. Los líderes siempre están listos.

Trabajar: En Búsqueda de Oportunidades

Los líderes tienen ojos alertas. Escanean su mundo en busca de oportunidades emergentes en todo momento. Otra vez, las oportunidades tanto internas como externas surgen regularmente. El trabajo del líder es buscar e identificar estas oportunidades y ayudar a la organización a aprovecharlas. En este momento es donde la habilidad de asesorar y tomar riesgos y la habilidad de asignar prioridades se vuelven críticas. Es imperativo que las organizaciones se aprovechen de nuevas oportunidades, pero no de todas. Al tener una visión clara de la operación y al entender su misión se forma la base para evaluar nuevas posibilidades. Si una oportunidad está en línea con la visión, entonces los líderes llevan a sus organizaciones en esa dirección, todas las otras posibilidades deben ponerse a un lado. Es el trabajo del líder, identificar, analizar y decidir cuales son las oportunidades que van a explotar y cuales van a ignorar, todo mientras proyectas y vuelves a proyectar la visión para que así la organización acepte nuevos retos de todo corazón.

Trabajar: Ser consistente

Ya que las acciones de un líder son el ejemplo de su organización, debe tener una consistencia de temperamento. Los líderes deben ser quienes son de una manera constante. Deben ser estables y deben estabilizar la organización. Siempre deben estar al frente, actuando.

En deportes hemos visto a un equipo que esta jugando excelente una semana, derrotando a un gran rival, pero colapsa la siguiente semana contra un rival aparentemente inferior a ellos. Sabemos que los equipos que tienen este comportamiento no lograrán ganar la temporada. Es igual para todas las áreas de liderazgo. La consistencia construye confianza entre la tropa. La consistencia demuestra convicción y compromiso. Cuando un líder es consistente, demuestra una madurez que no solamente es admirable, sino que también se replica en la organización.

Recuerda, los seguidores emulan el comportamiento del líder. Una prueba de la consistencia de un líder es la manera en la que trabaja la organización. Si es errática e impredecible, eso nos puede enseñar algo de la consistencia del líder, o la falta de.

Existe una fábula de dos ranas que caen dentro de un tanque de leche, en donde luchan y tratan de mantenerse a flote. Una de las ranas, intenta salir furiosamente, se cansa y se hunde hasta el fondo. Después vuelve a subir solamente para intentar salir furiosamente una vez más. Este patrón se repite hasta que eventualmente se cansa y se ahoga. La otra rana también trata de salir pero, consistentemente. Eventualmente, esa consistencia bate la leche convirtiéndola en mantequilla y la rana puede saltar hacia fuera.

La consistencia para un líder produce un acumulo de resultados.

Trabajar: Mantenerse Enfocado

Un liderazgo con enfoque es mayormente un juego de saber "Que dejar adentro y que dejar afuera". Para casi cualquier líder en cualquier posición, va a haber un gran número de atracciones y de distracciones, las cuales van a requerir la atención del líder. El liderazgo verdadero requiere de la habilidad para mantenerse enfocado.

> *El liderazgo verdadero requiere la habilidad para mantenerse enfocado.*

La analogía que me viene a la mente es aquella que involucra la comparación de una linterna y una lupa. Una linterna dispersa la luz mientras que una lupa la concentra. Un líder debe comportarse como una lupa, enfocando todos sus esfuerzos en el punto principal o las prioridades. El esfuerzo disperso de un líder no va a lograr más que alumbrar una acera, pero enfocados, ¡Pueden freír insectos!

Trabajar: Como ser Perseverantes

El éxito se basa en el otro lado de la inconveniencia y lucha. Para poder llegar a las recompensas, el líder debe aprender a persistir. ¿Cuantas personas que quisieron ser líderes han fracasado por el simple hecho de no persistir el suficiente tiempo? En muchos casos éxito significa aguantar después de que todos se han ido. Samuel Johnson dijo, "Los trabajos grandiosos no han sido realizados por fuerza sino por perseverancia".
Los líderes reconocen cuando deben aguantar y continuar la lucha aún cuando parece perdida. Muchas veces, la victoria está a la vuelta de la esquina.

Trabajar: Esforzarse Al Frente del Grupo

Los líderes deben dirigir. Eso significa que deben estar al frente, demostrando logros. Los líderes deben ejercer un "jalón" a sus organizaciones con la fuerza de su actuación. Esto es el contrario de "empujar" a una organización. Los gerentes empujan, los líderes jalan.

Dwight D. Eisenhower era el general en comando de la invasión de Normandía durante la Segunda Guerra Mundial y el presidente de los Estados Unidos número treinta y cuatro. Para explicar liderazgo, Eisenhower era conocido por sacar un pequeño hilo de su bolsillo. "Esta pieza de hilo ilustra el principio mas importante del liderazgo," decía. "Empuja el hilo y apenas puedes lograr que se mueva. Pero jálalo y te seguirá a cualquier lugar".

Trabajar: Proporcionar Elogios y Reconocimiento

Tal y como lo discutimos en la sección sobre la motivación, el deseo de ser reconocido es universal. Todos aprecian un cumplido sincero.
Los líderes buscan maneras para halagar a aquellos que tienen un buen

desempeño. Se especializan en detectar a las personas en el momento que hacen algo correcto, y no dudan en elogiarlos. Todos los líderes deben vivir influenciados por las grandiosas palabras de Harry Truman: "te sorprenderías de lo mucho que puedes lograr cuando no te importa a quién le dan crédito". Napoleon Bonaparte, famoso por su habilidad de inspirar pasión en sus seguidores, dijo, "Las personas pueden guiarse con mayor facilidad por sus condecoraciones que por su autoridad o fuerza".

Trabajar: Proporcionar una Guía y Corrección de Curso

En última instancia un líder trabaja como entrenador. La definición de entrenador es "un vehiculo que te lleva del lugar donde estas a donde quieres llegar". Mientras que esta definición obviamente refiere al entrenador de tipo carreta jalada por caballos, tiene una aplicación cruzada con lo que hace un entrenador de deportes o de negocios. Un líder efectivo o entrenador le ayuda a las personas a llegar a los lugares a donde quieren llegar pero que no pueden llegar por si mismos. Para hacer esto, un líder proporciona orientación y dirección. Un líder es valiente para confrontar temas que necesitan ser resueltos. Cuando los seguidores se encuentran fuera del camino correcto, el líder corrige su curso. El aprender a hacer estas correcciones sin lastimar sentimientos o ahogar el entusiasmo de las personas es una cualidad muy distintiva de un buen líder. Exploramos con más detalle este tema en el Capítulo 9.

El trabajo es la manivela que enciende el motor en el Ciclo del Logro. Un líder debe trabajar con entusiasmo, por todas las razones antes mencionadas. Cuando unimos todos estos componentes le proporcionamos al líder productividad para establecimiento de metas. Henry Wadsworth Longfellow escribió:

La altura que los grandes hombres alcanzaron y mantuvieron

No se logró en un solo vuelo, pero

Mientras sus compañeros dormían,

En la noche, estaban haciendo un esfuerzo dirigido hacia arriba.

Buscar Consejo

La experiencia no es el mejor maestro; la experiencia de las otras personas es el mejor maestro. Por esta razón, todo líder debe buscar y encontrar un mentor creíble. Sin intervenir en la experiencia de los demás, los líderes deberán pasar por el proceso de prueba y error.

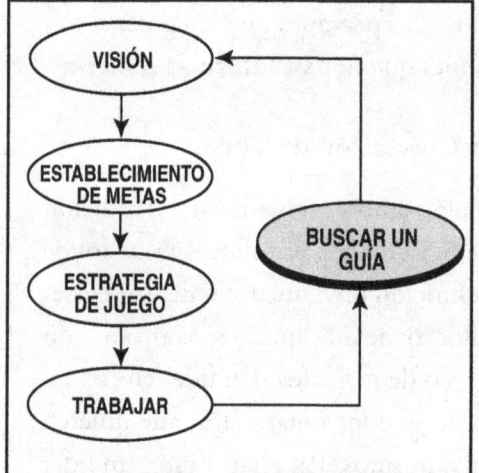

El proceso de prueba y error no solamente es doloroso y frustrante, sino que también puede consumir mucho tiempo. El éxito comienza con información que proviene de una fuente calificada. Por lo tanto es crítico escoger un mentor basado en su "fruto en el árbol". Se puede recibir consejos de un mentor si se cuenta con una persona que este interesada en compartir su sabiduría. Puede provenir de estudiar figuras históricas que tengan relevancia con los proyectos del líder. O de estudiar materiales proporcionados por un orador o autor que le puede proporcionar al líder sabiduría y experiencia. Sin embargo, el mejor tipo de mentor, por mucho es aquel que está interesado personalmente, al que puedes ver cara a cara. Un mentor de este tipo no tiene precio en la carrera de un líder.

Mas adelante en el libro describiremos el concepto del mentor con mayor profundidad, también es verdad que un gran líder debe convertirse en un gran mentor. En esta etapa de nuestro estudio nos enfocaremos en los propósitos que tiene buscar una guía de un entrenador o un mentor, en el caso en el que el líder es un protegido de otro líder (el mentor).

Un líder Busca un Guía para Aprender

Los líderes saben que siempre tienen algo más que aprender. De hecho, los mejores líderes son también los mejores estudiantes. Buscar un guía con fuentes calificadas es una de las maneras más efectivas que tiene un líder para aprender. ¿Qué puede aprender un líder de un mentor? Un líder puede obtener información, actitudes, perspectivas, juicio, estrategias, maneras de pensar, prioridades y objetivos. Sin embargo, esto nunca puede ocurrir sin humildad por parte del líder. Un líder debe ser humilde ante el mentor y estar de acuerdo en tomar sus consejos. El autor Dennis Rainey preguntó, "¿Le has dado a tu mentor suficiente acceso en tu vida para que sea capaz de decirte cualquier cosa que necesites escuchar?" Los mentores no están para hacer que los líderes se sientan mejor o para inflar sus egos con elogios innecesarios. Los mentores están por encima de una mera amistad y proporcionan la guía directa que se necesita. Esto puede ser incomodo en algunos momentos para el líder en desarrollo, pero el precio a pagar por la molestia con el mentor es mucho menor que el precio a pagar por la molestia que viene con los errores por un mal juicio o desempeño en el campo.

Un lindo y viejo dicho dice, "tenemos dos oídos y una boca. Los debemos de usar de manera proporcional". Buscar una guía es una oportunidad valiosa para que el líder aprenda, pero no puede ocurrir a menos que el protegido escuche lo que el mentor tiene que decir. Muchas veces los ambiciosos líderes en proceso están mas interesados en hablar que en escuchar. Esta bien querer impresionar a un mentor, esta bien ser entusiasta por el hecho de pasar tiempo con un entrenador, pero para que puedas aprender debes escuchar de una manera entusiasta.

Para un líder, el aprender no es opcional. El aprendizaje puede venir, ya sea mediante el estudio, un mentor o experiencia, pero el aprendizaje llegará. Los líderes inteligentes buscan para aprender "de manera proactiva" mediante los consejos de un mentor y guardan el aprendizaje que proviene de las experiencias para las buenas experiencias.

El Líder Busca un Guía para Obtener una Mejor Perspectiva

Una de las cosas mas valiosas que se pueden obtener de un mentor es perspectiva. El diccionario Webster define la palabra perspectiva como "ver las cosas en su relación o la importancia real". El modo en el que un líder ve las cosas es de gran importancia. Definir un problema apropiadamente, con una perspectiva correcta, por mucho es el componente más importante para poder encontrar la solución. Con frecuencia los líderes están simplemente demasiado cerca de una situación. Luchan y pelean en su contra pero pierden la perspectiva general que un mentor puede proporcionar. También, en muchos casos, los mentores han tenido experiencias de situaciones similares y pueden proporcionar una perspectiva histórica. De cualquier manera, los líderes necesitan las ideas y perspectivas que proporcionan los mentores. Si se utilizan de manera apropiada, estas perspectivas pueden ampliar radicalmente el trabajo de un líder, salvando al líder de la frustración y la pérdida de tiempo.

El líder Busca un Guía para Corregir el Curso a la Mitad Del Camino

A pesar de que el líder tenga un objetivo claro y que implemente estrategias de juego bien pensadas, las cosas pueden ir cuesta abajo. Algunas veces el progreso se rezaga atrás del plan. Cuando esto ocurre, los mentores pueden proporcionar ideas invaluables para cambiar la estrategia de juego que permitirá que la meta aún se pueda alcanzar.
Imagine a una persona caminando a través de un desierto inmenso, como se muestra en la siguiente figura:

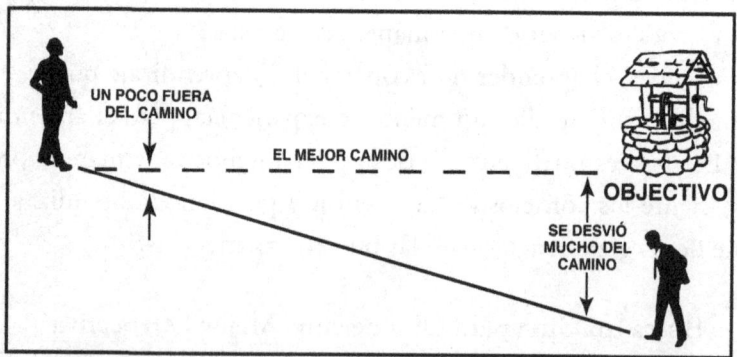

La meta de la persona es llegar al pozo de agua fresca que se encuentra a varios kilómetros de distancia. La cabeza del pozo es pequeña y el viajero no la puede ver, pero el viajero conoce en que dirección debe caminar.

Vea como el viajero se puede desviar del camino correcto al comienzo de su viaje. Vea también como esto se amplifica a través del viaje hasta el punto en que el viajero ha ido lo suficientemente lejos para poder alcanzar el pozo, pero aún se encuentra a muchos kilómetros de distancia. Ahora veamos a otro viajero que busca el mismo pozo de agua fresca:

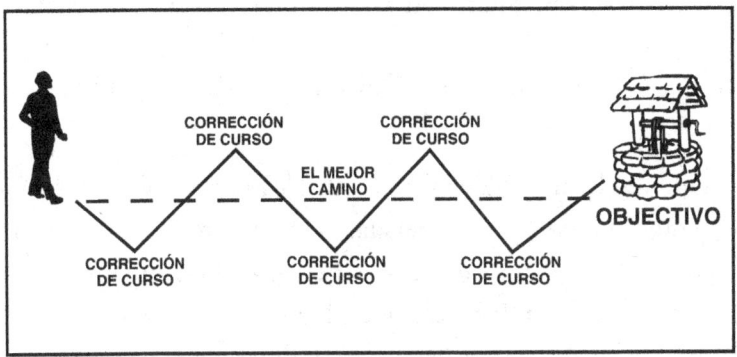

Un guía o mentor que ya ha ido a ese pozo anteriormente acompaña al viajero. A lo largo del camino, el mentor inicia pequeñas correcciones en la dirección del camino. Al final del viaje, el mentor no solamente le ahorró al viajero una perdida de tiempo, pero también se aseguró que el viajero llegara al pozo y sobreviviera para caminar otro día. Así es en la vida de un líder. Los mentores proporcionan estas correcciones que son muy importantes a través del camino para que el líder no fracase al tratar de alcanzar la meta y tenga un final desastroso.

Un Líder Busca un Guía para Recibir Retroalimentación

Al igual que como un estudiante recibe su boleta de calificaciones, los líderes obtienen retroalimentación sobre su desempeño por parte del mentor. El liderazgo puede ser complicado. En algunos casos, se les puede *nublar la mente* a los líderes en lo que respecta a su desempeño. Puede ser difícil saber si se está progresando hacia los objetivos generales. Los mentores rompen la confusión para obtener una imagen mas clara, le proporcionan al líder retroalimentación clara de su desempeño. Un mentor puede proporcionar el lado positivo de las cosas cuando el líder solo ve el lado malo. Un mentor también puede hacer que la cabeza del líder en desarrollo no se "engrandezca" por una luz brillante en aquellas áreas que aún requieren mejoras. Aquí es donde ayuda mucho si las metas han sido establecidas correctamente y las estrategias de juego están claras y bien estructuradas. Los mentores pueden proporcionar retroalimentación en cuan bien está trabajando el líder de acuerdo a sus prioridades, en la manera de pensar, en actitud y su el progreso hacia sus metas.

El Líder Busca un Guía para ser Considerado Responsable por los Resultados

¿Qué tan bien le fue al líder al tratar de alcanzar los objetivos? ¿Cómo creció en entendimiento y experiencia? ¿Esta progresando en sus habilidades y en su carácter? Las respuestas de todas estas preguntas son responsabilidad del líder, mientras son evaluadas por el mentor. Recuerda, el liderazgo es la profesión de "la responsabilidad termina aquí". No hay excusas o lugares en donde esconderse. Cuando un líder le pide consejo a un mentor es tiempo de abrirse y de esto resulta un reporte de honestidad. Cuando esos reportes son malos por una u otra razón, los líderes deben considerar responsables a sus mentores para ayudarlos a mejorar. Esto es difícil en algunas ocasiones. A nadie le gusta verse mal o fallar ante alguien que respeta. Pero los líderes deben resistirse a la urgencia de "endulzar" su desempeño. En cambio, los líderes deben abrirse por completo y ser muy honestos con sus mentores. Este no es el momento para que el protegido se preocupe por impresionar a su mentor. Es el momento para obtener respuestas. Únicamente con este sistema de rendición de cuentas en la que se puede optimizar el desarrollo del verdadero liderazgo.

> *Los líderes deben crecer personalmente. Es una realidad que los líderes tienen que mejorar.*

El Líder Busca un Guía para Crecer Personalmente

El objetivo principal del mentor es que el líder crezca. Esta bien ayudar al líder a avanzar en su desempeño y a alcanzar algunas metas, pero esto es solamente en el campo de juego en donde el atleta se hace mas fuerte. La meta real para el líder es experimentar un crecimiento personal importante. Finalmente, no habrá crecimiento sustentable de los resultados sin un crecimiento del líder. Los líderes deben crecer personalmente. Es una realidad que los líderes tienen que mejorar. Deben comprometerse a siempre crecer. Como dice el dicho, la velocidad del líder es la velocidad del grupo. Los mentores están ahí para guiar y para hacer énfasis continuamente en el crecimiento personal.

El Líder Busca un Guía Para Ganarse el Respeto

El deseo de todo líder es ser respetado por aquellos que todos respetan. Dicho de otro modo, ser bendecido por el mejor supera todo lo demás. El dinero, el poder y el prestigio tienen su encanto, pero no hay nada como obtener el respeto de alguien que ha sido un instrumento importante en nuestra enseñanza, en nuestro crecimiento y éxito. Los líderes saben que se trata de ellos mismos y se esfuerzan para obtener el respeto de sus mentores.

El Ciclo del Logro: Mel Fisher "Hoy es el Día"

España era el la superpotencia que dominaba al mundo, líder indiscutible en la Europa Continental y maestra del comercio marítimo del mundo. Cada año una flotilla masiva de barcos iba desde los puertos en el mar del caribe del Nuevo Mundo hasta Madrid con la cosecha anual de oro y plata proveniente de las minas de México y de Perú. La riqueza de "Cuenca del Caribe" le permitía al Rey Felipe III estar por delante de sus enemigos y financiar a su enorme ejército.

Un Domingo, 4 de septiembre de 1622, la flota de Tierra Firme envió veintiocho barcos del puerto de La Habana Cuba. La flota iba muy cargada con tesoros para España y su nuevo rey, Felipe IV. Al encontrarse en la temporada de huracanes, el navegar se estaba volviendo cada día más peligroso. La salida del barco se había retrasado por semanas ya que estaban cargando más de 100,000 monedas de plata adicionales y más de 1,000 lingotes de plata adicionales. Hubo más retrasos ya que estaban cargando más monedas y barras de plata, así como más de 20,000 pesos en barras y discos de oro. Sin embargo el tesoro nunca iba a llegar.

El día siguiente un huracán le pegó a la flota y ocho barcos fueron aventados hacia un arrecife en el estrecho de Florida. El barco principal de estos era Nuestra Señora de Atocha, que tenía 110 por 33 pies de un casco lleno de tesoro. De un total de 265 personas que estaban a bordo del barco, solamente cinco sobrevivieron para contar la historia. Durante otra tormenta, que ocurrió solamente algunos días después, el tesoro se dispersó alrededor de un estrecho de océano de diez millas. Durante cientos de años, los cazadores de tesoros intentaron localizar y salvar la fortuna que se había perdido. Durante el curso de 363 años nadie había tenido éxito.

Un veterano de la Segunda Guerra Mundial que era un gran entusiasta del nuevo deporte conocido como El buceo tenía la fascinación de rescatar tesoros. Vendió su exitosa tienda de buceo en California y se fue a vivir con su familia a Florida para poder buscar a Atocha y otros naufragios similares. Tenía que desarrollar equipo para si mismo, que constantemente tenía que mejorar por las condiciones cambiantes. Tenía que buscar como pionero y desarrollar nuevas técnicas de mapeo para poder cubrir un océano tan grande. Pasaron los años sin resultados, y Fisher mantenía la moral de su tripulación diciéndoles todos los días con gran animo y fé, "¡Hoy es el día!"

Después de tres años de búsqueda meticulosa y muy costosa, Mel Fisher descubrió que, como resultado de una mala interpretación geográfica había estado buscando en un lugar equivocado desde el principio. Se reubicó y encontró un ancla que creía que pertenecía a *Atocha*. También encontró una cadena de oro y dos barras de oro. En este punto, el gobierno colocó a dos de sus agentes en los barcos de Fisher y le cobró por los gastos. También demandaron que modernizara las condiciones de trabajo en sus barcos. La prensa se enteró del descubrimiento de la *Atocha* y acusaron a Fisher de ser un fraude. Expertos en el área de rescate de tesoros dijeron que Fisher estaba plantando evidencia para solicitar fondos para su operación. La competencia hambrienta por encontrar un tesoro fue al mismo lugar y comenzó a seguir los pasos de Fisher. Pero con cada reto nuevo, Fisher continuaba innovando y mejorando sus técnicas y continuó manteniendo la moral de su tripulación diciéndoles "¡Hoy es el día!"

Los fondos siempre habían sido escasos, y pronto esto determinó que Fisher vendiera su casa y se mudara con su familia a una casa en un barco destartalado. Todos los miembros de su equipo menos uno, renunciaron y regresaron desanimados a su casa. Cinco años después de haber comenzado, Fisher y su tripulación encontraron tres barras de plata. Sin embargo en esta ocasión, el gobierno simplemente se los confiscó todo. Después le cancelaron sus permisos, y un senador del estado incluso le hizo un gesto obsceno mientras que el barco del gobierno se retiraba con las barras de plata confiscadas. Los competidores de Fisher dijeron que las barras de plata eran otro fraude. La prensa de Florida lo pintó como un delincuente. Fisher contrató unos buenos abogados y continuó con la lucha, y eventualmente le devolvieron sus permisos. Todo el tiempo continuó con la modernización de su equipo y sus técnicas, todos los días al salir del puerto creía que "¡Hoy es el día!"

Fisher se enfrentó con más obstáculos cuando su museo y oficina, que compartían el interior de un barco viejo, se hundieron junto al puerto. Después la *Securities and Exchange Commission* lanzó una investigación dirigida al manejo del inventario de su compañía. Mientras tanto, sus competidores llegaron a la escena con tácticas para intimidarlo como embestir sus barcos y apuntarle a Fisher y a su tripulación con armas, a pesar de esto Fisher y su tripulación continuó y después de poco tiempo encontraron siete cañones, que fueron analizados y probaron que eran de *Atocha*. Fisher se estaba acercando.

Las reglas cambiaron cuando el gobierno decidió que se iba a hacer cargo de rescatar los tesoros en el estado de Florida. Fisher los demandó y finalmente les ganó ¡un total de 150 demandas! Después su hijo, una parte muy importante de la operación de Fisher se ahogó. Me imagino lo difícil que era para Fisher o cualquier otro miembro de su equipo seguir creyendo que "Hoy es el día"

Fisher encontró el *Santa Margarita*, otro barco que tenía tesoros de la misma flota de *Atocha*, este barco había sido cargado con oro, plata, cobre, índigo y 13,000 libras de tabaco. Encontrar este barco trajo no solamente el financiamiento tan necesario, sino que también verificación de los métodos y el equipo de Fisher. Esto era una prueba de que efectivamente iban por el camino correcto.

En este punto uno de los socios mas cercanos de Fisher se convirtió en traidor y "reclamó el derecho de los descubrimientos," e intento robarse una parte del reciente tesoro de *Margarita*.

Después le diagnosticaron cáncer a Fisher.

Finalmente, el 20 de julio de 1985, después de *diecisiete años* de búsqueda, la esperada llamada por radio de uno de los barcos de búsqueda de Fisher: "Guarda las cartas de navegación. "¡Hemos descubierto la veta principal!" Hemos encontrado a *Nuestra Señora de Atocha*. Entre el tesoro que recobraron habían 1,041 barras de plata que pesaban 80 libras cada una, mas de 230,000 monedas de plata, $400 millones en monedas y barras de oro y plata, 3,000 esmeraldas colombianas, cadenas de oro, artefactos y joyería. Hasta la fecha la *Atocha* es el tesoro más grande que se ha encontrado. Mientras escribo estas líneas, ¡se sigue recobrando el tesoro del naufragio cada día! Ni siquiera vale la pena mencionar que la persistencia y la tenacidad de Fisher tuvieron una recompensa.

La historia de Mel Fisher y el descubrimiento de la *Atocha* es una clara ilustración del Ciclo del Logro. Fisher tenía una visión clara de lo que quería lograr, y creó un entusiasmo incontenible en los corazones de las personas que lo rodeaban al hablar del tesoro de *Atocha* y de como estaba seguro que lo podían encontrar. ¡Proyectar una visión! Después estableció metas claras y específicas y desarrollo una estrategia de juego de mapeo del océano y técnicas innovadoras de búsqueda para poder lograr su objetivo. Después Fisher hizo su trabajo con una increíble actitud, empezando con "Hoy es el día" cuando la mayoría hubieran dicho "¡Sacarte de aquí!" leyó y aprendió en el camino todo lo que pudo acerca del rescate de tesoros y su tecnología con un rápido desarrollo e innovación. Consultó a expertos en documentos en España para que le ayudaran con la interpretación de manifiestos de barcos viejos. Se hizo amigo de muchos cazadores de tesoros que tenían experiencia, a través de la costa de Florida e involucró a muchos de ellos en su búsqueda, desarrollando una sociedad con uno que tenía mucho más experiencia que el (Buscar una Guía). Hizo ajustes e innovaciones en el camino, mejorando constantemente conforme rotaba una y otra vez, año tras año, a través del Ciclo del Logro.

La mayoría de los líderes no lidian con temas tan vastos o que pongan en riesgo su vida, ni tan tristes, como los que tuvo que enfrentar Mel Fisher. Pero todo líder se va a enfrentar con una variedad de desafíos y oportunidades. Aplicando los principios del Ciclo del Logro, así como lo hizo Mel Fisher, le permitirá al líder en desarrollo darse cuenta de su visión y gradualmente pegarle a su propia "veta principal" de éxito.

Resumen

El iterativo Ciclo del Logro es lo que los líderes utilizan para planeadamente atacar al status quo. Entender cada una de sus partes y usarlas como un mapa del camino le permite al líder mejorar continuamente su desempeño. El Ciclo del Logro le proporciona al líder una manera de describir el proceso de mejoría y lo mantiene en el camino mientras rota por el ciclo una y otra vez. Cada vez que rota, el líder mejora, avanza y se torna cada día mejor.

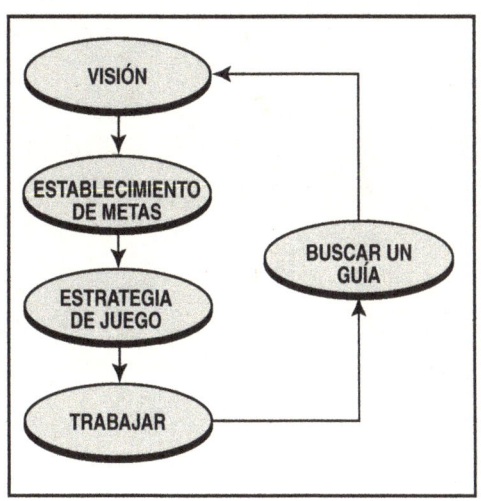

COMO CRECE UN LÍDER DESDE EL PUNTO DE VISTA PERSONAL

CAPÍTULO 4

El Libro Mayor de Liderazgo Trilateral

No conozco ningún hecho más alentador que la habilidad indiscutible del hombre para elevar su vida por medio de una tarea conciente.

—Henry David Thoreau

Hugo Grotius era un abogado holandés, escritor, teólogo y estadista de finales del siglo dieciséis y principios del siglo diecisiete. El Presidente James Madison lo llamaba el "padre del código moderno de las naciones". En el tema de auto gobierno, Grotius redujo la idea de liderazgo al nivel del individuo. Dijo, "el sabe que no puede gobernar un Reino, que si no puede manejar una Provincia; ni puede manejar una Provincia, no debe gobernar una Ciudad; ni puede ordenar una Ciudad si no pude regular un Pueblo; no puede regular un Pueblo, si no sabe guiar a una Familia; no puede gobernar una Familia si no sabe Gobernarse a si Mismo". Los autores Mark Beliles y Stephen McDowell lo simplificaron mas: "debes gobernarte a ti mismo antes de poder gobernar a los otros". En nuestro mundo con mucha frecuencia vemos individuos que tratan de influenciar a otros cuando apenas pueden dirigirse a si mismos. Rich DeVos dijo, "Antes de tratar de cambiar al mundo, primero limpia tu cuarto". Para convertirse en un líder, uno debe obtener auto-dominio, el cual solamente puede obtenerse por medio de un programa de crecimiento personal deliberado.

Philip Crosby, autor de Quality Is Free, escribe, "Existe una teoría del comportamiento humano que dice que las personas inconcientemente retrasan su crecimiento intelectual. Comienzan a confiar en clichés y hábitos. Una vez que alcanzan su comodidad personal con el mundo, dejan de aprender y su mente queda inactiva por el resto de sus días. Pueden progresar como organización, pueden ser ambiciosos y ansiosos, incluso pueden trabajar de día y de noche. Pero no aprenden nada nuevo. El fanático, el que tiene mente cerrada, el necio y el perpetuo optimista han dejado de aprender".

Para los líderes, el crecimiento no puede ser opcional. La única manera de estar en paz con las crecientes responsabilidades, es por medio de una habilidad aumentada. Por lo tanto el crecimiento debe ocurrir en dos categorías:

1. Personal
2. Influencia con otros

Este capítulo se enfoca en la primera, el aspecto del crecimiento personal del desarrollo del liderazgo, mientras que en los siguientes seis capítulos hablaremos del tema de la influencia. El crecimiento personal debe venir primero, por que la habilidad del líder para influenciar a otros nace de sus habilidades personales.

> *"Las victorias internas preceden a las victorias externas".*

El crecimiento personal es interno, está localizado en lo más profundo del líder. Frecuentemente, cuando las personas comienzan la jornada para volverse líderes, se sienten frustrados por la falta de resultados externos que demuestren su esfuerzo. Pero el proceso de convertirse en un líder comienza con mucho esfuerzo, que resulta en una mejoría que el mundo externo todavía no puede ver. Las ganancias son internas, están dentro de la persona. Solamente con el paso del tiempo, el esfuerzo del crecimiento personal y mejoría se verá como un resultado externo. Stephen Covey dice, "Las victorias internas preceden a las victorias externas".

Tomamos el ejemplo de un rascacielos. La cantidad de tiempo que pasa un arquitecto desarrollando los dibujos, el tiempo que invierten los ingenieros diseñando los sistemas principales, el tiempo para reunirse con los funcionarios del gobierno y el tiempo que ocupan para sacar los permisos, la cantidad inmensa de esfuerzo en excavar, verter y armar los cimientos, todo esto se hace antes de que los resultados sean visibles para las personas que pasan por ahí. Una vez que la construcción principal comienza, la altura de la estructura progresa a una velocidad increíble. Lo que una vez era un lote baldío se transforma repentinamente en una estructura enorme. La habilidad personal y las características del liderazgo funcionan de la misma manera.

Ya que el crecimiento personal es interno y los resultados externos se muestran mucho después, hemos encontrado una manera para auto valorar su efectividad y ver su progreso que puede ser de ayuda. Lo hacemos por medio del El Libro de Mayor del Liderazgo Trilateral, que se muestra a continuación:

En la escala vertical del lado izquierdo de este diagrama está la calificación de efectividad del líder, en donde 10 es perfecto y 0 es lo peor. En la parte de abajo en la escala horizontal están las categorías de la efectividad del liderazgo. La meta de un líder debe ser crecer y dominar cada una de estas tres áreas.

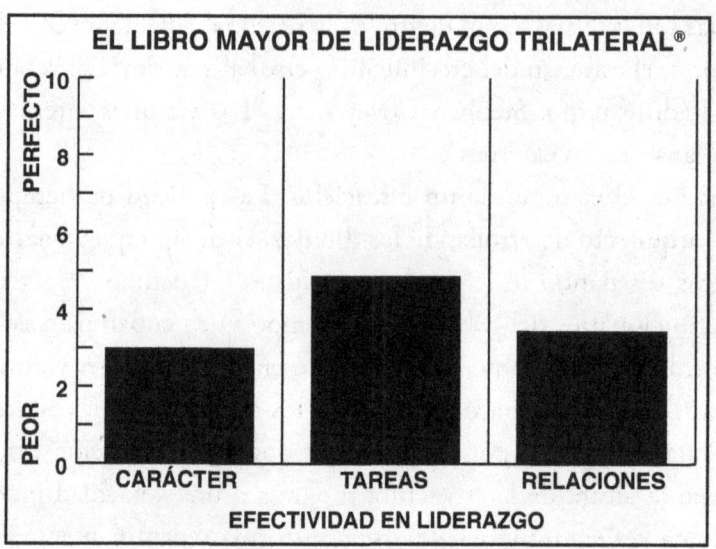

Las tres Categorías de la Efectividad Personal

Carácter

Discutimos el carácter y el concepto de honor en el capítulo de "Que es lo que Trae un Líder consigo," pero merece mas discusión. No hay forma de hacer más énfasis este concepto: Ninguna persona a la que le falte carácter va a tener éxito de una manera importante.

Una de las primeras cosas que tiene que entender una persona al estar en el proceso del liderazgo es, que existe un valor intrínseco en el desarrollo del carácter aún cuando no obtenga resultados externos por sus tareas. Esto es debido a que en lo que uno se convierte es mucho más importante que lo que uno logra.

Con el propósito de utilizar El Libro Mayor de Liderazgo Trilateral y de estimar la cantidad de crecimiento personal, el carácter en este caso debe incluir:

1. Honestidad
2. Integridad

3. Valor
4. Valores adecuados basados en la verdad absoluta
5. Fé
6. Un espíritu humilde
7. Paciencia para con los demás
8. Disciplina
9. Auto-dominio

En el libro "What to Say When You Talk to Your Self", Shad Helmstetter escribe, "El dominar tu futuro debe comenzar con dominarse a uno mismo". John MacArthur comenta, "El auto-control es absolutamente vital para tener éxito en cualquier tarea que uno emprenda en la vida. Muchas personas obtienen un grado de importancia por la fuerza y verdadero talento natural. Pero los líderes reales, los que influencian son aquellos que se devotan a la disciplina personal y sacan todo lo que pueden de sus talentos". Esto es de lo que se trata esta categoría de efectividad.

> *"El auto-control es absolutamente vital para tener éxito en cualquier tarea que uno emprende en la vida".*

Tareas

La categoría de tareas simplemente representa la habilidad de hacer las cosas. Esta incluye todos los conceptos del "Trabajo" que discutimos anteriormente en el Ciclo del Logro. Ningún líder puede tener éxito sin contar con la capacidad para ejecutar tareas. A continuación se presentan las categorías de las tareas. Para asesorar la efectividad del líder y monitorear el crecimiento:

1. Aceptar responsabilidad
2. Ética laboral
3. Disponibilidad
4. Estar dispuesto a invertir tiempo
5. Tenacidad

6. Perseverancia
7. Ejecución

Yitzhak Rabin, que fue dos veces primer ministro de Israel e incansable trabajador a favor de la paz mundial, dijo acerca de su niñez, "Nuestra casa estaba impregnada con un sentido de misión. El trabajo se consideraba un valor por si mismo". La categoría de tareas es la representación de esta frase.

Relaciones

La categoría de relaciones mide la habilidad para llevarse bien con las personas y de formar lazos duraderos con las personas. No hay un líder que puede experimentar el éxito por si mismo. Esta situación excluye el concepto mismo del liderazgo. Los líderes deben lograr cosas por medio, con y para las personas, y esto solamente puede suceder con la habilidad de formar relaciones. A continuación presentamos las relaciones:

1. Aceptar a las personas
2. Aprobar a las personas
3. Apreciar a las personas
4. Ver lo bueno de las personas
5. Alentar a las personas
6. Preocuparse por las personas
7. Poner a los otros primero
8. Buscar acuerdos en que ambas partes ganan
9. Ayudar a las personas a lograr tareas
10. Vivir bajo la "Regla de Oro"

Henry J. Kaiser dijo, "Casi nunca lograrás muchas cosas tu solo. Debes obtener la asistencia de otros". Este es el enfoque de la categoría de relaciones.

Como usar El Libro Mayor de Liderazgo Trilateral

Un líder debe comenzar su viaje hacia su crecimiento personal con una calificación otorgada a si mismo en el libro Mayor. Esto proporcionará un punto de salida. Una vez que el líder progresa utilizando los principios que se enseñan en este libro, surgirán mejorías marcadas, las cuales pueden ser calculadas utilizando este diagrama. De esta manera el líder se puede mantener en el camino y estar seguro de que no solamente hay crecimiento, sino que hay crecimiento en las tres categorías.

Así es como funciona. Vamos a decir que cierto líder, el Señor A, tiene una buena calificación inicial para Carácter. El estima que es un 4. Después, sabe que no está muy orientado al hacer tareas, es propenso a dejar las cosas para más tarde y a inventar excusas, por lo tanto se califica con 1 en la categoría de Tareas. Finalmente el Señor A es aceptable en cuanto a desarrollar relaciones y se califica con un 3 en Relaciones. Multiplicando las tres le da una calificación total de 12. El Señor A usa esto como su calificación inicial de efectividad de liderazgo.

Una nota de advertencia: en general las personas tienden a calificarse de más. A menudo la brecha entre la auto-realización y la realidad es enorme. Recientemente se realizó una encuesta de gerentes en Estados Unidos. Una de las preguntas del cuestionario preguntaba si existía una crisis gerencial en el país. Mas de dos tercios de los gerentes respondieron que, sí, si había una crisis gerencial. Mucho después, el cuestionario preguntaba si el participante era parte de esa crisis, siendo un gerente incompetente por si mismo. La mayoría de las respuestas fueron negativas, ellos no eran parte de la crisis. Dos tercios estaban seguros que existía una crisis, ¡y casi todos estaban seguros que ellos no formaban parte de la causa!

> *A menudo la brecha entre la auto-realización y la realidad es enorme.*

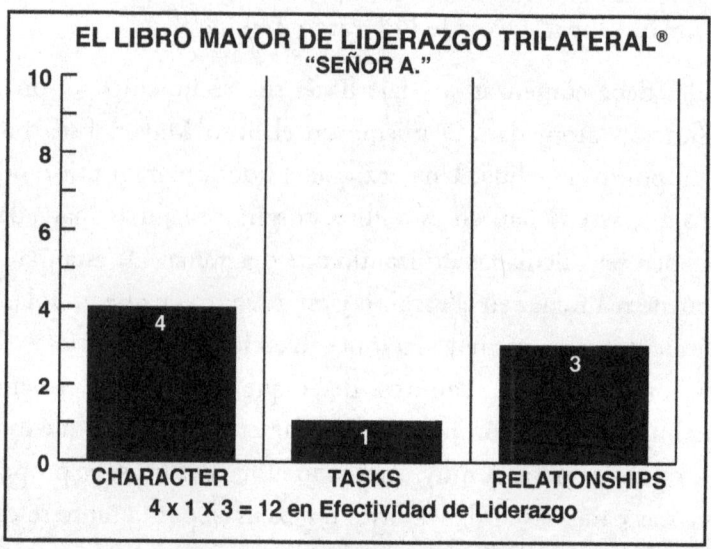

Para poder usar correctamente el Libro de Mayor del Liderazgo para alguien que se encuentra en el camino del desarrollo del liderazgo es hacer una evaluación honesta de su punto de salida. Jim Collins lo llama "confrontar la cruda realidad". Preguntarle la opinión a un mentor sobre esta auto-evaluación la puede hacer más realista. Solamente cuando los líderes son lo suficientemente valientes para enfrentar la realidad de cómo son, pueden medir apropiadamente el reto, y responder adecuadamente. Los líderes pueden mejorar solamente cuando deciden que quieren mejorar. Y no pueden mejorar amenos que estén concientes de sus debilidades y de sus fortalezas. No controlamos desde que punto comenzamos nuestro viaje, pero si controlamos lo que hacemos una vez que hemos comenzado. La meta es tomar lo que nos han dado y hacer lo más que podamos con eso.

Lo más probable es que un líder más nuevo sea débil en todas las categorías. Al multiplicar los números la calificación no será muy alta. También, dependiendo de lo pobre que sea el líder al principio, sus números van a ser más pequeños en cada categoría. Lo que significa que se requiere mas esfuerzo para hacer un impacto en la calificación final. Por ejemplo, vamos a decir que el Señor A mejora su habilidad para construir relaciones y aumentamos un punto a su calificación de inicio que era 3 a 4.

Si recalculamos su calificación total su efectividad de liderazgo sería de 16, comparado con 12 que fue donde inició.

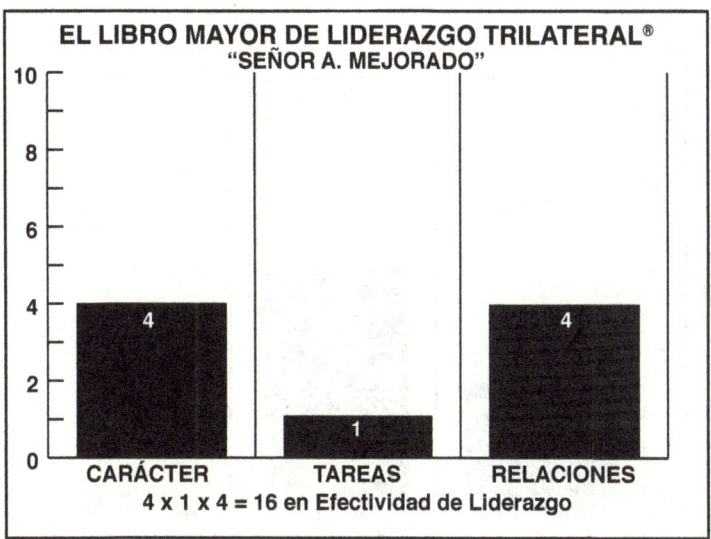

Cuando consideras que una Efectividad de Liderazgo perfecta tendría una calificación de 1,000 (10 x 10 x 10), moverse de 12 a 16 no es muy considerable. Por esta razón es que decimos que para cultivar líderes se necesita paciencia y perseverancia. Tomará tiempo y esfuerzo para llegar al punto en que se puedan ver diferencias externas. Pero al usar el Libro de Mayor del Liderazgo como regla para medir, el Señor A se ha movido de un 12 a un 16, que significa una mejoría del 33 por ciento en su ¡Efectividad de Liderazgo! En una base relativa, eso es una mejoría enorme. El mundo externo podrá no darse cuenta todavía, pero el Señor A va en camino.

Hemos escuchado que para cuidarnos debemos de enfocarnos en nuestras debilidades y fortalezas. En los casos más desiguales, el Libro del Mayor del Liderazgo demuestra que esto es falso. Vamos a considerar a una persona que tiene buenas calificaciones en dos categorías pero una calificación muy baja en la otra. El Señor B se valora con una calificación de Carácter de 3, una calificación de Tareas de 6, y una calificación de Relaciones de 0. Al multiplicar los números, podemos ver que sin importar cuanto carácter desarrolle el Señor B o cuantas tareas logre ejecutar el Señor B, está sentenciado a no tener Efectividad de Liderazgo por que su mala calificación de relaciones, lo que significa que no es bueno manteniendo relaciones. Cualquier cosa multiplicada por cero da como resultado cero.

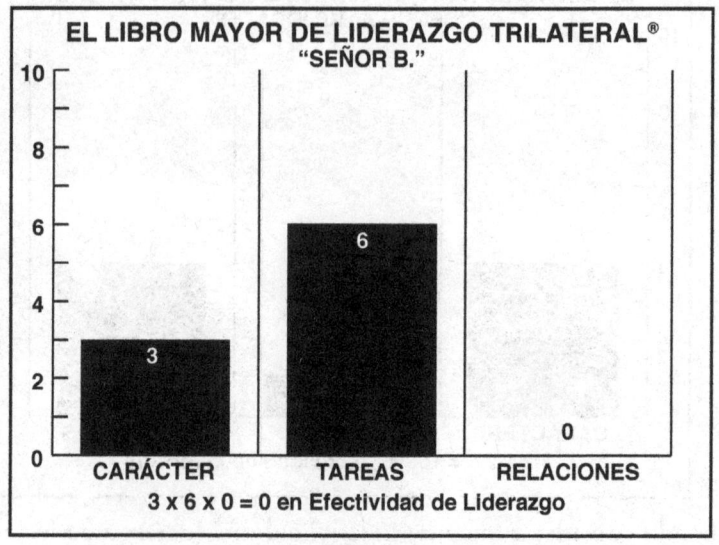

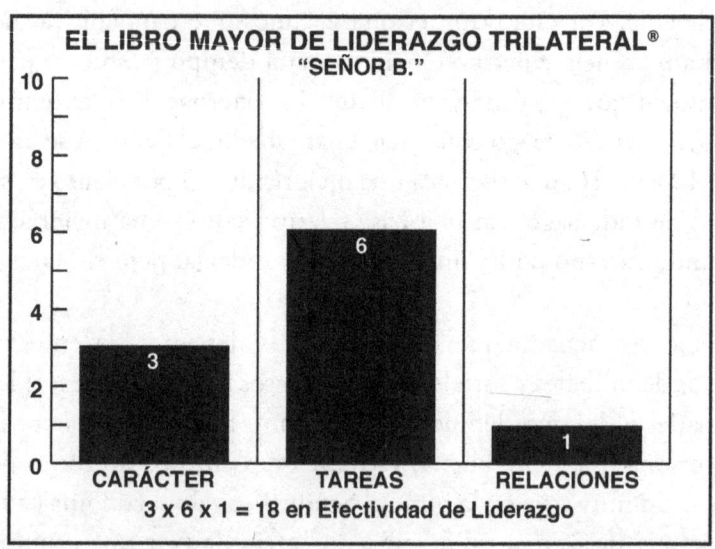

¿Qué pasaría si el Señor B aumenta sus Relaciones a 1? Su calificación de Efectividad de Liderazgo sería solamente 18 de 1,000.

¿Qué pasaría si el Señor B mejora en su área más fuerte, Tareas, de 6 a 8? Esto sería una mejoría increíble. Y una calificación de 8 es verdaderamente elevada, sin embargo ¡resultaría en una calificación de solamente 24!

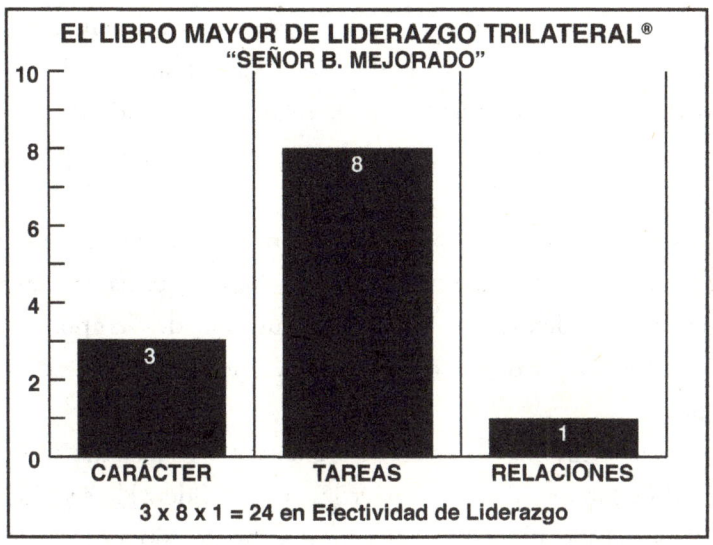

En este ejemplo es obvio que las personas como el Señor B que tienen una deficiencia considerable en un área se van a estancar hasta que crezcan en esa área en particular. No es suficiente enfocarse en las fortalezas; también debemos enfocarnos hacia nuestras debilidades. Los líderes no se pueden dar el lujo de ser débiles en ninguna de estas categorías por los efectos catastróficos que causan en los resultados. Para ser un líder, debes ser fuerte en todas estas categorías, y punto. Va a ser difícil, pero esa debe ser la meta. De lo contrario, la debilidad va a deshacer a las fortalezas. Como dijo Mike Krzyzewski un afamado entrenador de baloncesto, "Nunca permitas que la debilidad de una persona se interponga con su fortaleza".

Una vez que el líder comprende este concepto de crecimiento personal y se hace completamente responsable de donde está parado en el Libro de Mayor del Liderazgo, solamente es cuestión de tiempo para que el efecto multiplicador de mejoría comience y los resultados externos sean revelados.

Un tercer ejemplo: El Señor C se encuentra trabajando por bastante tiempo diligentemente para convertirse en un líder. Ha seguido el proceso del desarrollo al pie de la letra y ha hecho decisiones concientes para mejorar en las tres áreas del Libro del Mayor. El año pasado, el Señor C se calificó con 6 en Carácter, 6 en Tareas y 7 en Relaciones. Su calificación final era de 6 por 6 por 7, da un total de 252.

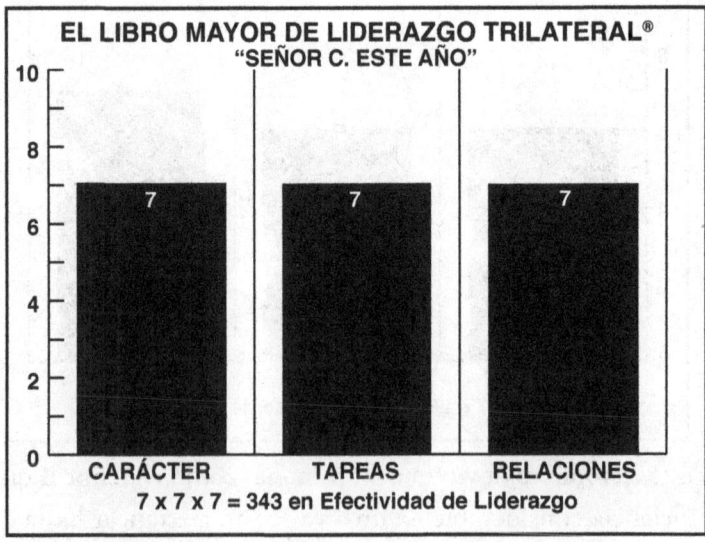

Al trabajar arduamente en las tres categorías el Señor C logró incrementar sus calificaciones con un punto en Carácter y un punto en Tareas, no sintió que mejorara su habilidad en el área de Relaciones. Su calificación final ahora consiste de 7 por 7 por 7, para ¡un total en efectividad de liderazgo de 343!

El Señor C elevó su calificación final 91 puntos, o en otras palabras 36 por ciento, y mejoró solamente un punto en dos categorías. Lo que está experimentando el Señor C es el efecto compuesto del esfuerzo acumulado. El liderazgo tiene un efecto compuesto. Es el rendimiento exponencial del esfuerzo obtenido por un grupo de personas alineadas con un propósito en común que logran más que la suma de todo.

Este efecto compuesto es la razón por la cual los líderes influencian a las personas. La manera en la que se demuestra la mejoría del líder y su alcance de influencia es por medio del Libro de Mayor del Liderazgo Trilateral.

Algunas veces podemos observar líderes que alcanzan una enorme influencia y que tienen resultados externos masivos que resultan de sus esfuerzos. Este es el poder de acrecentar aplicado a la energía humana. Todos los grandes líderes de la historia, que lograron tanto y dejaron una marca tan indeleble de este planeta y de sus personas, utilizaron este efecto de acrecentar que solamente puede proporcionar el liderazgo. Algunos lo hicieron por medio de la fuerza, otros por medio de persuasión y otros por altruismo verdadero y preocupación por la humanidad; pero todos estos logros masivos requirieron una influencia masiva. La cosa importante que se debe notar es que este efecto multiplicado esta a disposición de cualquiera. Solamente se tiene que tomar la decisión de seguir el proceso del desarrollo del liderazgo y mejorar y crecer en cada una de las categorías.

A muchas personas les da curiosidad saber cual es su calificación en el Libro de Mayor de Liderazgo Trilateral. Como dijimos anteriormente, al principio es muy probable que el líder vaya a ser débil en todas las categorías. De hecho, la mayoría de las personas que se evalúan a si mismas por primera vez van a tener una calificación mas cercana a 0 que a 10 en cada una de las categorías. Además, muchos de los líderes en desarrollo tienen una influencia de cero por que tienen cero de calificación en alguna de las categorías. Piensa en los problemas de carácter que tienen los líderes de Enron & Tyco y los escándalos corporativos de alto perfil de los últimos años. Sin importar cuanta inspiración infundieron esos líderes o que estilo de liderazgo poseían, no tienen influencia a largo plazo a causa de sus problemas de carácter. Una deficiencia de la misma magnitud en las categorías de tareas o de relaciones nos privará de podernos alejar del cero.

Sin embargo, a veces, el problema principal de un líder en proceso es utilizar El Libro Mayor de Liderazgo Trilateral como auto-decepción. Hasta cierto punto, todos los seres humanos sufren de esta dolencia: nosotros no nos vemos exactamente de la misma manera como nos ve el mundo. De hecho, uno de los impedimentos más grandes para mejorar y crecer es la inhabilidad o el no querer ver nuestros "puntos débiles". Nos hemos encontrado con esto muchas veces en el transcurso de los años al estar entrenando a dueños de empresas. Un individuo puede pensar que es competente para un área en particular cuando, de hecho necesita mejorar exactamente en esa categoría. Una broma dice que tendemos ignorar nuestras fortalezas por estar viendo las debilidades de los demás. Revertir esta tendencia es un requisito fundamental para el crecimiento del liderazgo. Debemos de confrontar nuestra propia realidad y, con riesgo de sonar redundante, ¡debemos confrontar la realidad como realmente es! Sin una verdadera evaluación ¿de que manera puede uno crecer, mejorar y avanzar?

Libro de Mayor del Liderazgo Trilateral es una herramienta para iniciar este proceso que algunas veces puede ser doloroso. Si consideramos honestamente, puede rechazar a la auto-decepción cegadora que les prohíbe a muchas personas moverse para obtener un mayor éxito en la vida. Si lo analizamos atentamente, El Libro Mayor de Liderazgo Trilateral puede afinar en otras áreas que requieren atención específica, identificar las principales áreas que necesitan mejoría y llamar la atención de las fortalezas existentes. La buena noticia es que un problema identificado es un problema medianamente resuelto. Si existe un área que nos esté entorpeciendo para lograr lo mejor que uno puede lograr, entonces puedes desarrollar un plan para mejorar. De hecho, este es el propósito del libro.

Tal vez algunos estimados específicos sean de utilidad. Hemos encontrado que un individuo con una calificación total de 50 a 100 puntos es capaz de manejar grupos pequeños de personas. Este líder tiene un carácter que se puede seguir, una ética laboral sólida y la habilidad de llevarse bien con las otras personas. Moviéndonos hacia arriba hacia un total de 200 a 300 puntos nos coloca en una compañía poco común. En este nivel uno es capaz de dirigir grandes grupos de personas (note que no usamos la palabra manejar) y tiene una calificación de carácter casi impecable, una ética laboral que inspira a los otros y una habilidad para crear visión y para moldear un grupo de personas en un equipo sólido. Una persona que tenga una calificación por arriba de 300 es un líder buscado por corporaciones y grupos voluntarios, conocido por influenciar a las personas en una gran escala. Muy pocos lograrán obtener este nivel, pero esta disponible para todo aquel que este dispuesto a desarrollar el arte y la ciencia del liderazgo.

Como líderes y seres humanos nunca podremos lograr la perfección. No se puede obtener una calificación final de 1,000, pero nunca debemos de dejar de tratar de alcanzarla perseguirla, cerrando el espacio que existe entre nosotros y la perfección de manera regular. Si creemos que hemos llegado a un punto que es "suficientemente bueno" inclusive por un momento, nuestro progreso se frenará. Peor aún incluso puede retroceder. Existen demasiadas historias de grandes líderes que se elevaron a un nivel de enorme influencia solamente para retroceder rápidamente por cambios de carácter, esfuerzo o preocupación por las demás personas.

Crecimiento Personal: Benjamín Franklin "Llegar a la Perfección Moral"

Benjamín Franklin fue uno de los padres fundadores más distinguidos y diversos de los Estados Unidos. Vivió una vida larga y prospera, vivió una historia de "Harapos a Riquezas", hablaba varios idiomas, cenaba con filósofos y embajadores, fue publicado en muchos países, disfrutaba de la fama a nivel mundial, y fue uno de los únicos que firmó ambos, La Declaración de la Independencia y la Constitución de Estados Unidos (y también firmó el tratado de Paris al terminar la Guerra de Revolución). Franklin era el arquitecto clave de la alianza entre el joven Estados Unidos de América y la segunda superpotencia, Francia, y al hacer esto estableció el medio para ganar la Guerra con Inglaterra. Fue el creador y escritor del Poor Richard's Almanac, una de las publicaciones mas leídas anualmente en el Nuevo Mundo. Inventó los lentes bifocales, la inmensamente popular estufa Franklin, e incluso un instrumento musical para el cual Mozart compuso una pieza especial de música. Sus experimentos en electricidad entusiasmaron al mundo e iniciaron la era del descubrimiento y aplicación de la electricidad. Fundó la Sociedad Americana de Filosofía, fue una pieza importante en el nacimiento de la universidad de Pensilvania, estableció la primera librería de las colonias y trabajó para organizar los primeros departamentos de bomberos de Philadelphia.

La vida de Franklin puede contemplarse mejor en tres fases distintas. Primero su vida temprana como impresor, escritor y hombre de negocios. En estos años aprendió a ser un "caballero" (a pesar de que no había nacido en un lugar "adecuado" un factor muy importante en estos tiempos), e hizo una fortuna que lo mantendría por el resto de su vida y sobreviviría por dos siglos. La segunda fase fue el tiempo que paso como "filosofo natural" o como científico e inventor. Fue durante estos años que su fama se incrementó en una proporción internacional, culminando en su membresía y participación activa en la Sociedad Inglesa de Filosofía. Finalmente el último periodo de su vida la paso como estadista, representando algunas de las colonias inglesas en la costa de Norte América y por último la reciente creada Estados Unidos de América.

¿Cómo logró tanto en solo una vida? ¿Cómo subió tan alto y terminó obteniendo tanto poder y respeto alrededor del mundo? Las respuestas podrían llenar volúmenes de libros. Sin embargo lo obvio, es que era un genio. Pero incluso los genios deben seguir las leyes del éxito y además los impresionantes logros de Benjamín Franklin eran el resultado de sus esfuerzos deliberados. No tenía suerte. No se "respaldo en" sus logros. Trabajó ardua y fuertemente a lo largo de su vida.

Existe una historia que cuenta Franklin en su autobiografía acerca de sus problemas al relacionarse con las personas cuando era joven. Un día un confidente lo hizo a un lado y fue lo suficientemente audaz y amable para compartir la verdad con Franklin que las personas no lo querían. A pesar de que era impresionantemente brillante, a nadie le importaba. Las personas no soportaban estar a su alrededor. Era argumentativo y opinaba demasiado. Su informante incluso le dijo que cuando las personas lo veían acercándose en la calle cruzaban la calle para evitar tener contacto con el. Franklin estaba devastado. Pero su reacción hacia la fría y dura verdad quizás fue uno de los componentes más importantes en su éxito tan impresionante. Siendo joven, decidió hacer algo al respecto.

Primero, Franklin comenzó a mantener la calma con sus declaraciones para no ofender a las personas. Trabajó fuertemente para volverse menos dogmático con sus elecciones de palabras y tonos de voz. Unos años después, mientras navegaba desde Inglaterra de regreso a las colonias, llevó a cabo "el audaz y arduo Proyecto de alcanzar la Perfección moral" comentando que "estaba sorprendido de encontrarme lleno de mas fallas de las que imaginaba". Entonces Benjamín Franklin hizo lo que hemos estado discutiendo en este capítulo: se metió deliberadamente en un programa de crecimiento personal. Seleccionó trece virtudes que creyó que eran lo suficientemente valiosas para ponerles atención y organizó un horario muy demandante de mejoría y seguimiento. Trabajaría en una virtud a la vez por cuatro semanas, reportando su progreso o su falta de progreso, después seguía con la siguiente virtud, repitiendo el ciclo una y otra vez durante varios años. Con respecto a sus fallas que lo habían sorprendido tanto, "tenía la satisfacción de ver que se estaban disminuyendo". Cuando era viejo lo que decía acerca de su pequeño proyecto era, "Al final de todo, a pesar de que nunca logré la Perfección que había sido tan ambicioso por obtener, pero me quede cerca, me convertí por medio de las Tareas en una mejor y mas feliz persona que nunca hubiera sido de no haberlo intentado; así como los que alcanzan la escritura perfecta imitando las copias gravadas, a pesar de que no alcanzan la excelencia que esperan en esas copias, su mano esta remendada por las tareas, y es tolerable siempre y cuando continúe siendo legible".

A continuación se mencionan las trece virtudes de Franklin. Las hemos etiquetado de acuerdo con como se encuadran en las tres categorías representadas en el Libro de Mayor del Liderazgo Trilateral.

1. Templanza (Carácter)
2. Silencio (Carácter, Relaciones)
3. Orden (Tareas)
4. Resolución (Tareas)
5. Frugalidad (Carácter, Tareas)
6. Industria (Tareas)
7. Sinceridad (Carácter, Relaciones)
8. Justicia (Carácter, Relaciones)
9. Moderación (Carácter)
10. Pulcritud y Limpieza (Carácter, Tareas)
11. Tranquilidad (Carácter)
12. Castidad (Carácter)
13. Humildad (Carácter, Relaciones)

Del mismo modo como describimos, que el viaje del crecimiento personal para un líder necesita auto evaluación, estar dispuesto a cambiar y medición del progreso, Ben Franklin y sus trece virtudes siguieron los mismos principios.

Con un recordatorio de que la mejoría y el crecimiento es una misión dirigida por uno mismo, Franklin dijo, "Podemos dar consejos, pero no podemos dar conducta". Cada líder debe hacerse responsable de crecer personalmente, así como lo hizo Benjamín Franklin. Si fue una tarea tan valiosa para este genio, estoy seguro que tendrá el mismo valor para los menos agradecidos.

Resumen

El crecimiento personal no es una opción para el líder. La Biblia dice que nunca nos darán más de lo que podemos manejar. Por lo tanto, si queremos más, debemos desarrollar la capacidad para poder manejar más. El Libro Mayor de Liderazgo Trilateral es una herramienta para ambas cosas, como instrucción de los principios geniales para lograr auto mejorarse y un dispositivo de rastreo para aplicación actual. En cuanto el líder entienda que su conducta depende de ellos y que la amplificación de sus habilidades naturales es su responsabilidad, se habrán puesto en el camino del crecimiento personal y aumentado su efectividad. Tan pronto se hagan responsables de mejorar su personalidad, los líderes pueden comenzar a pensar en la idea de aumentar su influencia hacia las demás personas.

CÓMO CRECE UN LÍDER EN INFLUENCIA

CAPÍTULO 5

Los Cinco Niveles de la Influencia

Un líder verdadero inspira a los demás a guiarse a si mismos.

–ARI D. KAPLAN

El objetivo del liderazgo progresivo es incrementar la habilidad de un líder para expandir su *influencia*. Conforme un líder crece en habilidad, la influencia del líder también crece, pero esto no es un proceso automático. Si un líder desea maximizar su potencial e influencia, el proceso debe ser intencionado. Se puede lograr expandir la influencia del líder por medio del crecimiento del líder.

Los Cinco Niveles de Influencia son una buena manera para trazar el viaje del líder, desde el inicio hasta que corone el éxito. El líder crece en estatura y habilidad una vez que haya ascendido estas escaleras. Cada nivel se presenta con más influencia y necesita que el líder aproveche más de sus habilidades al expandirlas a través de un especto más amplio.

Niveles de Liderazgo

Este concepto de varios niveles de liderazgo (y por consiguiente, influencia) se puede encontrar en varias fuentes, pero dos de ellas destacan por encima del resto.

La primera es de un experto renombrado en liderazgo John C. Maxwell en su libro *"Developing the Leader Within You"*. Maxwell también sugiere que existen Cinco Niveles de Liderazgo, que mostramos a continuación, con poder de influencia ascendente:

1. Posición
2. Permiso
3. Producción
4. Desarrollo de Personas
5. Individualidad (Carisma y logro en grupo).

Maxwell explica que el Nivel 1, Posición, es liderazgo basado en tan solo el título. Este líder no tiene credibilidad excepto por su autoridad oficial. Después esta Permiso, en donde se le permite al líder dirigir gracias a sus seguidores. Producción es cuando los seguidores buscan al líder por que el líder logra obtener resultados. Desarrollo de Personas es cuando las personas quieren y respetan al líder y experimentan un mayor desempeño al tratar con el líder. Personhood (Carisma y logro en grupo)
es una condición inusual donde un líder ha establecido un gran grupo de seguidores y resultados masivos basados en su carácter y longevidad. Estos niveles ayudan a encontrarle sentido a la gran cantidad de habilidades de liderazgo que uno encuentra todos los días.

La segunda fuente para esta idea de Niveles de Liderazgo es de Jim Collins, autor de *"Good to Great"*. En este libro que se ha vendido en gran cantidad, Collins presenta los Cinco Niveles de Liderazgo, que mostramos a continuación y nuevamente en orden de efectividad:

1. Individuo Capaz
2. Miembro de un Equipo que Aporta
3. Organizador Competente
4. Líder Efectivo
5. Ejecutivo

Collins dice que un Individuo Capaz (Nivel1) es alguien que obtiene capacidades centrales y habilidades básicas. Un Miembro de un Equipo que Aporta, funciona adecuadamente como parte del esfuerzo del equipo. Un Organizador Competente tiene la capacidad de coordinar el esfuerzo de Los Miembros de un Equipo que Aporta. Un Líder Efectivo es alguien con una visión más amplia y tiene la habilidad de dirigir a los Organizadores hacia objetivos más grandes. El nivel más alto de todos los que describe Collins en su jerarquía de liderazgo es el Ejecutivo, en quien reside la completa responsabilidad direccional.

Estos expertos de liderazgo nos han proporcionado una idea muy clara para poder aclarar este tema tan difícil. Trazar el camino de un líder hacia la grandeza no es un reto fácil, especialmente cuando la meta del mapa es proporcionar una ruta hacia delante para los líderes en desarrollo. Maxwell y Collins han investigado al país en su forma salvaje. La intención de este libro es clasificar este territorio en pequeñas parcelas de tierra utilizables. La construcción y análisis de ideas en un nivel pragmático proporcionará mayor claridad al líder en progreso en el proceso del desarrollo del liderazgo.

Explicación de los Cinco Niveles de Influencia

Este concepto de Niveles de Influencia será explorado dentro de la siguiente jerarquía:

1. Aprender
2. Desempeñar
3. Dirigir
4. Formación de Líderes
5. Desarrollo de los formadores de Líderes

Al igual que Maxwell y Collins, estos Cinco Niveles se encuentran en orden ascendente, pero son ligeramente diferentes a los que revisamos con los otros dos autores.

Un diagrama que ya se había mostrado anteriormente nos puede ser de utilidad para ejemplificar el punto. Ya habíamos mencionado las Cualidades Fundamentales que debe poseer un líder para tener acceso a la puerta y la cancha de juego del liderazgo. Después estaban el Ciclo del Logro y el crecimiento personal. Ahora es tiempo de explorar la cancha de juego del liderazgo.

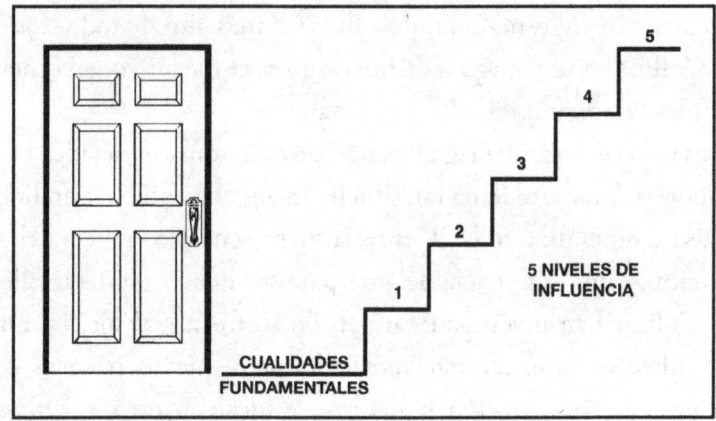

Note que la cancha de juego no es un nivel. Es mas como un camino de escaleras ascendentes. Esto es por que el líder progresa a través del proceso del desarrollo del liderazgo, su influencia aumenta y el impacto de sus esfuerzos tiene un alcance más amplio. También, conforme el líder asciende en los Niveles de Influencia, cada uno de los niveles previos se quedan con el. Solo por que el líder pasó al nivel de Desempeño no significa que haya dejado de Aprender. De la misma manera, un líder que ha avanzado al nivel de Desarrollar Líderes no puede dejar de Dirigir en otras áreas y así sucesivamente.

Entonces los Cinco Niveles de Influencia representan un proceso progresivo en donde el líder aprende nuevas habilidades mientras que acumula y expande su influencia. Un líder se puede encontrar en varios Niveles de Influencia en áreas diferentes de su vida. También, pueden existir diferentes niveles de progresión en las mismas organizaciones. Finalmente, los individuos dentro de las organizaciones existen en su propio Nivel de Influencia. Tener esto en cuenta nos ayuda para saber en que punto están los individuos y las organizaciones, y de esta manera para desarrollar planea para crecimiento y mejoría.

Vivir los Cinco Niveles de Influencia: La Reina Elizabeth I

Quizás uno de los mejores ejemplos de un líder que asciende a través de los diferentes niveles de liderazgo es la Reina de Inglaterra Elizabeth I. Nació en el tumultuoso siglo dieciséis hija del infame Rey Henry VIII, en primera instancia Elizabeth probó su entereza simplemente al sobrevivir. Su padre hizo que ejecutaran a su madre, y por lo tanto Elizabeth después estuvo involucrada en una complicada batalla de poder en la corte real de Inglaterra. Por esta razón la mantuvieron confinada durante el régimen entero de su primo, Edward VI. Después, cuando su media hermana Mary I (después conocida como "Bloody Mary") obtuvo el control del trono inglés, Elizabeth estaba constante en peligro de ser asesinada por órdenes de la celosa Reina. Elizabeth no perdió el tiempo mientras estaba confinada, lo utilizo inteligentemente y aprovechó al máximo la educación disponible en esos momentos para la realeza.

El periodo de aprendizaje y supervivencia de Elizabeth finalmente hizo que su oportunidad para desempeñarse apareciera, al obtener el trono tras la muerte de Mary. Al convertirse en Reina, Elizabeth se enfrento con un país que estaba al borde de la guerra civil, y peor aún obtuvo el poder en un tiempo y lugar en donde no se consideraba que las mujeres pudieran ser aptas para gobernar. Las privaciones que había hecho anteriormente su hermana tampoco le ayudaron mucho. Pero la habilidad de liderazgo de Elizabeth fue aparente de inmediato. De acuerdo al autor Alan Axelrod en "*Profiles in Leadership*", "Rápidamente le dio un reporte carismático a la gente. . . . Elizabeth dejo claro que era su intención regresarle a Inglaterra. . . la grandeza en el comercio y ante las naciones".

El siguiente nivel de liderazgo de Elizabeth fue evidenciado por su habilidad aguda de rodearse de talento leal. Axelrod dice, "Celebrada por su fuerza de voluntad, Elizabeth se rodeó de los mejores y mas brillantes mentes políticas y económicas de Inglaterra para que le sirvieran como asesores". Este aro de poder que iba en aumento incluiría eventualmente a los notables Sir Francis Drake, John Hawkins, y Sir Walter Raleigh, quienes, como aventureros marineros, serían una herramienta muy importante para derrotar a la ponderosa Armada Española (con un poco de ayuda del clima). En el curso de su régimen Elizabeth había tomado un país caótico y económicamente pequeño elevándolo a la posición del más prospero de Europa.

En su nivel de influencia y liderazgo más alto, Elizabeth creó un clima político estable y tradición que duró hasta después de su muerte. Durante su régimen de cuatro décadas el pueblo Inglés desarrollo un orgullo nacional muy intenso y un sentido de "amor por su país". Esto seguiría a través de las generaciones. Tanto como cualquier líder, la vida de la Reina Elizabeth I demuestra que los resultados son posibles mediante los niveles ascendentes de la influencia que tiene disponibles el líder.

Resumen

La exploración de los Cinco Niveles de Influencia en los siguientes capítulos demuestra que el liderazgo es ambos, un arte (que requiere pensar) y una ciencia (que requiere acciones). Los argumentos se han arrastrado por siglos, debatiendo si el liderazgo es un arte basado en talento y "distinguible" en gran medida por las personas o si es una ciencia, lo que significa que es basado simplemente en talentos y puede ser "aprendido" por cualquier persona. Las siguientes páginas explican que el liderazgo se considera como *ambas* un arte y una ciencia.

Para cada uno de los Cinco Niveles de Influencia, existen supuestos, o modos de pensar requeridos para poderse desempeñar en ese Nivel. Esta es la porción "artística" del liderazgo. Sin embargo cada Nivel no esta completo sin acciones, o la parte "científica" del liderazgo. Las suposiciones serán discutidas primero por que al entender y pensar con anterioridad a las acciones siempre da como resultado acciones más efectivas.

Los siguientes capítulos ayudan a la Formación de Líderes a entender y discernir entre entender el "arte" involucrado en el liderazgo y el aprendizaje y la aplicación de las acciones o del lado "científico".

CAPÍTULO 6

El Primer Nivel de Influencia: El Aprendizaje

Ese es uno de los secretos más grandes para convertirse en un gran líder, nunca dejes de convertirte en uno.

–JEFF O'LEARY

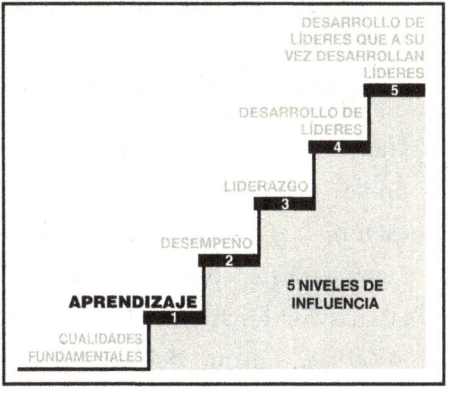

El primer Nivel de Influencia consiste en convertirse en un estudiante. Ser humilde y aprender de los demás, ya lo hemos comentado como pieza clave para el éxito del liderazgo. En este capítulo analizaremos el concepto con mayor profundidad.

En este Primer Nivel de Influencia, el líder se parece un poco a una niña corriendo hacia el campo de Fútbol a su primer juego. Esta llena de entusiasmo y hambre, pero tiene un nivel muy bajo de habilidad y conoce muy poco acerca de ese deporte. No es el momento para preocuparse por ganar. No es el momento de estar demasiado preocupada por las apariencias o por hacer una buena impresión ante el entrenador. Es el momento de *aprender*.

Los líderes deben enamorarse del aprendizaje. Deben resistir su tentación de emitir juicios, ser crítico o de bloquear el hecho de que tienen algo que aprender. Todo gran líder se da cuenta de que aún tiene mucho que descubrir. El autor Andy Stanley observó que, "Los mejores líderes son los mejores estudiantes".

Cuando tomamos nuevas tareas o nuevas responsabilidades, un líder debe ser un ferviente estudiante para aprender todo lo que debe saber. Los líderes no pueden esperar volverse expertos en todas las áreas de operación, pero nunca deben dejar de buscar y entender la información. George Barna nos dice, "siempre debes estar involucrado en algún tipo de estudio intencionado y enfocado a incrementar tu capacidad de liderazgo". El aprendizaje es una actitud y los líderes deben tener una dosis apropiada de actitud. Una actitud adecuada con respecto al aprendizaje es crítica desde el principio del proceso de Formación del liderazgo. Stanley continua, "en los primeros años de tu carrera, lo que aprendes es más importante que lo que ganas. En la mayoría de los casos lo que aprendes en los primeros años determinará lo que ganarás en el futuro".

Suposiciones o el "Arte de Aprender

Cuando se trata del Nivel 1, los líderes en desarrollo deben entender el proceso de pensamiento fundamental que le abre las puertas a la educación. Les llamamos suposiciones. Sin una base de pensamiento correcto, será más difícil aprender y te resistirás, perderás o no utilizarás a las actividades apropiadas para aprender, pero cuando un líder entiende el *concepto* mismo del aprendizaje y la mentalidad en la que se basa, la educación puede surgir.

Aprender es una Prioridad Principal

La educación inicial y continua es crucial para el líder. Esta educación no debe ser necesariamente formal o "para obtener credenciales". El aprendizaje para un líder puede ocurrir de muchas maneras. La llave es que el aprendizaje se convierta en el ingrediente básico de la dieta mental del líder. En el Nivel 1, los líderes deben darse cuenta de que lo que aprendan y apliquen es lo que va a determinar que tan buenos son.

Los Líderes pueden Aprender de Cualquiera

Los líderes deben estar conscientes que las oportunidades de aprender se encuentran a su alrededor. La Educación, la información, las ideas y la sabiduría pueden provenir de cualquier fuente. No hay nadie que esté "por debajo" del líder. Puedes aprender algo de cualquier persona. Así como escribió Dale Carnegie, "Todos son superiores a ti de alguna manera".

Los Líderes Pueden Aprender Mejor de Aquellos que Tienen Resultados

> *La mejor educación viene de aquellos que tienen resultados en la vida.*

A pesar de que es verdad que se puede aprender algo de cualquier persona, es igual de verdadero que *la mejor educación viene de aquellos que tienen resultados en la vida*, en particular aquellos que tienen éxito en el área particular a la que el líder le preocupa, en la que opera. ¿No Tiene sentido aprender medicina de un exitoso doctor? ¿No sería más valiosa la información necesaria para comenzar un negocio si proviene de un hombre de negocios con gran éxito? Como dice el dicho, "El éxito comienza con la información de la fuente correcta".

Acciones o la "Ciencia" del Aprendizaje

Si nos mantenemos firmes en las hipótesis mencionadas anteriormente, entonces el estudiante puede enfocarse en las acciones o el lado científico del aprendizaje. Estas pueden ser consideradas las *habilidades* para aprender, o *sobre* lo que un líder aprende.

Los Líderes Aprenden de las Personas

Los líderes saben que las personas son de lo que realmente se trata el liderazgo, y entienden que los líderes solamente tienen influencia a través de las personas. El liderazgo existe *con, a través de* y *para* las personas. Quizás hayas escuchado el cliché que dice "El activo más importante de una organización son su gente". Este concepto debe afinarse y explicar, "El activo más importante de una organización son la gente correcta".

> *El liderazgo existe con, mediante y para las personas.*

El corazón del progreso es para las personas correctas mientras que las personas incorrectas son lo contrario (y todos saben que lo opuesto a "pro-greso" es "con-greso"). Por lo tanto, los líderes deben ser expertos en tratar a las personas y determinar quienes son las personas correctas a contratar, reclutar, capacitar y formar. Esto es verdad en ambos sentidos general y específico.

Primero que nada, los líderes deben estar adecuadamente disciplinados en el arte de las relaciones humanas, y esto no puede ser solamente en un nivel superficial. No hay nada peor que un líder en desarrollo que esta lleno de habilidades humanas y con un don de gentes pero que opera a partir de un corazón desviado. Esta es la razón precisa de por que el carácter es un elemento tan importante. De hecho es tan crítico que no deberían permitir la entrada al campo de juego del liderazgo sin el. Por lo tanto asumimos que si el líder ha llegado tan lejos y esta comenzando su asenso en los Cinco Niveles de la Influencia, que tiene carácter. La razón es que a las personas no les importa cuanto conocimiento tiene el líder sino que tanto se preocupa el líder por ellos. Si el líder tiene carácter y su corazón está donde debe estar, las personas confiarán en el y lo seguirán. Es en este momento y no antes, donde entran en juego *las habilidades humanas y el don de gentes*, y estas habilidades son muy importantes. Un líder debe aprender todo el tiempo sobre esta área crítica.

En segunda instancia, el líder debe aprender *específicamente* acerca de su gente. Esta es una extensión de que las personas quieren que el líder se preocupe por ellos. Los grandes líderes tienen un interés activo y sincero en los demás. En su libro *"How to Win Friends and Influence People"*, Dale Carnegie no dice que debemos imaginarnos a todas las personas que conocemos con un letrero invisible alrededor del cuello que dice, "Hazme sentir importante". Todos quieren ser reconocidos y aceptados. *Los grandes líderes entienden esto y por lo tanto intencionadamente tratan a su gente de una forma especial y tratando de aprender todo lo que puedan de ellos*. Esto incluye acordarse de los nombres y detalles de la vida de una persona. Una de las formas más efectivas para que los líderes puedan aprender acerca de cada una de sus personas, es al encontrar algo en común con ellos. Imagina un barco dando vueltas a una isla, buscando un puerto para atracar. Se hace una conexión cuando el barco llega a tierra firme y atraca como si se acurrucara de una manera segura en el puerto. Los líderes deben formar una conexión similar con su gente, tomándose el tiempo para circular y descubrir un punto de comodidad para poder hacer contacto y empezar una relación.

El aprender a tratar a las personas en un sentido general, y aprender específicamente *acerca* de ellos dándoles importancia, es un proceso continuo que debe seguir cualquier líder.

Los Líderes Aprenden Sobre los Asuntos Básicos

Todo el conocimiento que el líder tiene hasta arriba lo debe aprender desde un inicio, hasta abajo. Esta es la pare del proceso del desarrollo del liderazgo en donde un líder obtiene un conocimiento intricado de las cosas fundamentales de su campo. Aprender lo básico no es opcional. Un líder con éxito no puede saltarse este paso bajo ninguna circunstancia. Conforme el líder comienza a desempeñarse y a tener errores, se cae hacia delante, se levanta y lo vuelve a intentar. Es en este "círculo productivo" donde el líder se vuelve fuerte y capaz.

John Wooden, Un legendario entrenador del equipo de baloncesto de UCLA que ganó diez campeonatos y tuvo seis temporadas sin derrotas, cuanta una historia en su libro *"Wooden, A Lifetime of Observations On and Off the Court"*. Durante años, el entrenador Wooden iniciaba cada temporada con un nuevo equipo dándoles instrucciones detalladas de cómo ponerse los calcetines adecuadamente. Lo que involucraba voltear los calcetines de adentro hacia fuera y remover las bolitas de algodón enrolladas que se quedaban ahí después del proceso de manufactura. Aparentemente estas pequeñas piezas de algodón podían provocar ampollas, las cuales obviamente tendrían un impacto enormemente negativo en el desempeño del jugador. ¡Imagine tomar el tiempo para un detalle tan pequeño! Pero Wooden estaba reforzando fundamentos invaluables que todo jugador debe conocer, y reforzando la importancia de dominar lo básico.

Los Líderes Aprenden de las Metas y los Objetivos

Los líderes deben aprender todo lo que puedan acerca de las metas y los objetivos requeridos o esperados por parte de su organización. Una organización no puede lograr una meta que no existe, y es el trabajo del líder aprender todo lo que haya que aprender acerca de los requerimientos del grupo. Esto doblemente importante por que también le ayuda al líder a articular una visión para la organización para poder lograr las metas que están delante de ellos.

Los Líderes Aprenden de los Procesos

Entender el proceso que esta involucrado en su área es una necesidad para los líderes. Es responsabilidad del líder evaluar estos procesos y quizás hacer ajustes y mejoras, pero esto puede ser prematuro si el líder no ha trabajado para dominar el proceso. Aprender todo lo que se pueda acerca del proceso le dará al líder credibilidad ante sus subordinados, quienes probablemente sean más cercanos al proceso y por lo tanto están más involucrados en los detalles del día a día. Después, los líderes podrán trabajar con las personas que se encuentran dentro de la organización para hacer mejorías en el proceso o para asegurarse que el proceso existente se está ejecutando adecuadamente.

Los Líderes Aprenden a Medir el Desempeño

Los líderes deben aprender minuciosamente las medidas utilizadas para determinar los niveles de desempeño en su organización. Esto es verdad en un sentido amplio y general, y también deben conocer a nivel de detalle a cada una de las personas en la esfera de influencia del líder. Los líderes no pueden operar solamente "por instinto". Debe haber medidas concretas para determinar el desempeño que le proporcione al líder una retroalimentación continua. El multimillonario y fundador del Corporativo de Microsoft, Bill Gates, lo llama "Negocios a la Velocidad del Pensamiento". En su libro que tiene el mismo título, Gates menciona que los datos para evaluar el desempeño son cruciales para la agilidad y supervivencia de una organización. Si los datos son más rápidos y relevantes, los líderes pueden tomar mejores decisiones.

Los Líderes Aprenden de las Recompensas

Ningún líder puede dirigir sin un entendimiento intrínseco de las recompensas del desempeño en su campo. Esto es cierto para el personalmente, y para las personas en su organización. La razón es por que la motivación es crítica para una selección adecuada de la visión y para maximizar el desempeño. Un líder que se rehúsa a aprender todo lo que hay que aprender en esta categoría crítica deja un arma muy valiosa en la funda de la pistola.

Los Líderes Aprenden de la Historia

"Aquellos que no recuerdan su pasado están condenados a repetirlo," dijo el filósofo George Santayana. Los líderes deben tomar interés activo en la historia de su organización. Existen lecciones valiosas que se pueden aprender y que pueden ahorrar tiempo y energía. Rechazar estas pistas del pasado es tener poca visión sobre el futuro y solamente aparecerá para acechar al líder. El desconocer las lecciones del pasado también compromete la credibilidad del líder ante su gente, quienes tal vez hayan vivido algunos de esos eventos.

Una parte importante de aprender sobre la historia de una organización consiste en aprender de sus éxitos. ¿Quién la hizo crecer? ¿Cómo lo lograron? ¿Por qué tuvieron éxito? ¿Están disponibles para instrucciones de primera mano? ¿Qué proceso parecía funcionar mejor? ¿Qué innovaciones se implementaron? ¿Qué se podía hacer para que hubiera mayor impacto? ¿Cuáles fueron las dificultades que se evitaron? Hacer este tipo de preguntas y estudiar los éxitos del pasado son un camino corto y permitido que todo líder debe buscar.

Se dice que aprendemos más de nuestros fracasos que de nuestros éxitos. Esto también es verdad a nivel organizacional. Los líderes deben hacer continuamente "un análisis de la prueba de impacto" para descubrir que fue lo que no funcionó y por que. Aprender que es lo que no funciona lleva al líder un paso más cerca de lo que si funciona. El fracaso no es fracaso si se aprende de él. El fracaso que nos da una lección es una lección que nos lleva hacia el éxito en el futuro. Mientras que los líderes trabajan para dirigir, se equivocarán y experimentarán fracasos. Los líderes astutos saben que deben extraer hasta la última gota de lección de cada error, entendiendo que la lección continúa hasta que aprendamos la lección. Los grandes líderes no son aquellos que nunca cometen errores. Los grandes líderes son aquellos que aprenden de sus errores rápida y efectivamente.

Los Líderes Aprenden del Ambiente

En "*Authentic Leadership*" Bill George escribe, "El trabajo del líder es proporcionar un ambiente que proporcione poder". Los líderes deben aprender acerca de los ambientes en sus organizaciones y utilizar ese conocimiento para engrandecer y maximizarlo. Así como muchas de las responsabilidades de un líder, aprender acerca de y optimizar el ambiente de la organización nunca termina. Las personas necesitan un ambiente que les proporcione poder, que sea emocionante, que sea positivo y que sea alentador, en donde los errores son aceptables siempre y cuando se aprenda de ellos, en donde el éxito se recompensa, y en donde el proceso tiene sentido y proporciona resultados. Bajo dichas condiciones, las personas dentro de las organizaciones pueden prosperar. El arco que se encuentra sobre todo esto es la propia actitud y perspectiva del líder. Esto, más que ninguna otra cosa, establece el tono para la organización y crea el ambiente adecuado. Los líderes inteligentes nunca dejan de aprender acerca del ambiente de su organización y maneras para mejorarla.

Los Líderes Aprenden de los Obstáculos y las Oposiciones

Los bloqueos en el camino están regados a lo largo de la carretera que nos lleva hacia el éxito. Si los líderes son lo suficientemente inteligentes, para ser diligentes y conocedores de estas dificultades. Aprender acerca de estas obstrucciones en el camino hacia el éxito y definirlas adecuadamente es una parte necesaria del aprendizaje continuo.

Muchos líderes tienden a seguir dale y duro con los mismos viejos retos, sin detenerse a ver si están logrando algún efecto. Einstein escribió, "Locura: significa hacer lo mism-o una y otra vez y esperar resultados diferentes". Los líderes deben buscar y tratar de entender que es lo que los está deteniendo y cuantificar la situación adecuadamente. Solamente de esta manera se podrán implementar estrategias para remover el obstáculo. Recuerda, definir un problema adecuadamente es la parte mas importante para poderlo resolver. El aprender sobre los retos y obstáculos de una organización también le proporciona al líder información valiosa que puede compartir con sus mentores para tratar de solucionarlos.

En conjunto con los obstáculos viene la oposición. Parece que sin importar lo que esté haciendo el líder, siempre habrá alguien que se les oponga. Aprender todo lo que se puede hacer para neutralizar a aquellos que están en contra de las metas de un líder puede ser crucial para el éxito de la organización. A menudo, lo mejor que puedes hacer es simplemente ignorarlos. No hay líder que pueda lograr algo sin alguien que le diga que no lo puede hacer. Seguramente has escuchado el viejo refrán, "Los líderes están ocupados haciendo las cosas que los críticos dicen que no se pueden hacer". Generalmente, el mejor antídoto para el criticismo es el éxito. Aprender este principio puede ser una de las lecciones más importantes de un líder.

Cuando el líder entienda estas *áreas* de aprendizaje, o acerca de lo que un líder aprende, entonces el líder debe aprovechar todos los *métodos* de aprendizaje disponibles, o las fuentes de aprendizaje del líder.

Los Líderes Aprenden de los Libros

Harry Truman dijo, "No todos los lectores son líderes, pero todos los líderes deben ser lectores". Es un hecho que la mayoría de los líderes mas grandes a través de la historia fueron lectores ávidos. De niño, Napoleón leía libros constantemente. Se sabía que el Presidente Teddy Roosevelt leía al menos un libro al día, y algunas veces dos, ¡incluso cuando era presidente! Thomas Jefferson compraba libros compulsivamente a lo largo de su vida y los leía con aún más vigor con que los coleccionaba. El cantante y autor de canciones Jimmy Buffett dijo sobre su madre, "Ella me enseñó que leer es la llave para todo".

> "No todos los lectores son líderes, pero todos los líderes deben ser lectores".

Los libros representan el conocimiento y sabiduría acumulados a lo largo de los años, y se paga muy poco por ella. Los libros preservan los pensamientos más grandiosos, las mejores ideas y las mejores cosas de la experiencia humana. Roy L. Smith dijo, "Un buen libro contiene mas riqueza que un buen banco". Leer un libro nos pone en contacto con el autor el lector puede nunca tener la oportunidad de conocerlo en persona, ya sea por la distancia o por el tiempo. Y leer es una de las mejores avenidas puestas a prueba por el tiempo hacia la experiencia de liderazgo. Si el mejor maestro es la experiencia de otras personas, los libros son el mejor transmisor de esa experiencia. Los verdaderos líderes tienen conocimiento de esto y por lo tanto hacen que la lectura sea una parte consistente en su estrategia para alcanzar el éxito. Jim Rohm observa, "Si lees un libro a la semana, en un año habrás leído 52 libros. En diez años 520 libros. Esto te colocará en el 1% superior de tu campo. Estarás mas motivado, mejor educado; te

> "Leer es el medio por el cual piensas con la mente de otra persona: te obliga a estirar tu propia mente".

convertirás en el líder de tu campo".

William J. O'Neil, Fundador del Investor's Business Daily, nos dice, "Las personas que esperan influenciar exitosamente aquello que se encuentra a su alrededor desarrollarán la habilidad de leer excelentes libros". Ralph Waldo Emerson escribió, "Muchas veces el leer un libro forja el futuro de un hombre".

Quizás una de las historias más grandiosas para leer es la de la multimillonaria Oprah Winfrey, cuyo programa de televisión alcanza a más de 20 millones de televidentes al día en más de 130 países. Actualmente es glamorosa, inteligente y exitosa y no comenzó de esta manera. Nació en Mississippi, de una madre soltera y pobre. En un principio Oprah fue entregada a su abuela que no tenía educación alguna, y después a los seis años a su padre y madrastra. Fue en ese momento que obtuvo su primer acceso a una biblioteca y el estímulo para comenzar a leer. Su padre incluso le pidió que le escribiera reportes de los libros que leía, y le limitaba el tiempo que podía ver la televisión a un máximo de una hora al día. Cuando le preguntaron acerca de su éxito, Oprah una vez dijo, "Todo lo que comencé fue gracias a que fui una gran lectora". De su amor de toda la vida por la lectura y su pasión para animar a las demás personas a que hagan lo mismo a través de su ahora famoso club de lectura, dijo, "Quiero ayudarle a las personas a crear una visión mas grande de si mismos. Una cosa es ganar un Emmy, pero otra y tanto cuanto más difícil es influenciar a alguien, que no ha agarrado un libro desde que nos obligaban a hacerlo en la secundaria, para que lea, y como resultado ayudarlos a comenzar a prensar de una manera distinta acerca de su propia vida".

Algunas veces cuando enseñamos los beneficios de la lectura, las personas asumen que nos referimos a leer por entretenimiento. "¡Dios Mío!" exclaman, "ya leo varias novelas al mes". Ciertamente la lectura también tiene un valor de entretenimiento. Pero cuando hablamos de leer buenos libros, no nos referimos al *thriller* más reciente o la tipo de libros que pueden ser leídos "en una sentada". Como dijo el evangelista y escritor A. W. Tozer, "El mejor libro es aquel que nos lleva en un tren de pensamiento y que nos lleva muy lejos y mas allá del libro". Nuestra lectura debería ser guiada por nuestro deseo y nuestra necesidad de crecer como líderes, forjándonos y tornándonos en mejores personas. El renombrado erudito del siglo XVIII Dr. Samuel Johnson una vez tuvo una discusión con el Rey de Inglaterra. "Supongo, Dr. Johnson, que lees mucho," dijo el Rey. "Si, Señor," contesto Johnson, "pero *pienso* mucho mas". Nuestra lectura no debe ser solamente por entretenimiento, debe fomentar crecimiento en nuestras mentes y en nuestra persona. Leer nos debe llevar a tener a mejores pensamientos, y por lo tanto guiarnos a mejores acciones, que entonces nos llevan a tener mejores hábitos, que entonces producen mejores resultados, que a su vez producen un mejor futuro.

De líderes como George Washington, Thomas Jefferson, Abraham Lincoln, Theodore Roosevelt, y Harry Truman, de escritores como Ralph Waldo Emerson, Henry David Thoreau, y Ernest Hemingway, de artistas como Oprah Winfrey, Jimmy Buffett, y Woody Allen, de figuras históricas como Sócrates, Diderot, Gustave Flaubert, y Francis Bacon, es de donde se estimulan a los líderes una y otra vez para hacer que la lectura sea una parte regular de su dieta. Como quizás solamente Mark Twain podría decir, "La persona que no lee buenos libros no tiene ninguna ventaja sobre el hombre que no los puede leer".

Los Líderes Aprenden de Grabaciones de Audio

Como regla universal las personas que son ambiciosas, están ocupadas. El tipo de personas que invertirían el tiempo en leer un libro de liderazgo efectivamente concuerdan con esa descripción. Por lo tanto, ¿Cuál es uno de los métodos más efectivos para aprender continuamente con una vida tan ocupada? La respuesta es grabaciones en audio.

En casi todos los campos de una tarea, las grabaciones en audio están disponibles en casete, disco compacto u otros. Son métodos convenientes de aprendizaje e inspiración por que se pueden escuchar casi en cualquier lugar. Muchos de los líderes con éxito hoy en día escuchan grabaciones de audio en su auto como un hábito cada vez que tienen la oportunidad. Dicen que cualquier tema que estudies por media hora al día durante cinco años te hará un experto en ese tema. Si esto es verdad, ¡Las grabaciones de audio son una herramienta fabulosas para el aprendizaje!

Las grabaciones de audio también cuentan con una ventaja adicional, enseñar por medio de lo que la persona escucha. Esto involucra una gama de funciones mentales diferente y por lo tanto al combinarlo con la lectura se forma una poderosa combinación. Algunas personas aprenden mejor cuando ven, mientras que otras al escuchar. Una dieta estable que involucra leer libros y escuchar grabaciones de audio mezcla estos dos métodos de aprendizaje y maximiza la educación del líder.

Finalmente, los líderes deben buscar grabaciones de audio producidas por las personas que cuenten con el mejor desempeño en su campo. A través de este método, los líderes pueden aprovechar el principio del aprendizaje por medio de la experiencia de los otros, y de hecho aprender por medio de muchos mentores a la vez. En algunos casos, esta será la única manera en que los líderes estén expuestos a algún mentor ¡hasta que logren el éxito en un nivel superior!

Los grandes líderes saben que "el tiempo dedicado a escuchar" no esta destinado al entretenimiento, sino al aprendizaje. Los verdaderos líderes aprovechan de cualquier oportunidad, para lograr más de una cosa a la vez. Se puede economizar mucho el tiempo al escuchar grabaciones de audio mientras que vas en el coche, mientras te bañas o al realizar quehaceres. Los líderes entienden el poder que existe en el aprendizaje pasivo que se obtiene por medio de escuchar, y las ventajas que se pueden obtener al hacer varias cosas a la vez para poder optimizar sus oportunidades de aprendizaje.

Los líderes Aprenden por Medio de Videos

En gran parte los videos combinan los beneficios de leer y de escuchar grabaciones de audio, ya que le proporcionan a la persona la parte visual y la auditiva. También pueden ser una forma de comunicación extremadamente clara en donde las gráficas, diagramas, fotografías y otras formas de gráficas son de utilidad. El famoso entrenador en ventas y autor Zig Ziglar dijo que más de dos terceras partes de la comunicación "no es verbal". Los videos le ayudan a la persona a capturar los componentes visuales de la comunicación en conjunto con los auditivos y de este modo una mejor comprensión.

Los líderes buscan cualquier oportunidad para aprender durante su búsqueda para aumentar la efectividad de liderazgo, lo cual algunas veces incluye videos informativos e instrucción o aprendizaje.

Los Lideres Aprenden por Asociación con Otros Líderes con Éxito

El viejo dicho dice "Los pájaros de la misma especie vuelan en la misma parvada". Otro dicho dice "Dime con quien andas y te diré quien eres", "Somos el producto de los libros que leemos, las cosas que escuchamos y las personas con las que nos asociamos", dice otro dicho. Todos estos dichos provienen de la misma verdad fundamental: nos convertimos en gran medida en las personas con las que decidimos asociarnos. Por esta razón, los líderes deben buscar y asociarse con otros líderes.

Esto puede y debe hacerse de forma interpersonal, y también por medio de seminarios y reuniones que se enfoquen al liderazgo y al campo especifico del líder.

Existe una parte mágica cuando te reúnes con otros líderes que piensan de la misma manera y que buscan las mismas metas. Asistir a seminarios y conferencias refuerza las convicciones y creencias del líder sobre su tarea y también crea relaciones con otros líderes que pueden durar toda la vida y ser de beneficio para ambas partes.

El autor James Autry cita a un cliente de su negocio que dice, "Nuestro negocio esta basado en las relaciones. Siento que los que están en nuestro equipo deben asociarse con otras personas de la empresa, y convertirse en miembros de un grupo. Porque sin esta asociación, el sentido de pertenecer a algo, o mejor dicho, sin un sentido de pertenencia y participación en un esfuerzo de equipo, la persona pierde la noción de lo que estamos tratando de lograr juntos".

Robert Kiyosaki dijo, "tus ingresos serán similares a los de las cinco personas con las que más te llevas". Pero la historia mas conmovedora sobre el poder de asociación la tiene Mark Víctor Hansen, coautor de la popular serie de libros "*Chicken Soup for the Soul*". Cuando inició su carrera tuvo la oportunidad de encontrarse con el famoso entrenador y autor Tony Robbins. Robbins preguntó acerca de la cantidad de dinero que ganaba la gente de su alrededor para discutir carreras y compartir ideas. Hansen respondió que el rango era entre $5 millones y $6 millones al año. Robbins respondió que todos en su grupo de amigos ganaban alrededor de $100 millones al año, ¡lo que explicaba su obvia diferencia de ingresos!

Mientras que la mayoría de nosotros no tenemos acceso a personas con un éxito exorbitante, podemos hacer todo el esfuerzo para leer libros grandiosos y acudir a conferencias y seminarios en las que aparecen aquellos que han tenido éxito en nuestro campo de trabajo. Tiene sentido que al asociarnos con personas con un éxito exorbitante comenzaremos a entender con mayor claridad el pensamiento que está detrás de ese éxito. Por lo tanto, si tenemos la oportunidad de pasar tiempo con aquellos que tienen un nivel de éxito mayor que el nuestro, debemos tratar el tiempo con respeto y valorarlo por ¡la oportunidad de aprendizaje que nos da!

Los Líderes Aprenden de sus Entrenadores y Mentores

Ya hemos discutido las múltiples razones por las cuales buscar una guía es muy importante para el crecimiento y desarrollo del líder. Los entrenadores y mentores en los que se puede confiar son aquellos que tienen "El fruto en el árbol", lo que significa que han tenido logros importantes en el campo de trabajo del líder. Andy Stanley en su libro "*The Next Generation Leader*", "Sin entrenamiento nunca podrás maximizar tu potencial en ninguna área. Es imposible. Puedes ser bueno. Incluso puedes ser mejor que todos los demás. Pero sin influencia externa nunca serás tan bueno como puedes ser. Todos tenemos un mejor desempeño cuando alguien no esta observando y evaluando".

Existe una fina línea de diferencia entre los términos que estamos utilizando en el libro entre "entrenador" y "mentor". Un entrenador es alguien que alienta, guía y desarrolla el desempeño de otra persona. Un mentor es alguien que ayuda a moldear y desarrollar el carácter de otra persona. Los líderes deben buscar y encontrar entrenadores y mentores en los que confía y utilizarlos como la clave principal en su proceso de aprendizaje.

Los Líderes Aprenden del Campo de Acción

Los métodos que hemos discutido anteriormente pueden ser clasificados en dos tipos, teóricos por naturaleza, pero la teoría no es suficiente para un aprendizaje completo. Un viejo proverbio dice, "No dejes que todo tu aprendizaje se base en el puro conocimiento, déjalo entrar en acción". La teoría no es una educación por si misma, es el calentamiento, previo a la experiencia real.

Un aprendiz le pregunto a su maestro, que como había obtenido esa gran sabiduría. "La sabiduría proviene del buen juicio," contesto el maestro "¿De que manera se obtiene el buen juicio?" preguntó el aprendiz. "Experimentando el suficiente mal juicio" contestó el maestro.

No es suficiente solo "experimentar" experiencias. La sabiduría no es un producto secundario que se obtiene con el paso del tiempo. La experiencia evaluada es donde el verdadero aprendizaje sucede. Los líderes deben poner a prueba todo lo que aprenden con la siguiente pregunta, ¿De que manera puedo aplicar esto a lo que estoy haciendo? Al igual que ¿Cómo puedo aprender de lo que acaba de suceder? Según Warren Bennis, "Los líderes aprenden al guiar, y aprenden mejor cuando dirigen y se enfrentan a obstáculos". El mejor profesor que puede tener un líder es, la teoría aplicada a la experiencia activa.

> *No dejes que todo tu aprendizaje te guíe hacia el conocimiento; permítele guiarte hacia la acción.*

Los Líderes Aprenden al Controlar el Flujo

La educación no solamente considera lo que debemos saber, sino que también se enfoca en lo que no debemos hacer "cómo controlar el flujo". Un líder controla de cerca la calidad de las cosas que permite que entren a su raciocinio. Diariamente se nos presenta una gran cantidad de información y puntos de vista, opiniones, comentarios, chismes, difamación, calumnias, información incorrecta, propaganda, y simplemente "comida chatarra para el cerebro". Por lo tanto es necesario filtrar y dejar fuera todo lo que no nos aporta nada para el crecimiento personal. Esto pudiera implicar romper malos hábitos como por ejemplo, demasiada televisión, noticias, periódicos, y programas en la radio. Esto es necesario por muchas razones

Primero, la generalidad de los medios modernos de comunicación simplemente consume demasiado tiempo. Diógenes, escritor griego del siglo III dijo, "El tiempo es la cosa mas valiosa que un hombre puede gastar". Los líderes cuidan su tiempo celosamente y saben que cada hora es preciada. Tiempo perdido en los medios inservibles, es tiempo que se podría usar en tareas más importantes, y definitivamente es tiempo que se podría utilizar para aprender algo valioso. Algo que distingue a los grandes líderes es la intensidad de su poder de enfoque. Enfocarse involucra por un lado el bloquear las distracciones y por el otro concentrarse profundamente en las metas que tiene a la mano. El tiempo que se gana al apagar la televisión o la radio se puede utilizar para escuchar grabaciones en audio, para leer buenos libros o para pensar y planear.

> *Enfocarse involucra por un lado el bloquear las distracciones y por el otro concentrarse profundamente en las metas que tiene a la mano.*

Segundo, el mensaje predominante que se transmite por medio de la mayor parte de los medios de comunicación a nivel nacional es "Celebrar la mediocridad". Hoy en día los medios de comunicación celebran las actitudes y las normas que son todo menos normales y ejercen un efecto debilitante en nuestras actitudes. Comenzamos a pensar que lo anormal es normal y que lo normal es anormal. El arma mas fuerte del líder es su nivel de carácter y sus valores absolutos. Sería irresponsable de nuestras partes permitir que estos nos erosionen con el propósito de "entretenimiento" o "mantenerse informado". Recuerda, los líderes tienen el futuro de las otras personas en sus manos. Si quieren que su camino sea claro entonces sus mentes también deben estar en claro.

La Biblia dice, "Por lo demás, hermanos, todo lo que es verdadero, todo lo honesto, todo lo justo, todo lo puro, todo lo amable, todo lo que es de buen nombre; si hay virtud alguna, si alguna alabanza, en esto pensad". (Filipenses 4:8). Controlar la corriente es controlar los pensamientos en los que tu mente se detiene a pensar.

Aprendizaje Activo: Theodore Roosevelt "Una Campaña para la Auto-Transformación"

Nació en una familia acaudalada en el Este de Estados Unidos, en un distrito "de la alta sociedad". Pero era débil (se referían a el como un "espécimen lamentable"), sufría incesantemente de asma, tenía las piernas pequeñas y delgadas, y los demás niños lo molestaban constantemente. Cuando estaba en la época de la preadolescencia su padre le dijo, "Tienes la mente pero no tienes el cuerpo, y sin la ayuda del cuerpo la mente no puede ir tan lejos como debería. Debes hacer cambios en tu cuerpo. El trabajo es terriblemente difícil, pero se que lo puedes lograr".
Un día leyó un poema titulado "El vuelo de la Duquesa" escrito por Robert Browning, quién describió a un joven duque como:

> El pequeño y más bonito simio
> Que haya afrentado figura humana.
> Todo lo que habían sido los viejos Duques, sin saberlo
> Este Duque fingía lo que era, sin serlo.

Como le comentó al final de su vida a un entrevistador, que la imagen de si mismo reflejada en las palabras de ese poema fue lo que lo impulsó para tomar acción.

El padre de Theodore Roosevelt construyó un "gimnasio casero" para su hijo tímido y delicado, y el hijo se ejercitó en el vigorosamente. Estaba interesado en aprender, recientemente había descubierto que gran parte de su torpeza se debía a la necesidad de lentes de aumento, el joven aumento la intensidad de su educación autodidacta, la cual continuaría así por el resto de su vida.

No había pasado mucho tiempo cuando el joven "Teddy" comenzó a obtener fuerza y confianza en si mismo. A partir de este periodo, pudimos notar en su diario personal que había una disminución notoria de sus enfermedades, y en el mes de agosto de 1871 parece haber tenido buena salud durante todo el mes, su periodo mas largo en años. Comenzó a escalar montañas, nadar en ríos helados, y descubrió que tenía un gran interés por las ciencias naturales. Leía religiosamente, lo que provocó que un amigo de la familia lo llamara "La pequeña bestia más estudiosa que he conocido en mi vida". Pero un desafortunado incidente le enseñó que todavía le faltaba una gran parte del camino por recorrer. De acuerdo con sus propias palabras:

> Después de tener un ataque de asma, me mandaron solo al lago Moosehead. En el viaje en diligencia hacia allá, me encontré a un par de niños que parecían tener mi misma edad, pero parecían más competentes y mucho más traviesos. Se dieron cuenta de que yo estaba predestinado a ser su victima, y desde ese momento procedieron a hacerme la vida imposible. Lo peor fue cuando finalmente traté de defenderme descubrí que ninguno de ellos podía agarrarme fácilmente, y no solo eso, no podían agarrarme de tal modo que por un lado no me lastimaran demasiado, pero por el otro, me pudieran contener para que yo no los lastimara tampoco.

De acuerdo al biógrafo ganador del Premio Pulitzer Edmund Morris, "La humillación forzó a Roosevelt a darse cuenta que los dos años que llevaba haciendo pesas solo le habían permitido obtener resultados mínimos. Sin importar que tan impresionantes fueran los resultados para si mismo, ante los duros estándares del mundo aún era débil. En este momento decidió unirse a lo que después le llamaría "la Comunidad de aquellos que se dedican a Lograr". "Aunque hubiera hecho mucho ejercicio antes, ahora tenía que trabajar el doble".

Roosevelt comenzó a boxear, a cazar y a hacer todo tipo de actividades "agotadoras". Cuando perdía tiempo de estudio por su enfermedad, le pedía a su tutor que le diera el doble de clases para que no se retrasara. Viajó con su acaudalada familia, alrededor del mundo, y por medio de estos enriquecedores viajes el joven Roosevelt, con gran emoción, obtuvo conocimiento mientras navegaba por el Río Nilo o subía las pirámides.

Eventualmente, los esfuerzos de Roosevelt dieron resultado. Comenzaban a verse signos de unos fuertes músculos pectorales que después serían famosos, y había formado los hábitos de la lectura, el aprendizaje, y la investigación, estos hábitos lo guían a través de sus increíbles logros en su vida adulta.

Después, cuando tenía 22 años, antes de graduarse de la universidad, durante una cita médica de rutina, le informaron a Roosevelt que tenía un corazón débil. Cualquier actividad agotadora podía ser un gran riesgo para su salud, y le recomendaron fuertemente a Theodore Roosevelt vivir una vida sedentaria. Le dijeron que si hacía lo contrario era como coquetearle a la muerte. Roosevelt inmediata y abruptamente contestó, diciendo, "Doctor, voy a hacer todas las cosas que usted me dice que no debo hacer. Si voy a vivir una vida corta, no me importa que tan corta sea".

Roosevelt cumplió con su promesa. Trabajó más fuerte y por más tiempo, y pronto sobrepasó a los demás en resistencia física y habilidad atlética. Una de sus parejas de boxeo elogió su ética laboral, y gran determinación al decirle que era un atleta "fabricado" en vez de "natural". Roosevelt dijo, "Por haber sido un niño enfermo y raro, fui un joven nervioso y nunca confié en el poder que tenía. Tuve que entrenarme dolorosa y laboriosamente y no solamente en cuanto a mi cuerpo sino que también en cuanto a mi espíritu". James M. Strock escribió en "*Theodore Roosevelt on Leadership*", "Se sometió a retos cada vez mas osados. Hizo mas que solo ejercicio físico, al expresar su admiración por 'los deportes que desarrollan cualidades como valentía, propósito y resistencia.'" En su autobiografía, Roosevelt escribió:

> Existen dos tipos de éxito, o más bien dos tipos de habilidades para poder alcanzar el éxito. La primera es el éxito…que obtiene la persona que tiene un poder natural de hacer lo que ninguna

otra puede hacer, y que sin importar la cantidad de entrenamiento, perseverancia, o voluntad, la persona ordinaria no lo podría obtener. Este tipo de éxito es el más sorprendente, y solo puede obtenerlo el hombre que posee esa cualidad que lo separa de sus colegas en clase y en grado. El tipo de éxito mas común es aquel que se encuentra a lo largo de la vida y en los diferentes tipos de esfuerzo que obtiene la persona que difiere de sus compañeros, pero no por el tipo de cualidades que tiene, sino que por el grado de desarrollo que le ha dado a dichas cualidades. Este tipo de éxito lo puede alcanzar un gran número de personas, con solo desearlo seriamente. Es el tipo de éxito que esta disponible para las personas promedio…que no tiene ningún atributo fuera de lo normal ya sea físico o intelectual, pero que hace todo lo posible por desarrollar las aptitudes que posee. Este es el tipo de éxito que la mayoría de nosotros tenemos disponible. Sin embargo, algunos de los logros más grandes en la historia han sido los del segundo tipo.

La vida de Roosevelt se convirtió en una campaña de auto-transformación por el tema de "El segundo tipo de éxito". Después de un tiempo dijo, "Nunca obtuve nada sin trabajar duro, ejerciendo mi mejor juicio, planeando cuidadosamente y trabajando de antemano". En el libro "*The Rise of Theodore Roosevelt*", Edmund Morris dijo, "Incluso su tiempo 'libre' estaba cargado de actividad mental, física o social. Uno de sus compañeros de clase dijo 'Siempre estaba trabajando.' Otro que estaba maravillado dijo: 'Nunca había visto o leído sobre un hombre con esa clase de increíble interés.' Cuando se acostaba en la cama, a media noche o en los tiempos libres, Theodore podía deleitarse con un cansancio sano, estaba satisfecho de que no había desperdiciado ni un minuto de su tiempo".

Elting Morison escribió, "Existe una aparente determinación sorpresiva a lo largo de su vida. La energía y el talento que poseía no fueron dados al nacer; los adquirió a lo largo de los años por medio de un sorprendente y sostenido acto de voluntad". Según decía James M. Strock,

"El aprendizaje era, literalmente, una parte vital y una fuerza viviente para le liderazgo de Roosevelt. La preparación de su liderazgo mediante el auto-dominio inició teniendo libros a su lado. Durante su periodo de liderazgo estuvo constantemente informado y se desarrolló al leer, escribir, conversar, corresponder y a través de una extraordinariamente extensa… búsqueda de experiencias. La sed de aprendizaje que Roosevelt poseía nunca se apagó. Como ejecutivo, [Roosevelt] frecuentemente desarrollaba relaciones especiales con…expertos que iban un paso mas allá de la transmisión de información y conocimiento".

El programa de auto-dominio de Roosevelt determinó su fructífera vida que es casi intimidante revisar. Viajó mucho, de las pirámides de Egipto, a la jungla del Amazonas, a los castillos de Europa, a safaris en África y al acarreo de ganado por tierras del Oeste de los Estados Unidos. Fue parte de la Guardia Nacional de Los Estados Unidos. Después durante la guerra de España-América creó su propio régimen y obtuvo fama nacional por ser el valiente comandante que guió al Regimiento de caballería "Rough Riders" a la cima de la montaña de San Juan para obtener la victoria en Cuba. Compró y dirigió un rancho de ganado en el territorio de las Malas Tierras de Dakota cuando el Este estaba muy tranquilo "salvaje".

Durante un invierno, unos bandidos le robaros su canoa del río que pasaba cerca de su propiedad. Durante la peor parte de una tormenta los siguió muchos kilómetros río arriba, los capturó a punta de pistola, los amarró y los transporto de regreso al pueblo. Cuando no estaba involucrado en estas aventuras, Roosevelt fundó la Asociación Nacional de Atletismo Colegiado y se convirtió en el presidente de la Asociación Americana de Historia. Escribió treinta y ocho libros. Además era un padre dedicado y un esposo activo.

Fungió en múltiples y diferentes puestos públicos como: Presidente de la Comisión de Policías de la Ciudad de Nueva York; Alcalde de la Ciudad de Nueva York; secretario asistente de la marina; Gobernador de la Ciudad de Nueva York; Vicepresidente de Estados Unidos y después al iniciar los cuarenta años se convirtió (y sigue siendo) el Presidente mas joven en la historia de los Estados Unidos. Sus esfuerzos como presidente resultaron en 230 millones de hectáreas que se convirtieron en Reservas y Parques Nacionales, incluyendo Yellowstone, El Gran Cañón, y Yosemite. Fue una pieza fundamental para que iniciara la revolución en Panamá lo que llevó a la creación del país y como resultado el canal de Panamá. Su administración creó el Departamento de Comercio, el Departamento del Trabajo, el Servicio Forestal de E.U.A. y fortaleció considerablemente a la Marina de Estados Unidos. Inició la creación de la Ley sobre Medicamentos y Alimentos la FDA, "*Food and Drug Act*", y la Ley de responsabilidad de los Empleados Federales "*Federal Employers' Liability Act*", mientras redujo la deuda nacional en $90 millones. Fungió como mediador durante el "Tratado de Portsmouth" dando como resultado el fin de la guerra entre Rusia y Japón. Incluso fue el primer americano que ganó el Premio Nobel y le concedieron la Medalla de Honor, haciéndolo el único americano que ha ganado ambos galardones.

Una vez Roosevelt dio la mano a 8,150 personas en un día, con lo cual ganó un lugar en el libro "*Guinness de Records Mundiales*". Roosevelt también fue uno de los primeros americanos que voló en un avión y uno de los primeros que viajó bajo el agua en un submarino, y sigue siendo la única figura nacional que después de que le dispararan en el pecho a quemarropa todavía dio un discurso de 90 minutos antes de buscar atención médica. (La bala permaneció en sus músculos del pecho hasta su muerte 6 años después).

Después de leer esta lista de logros tan impresionantes y diversos, es importante recordar que Roosevelt le atribuyó a todos sus logros a la "segunda clase" de éxito, la clase de éxito que se tiene que buscar deliberadamente y por la cual se tiene que trabajar. Como Hermann Hagedorn concluyó, "la historia de Theodore Roosevelt es una historia de un niño que leyó sobre grandes hombres y decidió que quería ser como ellos…y lo logró". Strock dijo, "Roosevelt se visualizó a sí mismo como un hombre que ha alcanzado su posición gracias a sus propios esfuerzos, en el sentido en el que el 'hizo' su cuerpo y simultáneamente fortaleció su mente y su espíritu".

Theodore Roosevelt es probablemente el mejor ejemplo que hay para el principio del Primer Nivel de Influencia. Se autoevaluó honestamente y determinó en donde estaba parado personalmente y con todo respeto, intelectualmente, espiritualmente, físicamente y emocionalmente y se dio cuenta de que no sabía lo que no sabía. Después decidió que iba a hacer algo al respecto. Buscó el aprendizaje en todas sus formas (*Somos tan buenos como aquello que aprendemos*), incluyendo el leer, viajar, aprender de diferentes personas, buscar mentores expertos, preguntar y escuchar y por encima de todo por medio de su enorme capacidad de acción, *aplicando* todo lo que sabía a su vida diaria. Vio el aprendizaje como uno de los privilegios y alegrías más grandes de la vida, se comprometió vorazmente, y *continuó con su aprendizaje, crecimiento y cambio* durante toda una vida repleta de energía. En su juventud cuando se encontraba atascado en el Primer Nivel de la Influencia, eventualmente destrozó sus límites y subió corriendo por las escaleras de la influencia, diciendo, "La vida trae consigo penas y alegrías a la par. El verdadero reto de su entereza, es lo que la persona hace con dichas penas y alegrías, no lo que ellas le hacen a la persona.

Resumen

Los líderes no pueden graduarse del primer Nivel y subir a los subsecuentes Niveles de la Influencia hasta que hayan dominado los fundamentos del aprendizaje. El aprendizaje debe adoptarse como una forma de vida, si la persona quiere sobrevivir como líder. En este Primer Nivel de Influencia en donde el líder desarrolla y continua desarrollando habilidades que los guiarán a través de los retos por venir. A través del proceso de aprendizaje, la competencia del líder debe ser obvia para todas las personas. Cuando esto empieza a pasar entonces el líder avanza al Segundo Nivel de Influencia.

CAPÍTULO 7

El Segundo Nivel de Influencia: El Desempeño

Cuando tu trabajo hable por sí mismo, no interrumpas.

—HENRY J. KAISER

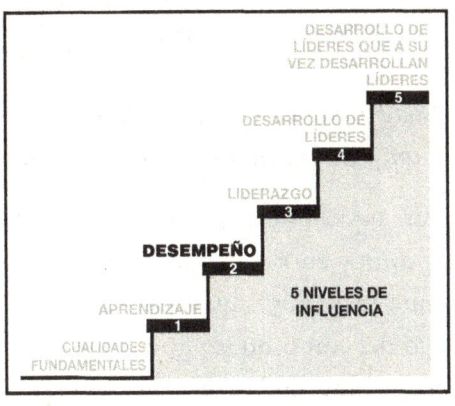

El segundo de los Cinco Niveles de Influencia es convertirse en una persona con buen desempeño. Si el líder nuca va más allá del Nivel 1, no llegará muy lejos. Esto es porque más que otros niveles, el Primer Nivel es en gran medida una preparación para los siguientes niveles. Es en el segundo nivel donde comienza el logro. En este capítulo los términos Nivel 2, Líder y Desempeño se usarán de manera intercambiable.

En el Segundo Nivel de influencia, el pequeño jugador de fútbol del capítulo anterior ahora se está enfocando en un desempeño fundamental.

Continua aprendiendo, por supuesto, pero su prioridad principal es mete goles, bloquear tiros y convertirse en un jugador clave para su equipo.

La Suposición o el "Arte" del Desempeño

Convertirse en una persona con buen desempeño requiere cierta manera de pensar. Comienza con las suposiciones correctas o maneras de pensar. Si no tienes los pensamientos adecuados o las suposiciones adecuadas, entonces tu desempeño se verá muy limitado. Pensar adecuadamente es el cimiento para actuar correctamente, y el actuar correctamente permite que el desempeño surja. Por ello, para convertirte en una persona con buen desempeño, que es un paso muy importante para convertirte en un líder, deberás interiorizar y operar por medio de varias suposiciones.

Las Personas con un Buen Desempeño Entienden que los Resultados Vienen de un Esfuerzo Personal.

En el Segundo Nivel de Influencia, los logros del líder son propios en gran medida. Su influencia se extiende tan lejos como su propia habilidad de desempeño, y no más lejos. El segundo nivel es crítico, y puede tener gran impacto, como veremos a continuación. También es un prerrequisito para cualquiera de los siguientes Niveles de Liderazgo.

Las Personas con un Buen Desempeño Entienden que los Campeones, no nacen siendo campeones.

Para aquellos que son nuevos en el tema del liderazgo o del éxito, parece común y corriente que los campeones siempre han tenido éxito. No hay mito más grande que este. Los campeones se vuelven campeones por medio del compromiso que surge a partir de la decisión de ser magníficos. Este compromiso se aplica al aprendizaje, al crecimiento, al cambio, al desempeño, al acoplarse, y al mejorar. Aplica esta formula, con el tiempo, con entusiasmo y *ahí* es donde Nacen los campeones. No nacen siendo campeones.
El gran maestro del Golf Tiger Woods es un jugador dominante. Ha

ganado casi todos los títulos de golf imaginables. Para muchos, su aparición fue abrupta en el escenario de golf internacional como si hubiera salido "de la nada". Sin embargo su viaje a la cima fue largo, arduo y de hecho *planeado*. En televisión nacional pasaron un fragmento de Woods practicando todos los días para algún día "ganarle a Jack Nicklaus" cuando tenía cinco años de edad, Esta es una meta difícil de logar para cualquiera, ¡más aún para un niño de cinco años! Pero Tiger Woods viviría para alcanzar esa y muchas otras metas.

> *"De hecho, soy un éxito repentino ¡Pero me tomo veinte años lograrlo!"*

En las historias de los campeones podemos ver una y otra vez que los ellos no nacieron así. Como dijo Monty Hall, "De hecho, soy un éxito repentino ¡Pero me tomo veinte años lograrlo!"

Las Personas con un Buen Desempeño Saben que Habrán Muchas Oportunidades Para Sentirse el Segundo Mejor

Algunas veces las personas luchan para poderse convertir en personas con un buen desempeño y parece que no hubiera escasez de situaciones que los expone contra su propia mala imagen personal. Además, siempre se encuentran con situaciones que nos exponen a estos sentimientos de inferioridad. Todos los tenemos. Pero las personas con un buen desempeño saben que deben salir adelante, a pesar de estos sentimientos y no en la ausencia de ellos. Es una decisión. Muchas veces sentiremos que no somos dignos de alcanzar cierto logro, por lo tanto debemos sentirnos dignos. Podemos sentir que no estamos a la altura de nuestras metas, y esta es la razón para el crecimiento personal deliberado. Debido a que nuestro potencial sobrepasa nuestra realidad actual, es normal tener algunos sentimientos de inferioridad. El crecimiento personal cierra esta brecha. El crecimiento no puede ser opcional para una persona que quiere alcanzar su potencial. Es un requerimiento. Las personas con un buen desempeño toman esos sentimientos de inferioridad y le dan un giro prefiriendo verlos como mediciones de su potencial.

Las Personas con un Buen Desempeño Entienden que Nada que Realmente Valga La Pena Puede Obtenerse con Facilidad

El Presidente Theodore Roosevelt dijo, "hasta ahora no ha existido persona alguna en nuestra historia que haya tenido una vida fácil, que valga la pena recordar".

El éxito no vendrá fácilmente, y si lo hace, no es realmente éxito. Las personas que se ganan la lotería muchas veces pierden sus ganancias después de algunos años; en términos financieros terminan peor de lo que estaban antes de comprar el boleto ganador. Esto se debe a que no aprendieron nada y no tuvieron crecimiento personal al *ganar* esa riqueza, y sin las lecciones que se aprenden al ganar dinero, la riqueza no se puede preservar.

> *El éxito siempre se encuentra del lado opuesto de la inconveniencia.*

El éxito exige un precio, pero también entrega un premio. Siempre habrá un intercambio entre el esfuerzo y recompensa. Las personas con un buen desempeño saben que nada que vale la pena se obtiene fácilmente, ni esperan que las cosas pasen de la noche a la mañana. Saben que el éxito siempre se encuentra del lado opuesto de la inconveniencia. Para convertirse en una persona que tiene un buen desempeño se requiere madurez para trabajar por algo que aún no has visto, fe en el resultado que sólo has imaginado, y persistencia cuando los demás se han rendido.

La recompensa que viene del esfuerzo solamente se puede obtener si no te das por vencido. La persistencia es la clave. Robert Strauss dijo sobre el éxito, "Se parece un poco a luchar en contra de un gorila. No te puedes dar por vencido cuando tu estás cansado, te das por vencido cuando el gorila está cansado".

Las Personas con un Buen Desempeño no Esperan que los Traten Justamente

Si ves cualquier grupo de niños jugando solo es cuestión de tiempo para que escuches a uno de ellos gritar, "No es justo". Incluso desde niños tenemos un sentido jugar limpio, un sentido de justicia. Las personas con un buen desempeño saben que a lo largo de su vida se van a encontrar con muchas situaciones que "no son justas". No faltaran las personas que nos harán el mal, que harán trampa, que mientan, que robaran y que simplemente hieren a los demás. Las personas con un buen desempeño toman esto en consideración y buscan la excelencia de todos modos, enfocándose únicamente en lo que pueden controlar.

En la pared del hogar de los niños de la Madre Teresa de Calcuta encontramos la siguiente inscripción:

De Todas Maneras

Las personas no son razonables, son ilógicas y egocéntricas.
> Ámalos de Todas Maneras

Si haces el bien, las personas te acusarán de ser egoísta.
> Haz el bien de Todas Maneras

Si tienes éxito ganarás amigos falsos y verdaderos enemigos.
> Logra el éxito de Todas Maneras

Las cosas buenas que hagas hoy será olvidadas mañana.
> Haz cosas buenas de Todas Maneras

La honestidad y la franqueza te harán vulnerable.
> Se honesto y franco de Todas Maneras

Lo que tardes años en construir se puede derrumbar en un abrir y cerrar de ojos.
> Construye de Todas Maneras

Las personas que realmente necesitan ayuda te van a atacar si los ayudas.
> Ayuda a las personas de Todas Maneras.

Si le das al mundo lo mejor que tienes recibirás una patada en los dientes.
> Dale al mundo todo lo que tienes de Todas Maneras

En el mundo de los deportes existe un dicho que dice que el equipo debe jugar lo suficientemente bien para tener un mejor desempeño que los árbitros. Lo que significa es que muchas veces los árbitros te penalizan injustamente. Un equipo profesional esta conciente de ello, y por lo tanto determina que va a jugar lo suficientemente bien para compensar dos o tres penalizaciones injustas. De esta manera deben comportarse aquellos que aspiran convertirse en personas con un buen desempeño. Debemos prepararnos para tener un desempeño lo suficientemente bueno para rebasar cualquier contratiempo injusto que surja en el camino.

La vida no es justa, y de una manera u otra es verdad para todas las personas. Las personas con un buen desempeño están concientes de esto y de todas maneras ganan.

Las Personas con un Buen Desempeño Saben que Siempre Habrá Críticos

En el camino hacia el éxito, el sonido más fuerte que va a escuchar el líder es el grito de los críticos. Los críticos son numerosos y persistentes. Aparecen de la nada cada vez que una persona quiere hacer algo que vale la pena. Las personas con un buen desempeño están concientes de esto y aprenden a ignorar los críticos mientras que se mantienen enfocados en su visión y propósito. Y como lo hemos dicho anteriormente, podemos afirmar que la manera más efectiva para fracasar es intentar complacer a todos los demás.

> *El aprender a convertirse en una persona con un buen desempeño tiene que incluir no distraerse cuando las personas lo critiquen.*

Sam Walton, Fundador multimillonario de Wal-Mart, dijo, "Nada en contra del flujo del río. Ve hacia el otro lado. Ignora la sabiduría convencional. Pero prepárate para que mucha gente te diga que vas en sentido contrario".

El aprender a convertirse en una persona con un buen desempeño tiene que incluir no distraerse cuando las personas lo critiquen. Los grandes líderes a lo largo de la historia lograron sus metas a pesar y no en ausencia de enormes críticas.

Abraham Lincoln, uno de los presidentes más estimados de Estados

Unidos por preservar la Unión durante la turbulenta Guerra Civil y por ponerle fin a la esclavitud de una vez por todas, quizás es uno de los mejores ejemplos de la compostura bajo crítica. La elección de Lincoln como presidente precipito la tormenta que había estado latente por mucho tiempo. Durante el lapso entre su elección y su toma de posesión, siete estados se separaron de Los Estados Unidos y formaron su propio país. El antecesor de Lincoln había perdido las esperanzas y no hizo nada al respecto. El Congreso estaba igualmente atorado e este respecto. Los nuevos Estados Confederados de Las Américas (Confederate States of America), rápidamente tomaron el control de los fuertes y los depósitos del ejército en el territorio sureño. Controlaban casi todo el Río Mississippi y parecía que tenían la intención de atacar a la casi indefensa la ciudad Capital de Washington. El ejército de Estados Unidos era muy pequeño y no estaba preparado para una guerra. Lincoln había recibido amenazas de muerte, y su inauguración sucedió bajo una nube de miedo. Donald T. Phillips escribe en "*Lincoln on Leadership*", "La nación estaba en la mas severa y siniestra crisis que se haya visto en la historia de Los Estados Unidos…y no existía liderazgo efectivo en ninguna parte del gobierno".

Ante esta oposición se encontraba Abraham Lincoln, un desconocido abogado de provincia que ni siquiera podía exigir el respeto de su propio gabinete. Su única experiencia política había consistido en un término en el congreso, y su elección para la presidencia se logró con una minoría del voto popular

El presidente Lincoln perseveró a través de la crítica mas hostil que uno pudiera imaginar, bajo circunstancias graves y un sufrimiento personal inmenso (por la muerte de su hijo). A pesar de esto, no buscaba la aprobación de las demás personas, ni los halagos de las masas. Se enfoco en su gran meta de preservar la Unión y confiaba en el hecho que "La Razón Da el Poder".

En menor grado, las personas con un buen desempeño en cualquier campo deben aprender estas mismas lecciones, deben darse cuenta que aquel que dice que no se puede lograr, nunca debe ponerse en el camino de aquél que lo está logrando. Recuerda, nadie ha hecho algo que valga la pena sin que haya sido criticado.

Quizás el General de la Confederación Robert E. Lee lo dijo de manera más sucinta: "Es mejor hacer tu deber lo mejor posible de acuerdo con tus habilidades, dejando el resto a un futuro con un juicio más tranquilo y una Providencia más benévola".

Las Personas con un Buen Desempeño Saben que Siempre Existirán Adversarios Fuertes

La competencia nunca duerme, esta es la razón por la cual ganar es como perseguir un blanco en movimiento. Las personas con un buen desempeño deben desarrollar su madurez, para darse cuenta de que siempre va a existir un rival para oponerse a sus logros. Este rival puede aparecer en la forma de una competencia sana por cierta posición o logro, pero también puede aparecer como alguien que esta comprometido a oponerse a tu éxito y que trabaja para asegurarse que fracases. Sin importar cómo aparece, la grandeza siempre tiene oposición. Las personas con un buen desempeño están concientes de esto y lo usan para mejorar. Como dijo un atleta Olímpico, "La competencia solo esta ahí para mantenerme honesto, para asegurarse que tenga el mejor desempeño posible".

Las Personas con un Buen Desempeño Entienden que las Personas que se Preparan van a Tener malos Momentos.

El grandioso beisbolista Hank Aaron una vez dijo, "Cuando uno juega pelota, o en la vida, las personas ocasionalmente tienen la oportunidad de hacer algo grandioso, cuando llega ese momento, solamente importan dos cosas: estar preparado para poder aprovechar el momento y tener la valentía de dar tu mejor batazo (hacer tu mejor esfuerzo)".

> *El éxito llega cuando se conjugan la oportunidad y la preparación.*

Pat Summitt, la legendaria entrenadora del equipo de baloncesto Volunteers de la Universidad de Tennessee, nota que "todos quieren ganar. Pero muy pocas personas están dispuestas a *prepararse* para ello. No hay mucho que puedas controlar en esta vida. Pero lo que si puedes controlar es que tan duro trabajas realmente". El éxito llega cuando se conjugan la oportunidad y la preparación. Lo que una persona hace cuando no hay resultados visibles es lo que determinará en el futuro la magnitud de su grandeza. Una persona que tiene buen desempeño aprende a prepararse a pesar de que no existan aplausos o retroalimentación positiva, confiando en que el día que la oportunidad aparezca el arduo trabajo tendrá su recompensa. El jugador de baloncesto Christian Laettner, quién fue entrenado por Mike Krzyzewski, o el "Entrenador K," en la Universidad de Duke, dijo, "Ganamos campeonatos en Duke por lo que paso a puerta cerrada". El entrenador John Wooden dijo, "Debes. . . darte cuenta que tu meta va a ser el producto de todo el esfuerzo y pensamientos correctos que has hecho a lo largo del camino, es decir a través de tu preparación. La preparación es en donde se encuentra el éxito". De acuerdo al astronauta John Glenn, "El mejor antídoto contra la preocupación, no importa si te estás preparando para un vuelo en una nave espacial o enfrentando a un problema de la vida diaria, es la preparación. Entre mas trates de visualizar lo que podría pasar, cual sería tu mejor respuesta y que opciones tienes, más tranquilo te podrás sentir sobre lo que va a ocurrir en el futuro".

Lo que distingue a una persona que verdaderamente tiene un buen desempeño, quizás está descrita en la letra de una vieja canción de rock: "Cuando mi barco atraque estaré listo" (*When my ship rolls in I'll be ready*".)

Las Personas con un Buen Desempeño Saben que La Actitud Conquista a las Circunstancias

La actitud es primordial para entender el desempeño de un líder. Zig Ziglar nos dice, "Tu actitud, y no tus aptitudes, determinará tu altitud". Michel de Montaigne dijo, "Un hombre no se lastima tanto con lo que pasa, lo que le lastima es su opinión de lo que pasó" La actitud de un líder es crítica para lograr el éxito.

Uno de los programas de entrenamiento más demandantes que podemos encontrar en todo el ejército de Estados Unidos es el de los SEALs *"Basic Underwater Demolition—Sea, Air, Land, o BUD/SEAL"* la calificación se lleva a cabo en Coronado, California. Es agotador, difícil y físicamente muy demandante. Muchos candidatos renuncian antes de la competencia. Es muy interesante que no fracasen por falta de condición física o habilidad. De acuerdo a uno de los instructores del programa, "la actitud de la persona que esta en entrenamiento tiene mucho que ver con su éxito en Coronado al igual que si habilidad física. No es fortaleza física, es fortaleza mental. Una buena condición física es el resultado de la integridad personal". Parece que la actitud sigue siendo un factor determinante a pesar de que el cuerpo tenga la capacidad.

Una de las claves para tener y mantener una actitud positiva es enfocarse solamente en lo que puedes controlar. Como dice el dicho, "No existe el clima malo, ¡solo existe la ropa inadecuada!"

Las Personas con un Buen Desempeño Entienden que el Deseo mata al Talento

Cada individuo viene a este mundo con un grupo de circunstancias únicas. Las vivencias de la familia, educación, relaciones y características físicas son diferentes para todas las personas. Los niveles de talento y las oportunidades son variables. Las personas no son iguales en todas las cosas, pero los resultados pueden equipararse al esfuerzo. Hacer lo mejor que puedes con lo que tienes es el éxito, y el hacerlo nace del deseo.

Séneca, el moralista, filósofo y político romano dijo, "la parte mas grade del progreso es el deseo de progresar". Las personas con un buen desempeño saben que el deseo eventualmente le gana al talento. Las personas no pueden cambiar sus habilidades innatas, pero si puede controlar la manera en la que usa lo que tiene.

Las Personas con un Buen Desempeño Nunca Pueden Estar Satisfechas

La Biblia dice, "la prosperidad de los necios los echará á perder". (Proverbios 1:32). Como se mencionó anteriormente, la estructura misma del soporte del liderazgo es el hambre: un deseo fuerte y productivo para afectar al status quo de manera positiva. La ambición muere cuando la satisfacción se vuelve dominante. Conforme los líderes se desempeñan y comienzan a traer su visión a la realidad, siempre existirá la tentación de volverse flojo o complaciente, para ceder a la satisfacción de un trabajo bien hecho. Las personas con un buen desempeño deben resistirse a esto y esforzarse para mantener su hambre y hacer que su visión crezca y se vuelva más grande.

> *"No ambiciones el éxito, ambiciona la excelencia".*

Nunca seremos perfectos, pero nunca debemos de dejar de intentarlo. Si los líderes verdaderamente tienen hambre por lograr la excelencia, su búsqueda nunca estará completa y por lo tanto nunca estarán totalmente satisfechos. La excelencia siempre puede ser mejor. Como dice el dicho, "si lo que hiciste ayer todavía parece ser demasiado grande, entonces hoy no has hecho lo suficiente".

Las Personas con un Buen Desempeño Saben que Existe un Poder en las Creencias

Anton Chekhov dijo, "El hombre es en lo que cree". John Stuart Mill escribió, "Un persona con una creencia tiene la misma fuerza que noventa y nueve personas que solamente tienen interés". En el libro *"What to Say When You Talk to Your Self"*, el autor Shad Helmstetter nos dice, "El cerebro simplemente cree lo que le digas con mayor frecuencia. Cualquiera que sean los pensamientos que tienes programados en ti, o que le hayas permitido a los otros programar en ti, están afectando, dirigiendo y controlando todo lo que tiene que ver contigo". Parece que existe una tendencia natural para que todo esto que "programamos" tenga un efecto negativo por naturaleza. Helmstetter continua, "si crecimos en una casa promedio, razonablemente positiva, a todos nos decían '¡No!' o lo que no podíamos hacer mas de ¡148,000 veces! Alrededor del setenta y cinco por ciento o mas de todo esto esta grabado y guardado en nuestro subconsciente lo cual es contra productivo y trabaja en contra de nosotros, en breve, ¡estamos programados para fracasar!" Tal vez esta es la razón por la cual tantas personas nunca se desarrollan como líderes y creen que el éxito es inalcanzable. Lo que creemos va a pasar y lo que realmente pasa es en gran medida lo mismo. Existe una cantidad de autorrealización tanto en la preocupación como en el optimismo. Los ganadores escogen utilizar el poder de creer para lograr un resultado positivo. David Schwartz dice, "Cree, de verdad cree que puedes tener éxito, y seguramente lo tendrás". Existe una historia que trata de un escolar ruso que tenía una relación calida con su padre. Para expresar su amor, el padre regularmente le decía "Hijo, siempre estaré aquí para ti". Después, un día, hubo un terremoto, el más fuerte que le haya tocado vivir a Asia en toda su historia, y derrumbó la mayoría de los edificios del pueblo. La escuela en la que estaba el niño también se incluyó en la destrucción. Durante muchos días el padre buscaba entre los escombros con nada más que sus propias manos. Cavo casi todo el tiempo solo, algunas veces lo ayudaba alguien que iba pasando. Aquellos que veían al padre desesperado le decían "Ríndete, déjalo ir". "Ya no está entre los vivos". Pero el padre estaba aferrado a creer que iba a encontrar vivo a su hijo. Finalmente, sacaron al niño de los escombros, vivo con algunos otros niños de su clase que creyeron en lo que el niño decía: "mi padre va a venir. Créanme, va a venir. Dijo que siempre iba a estar ahí para mi, y ¡va a venir!" el niño y sus amigos sobrevivieron sin agua y sin comida por varios días, solo por la creencia de que iban a ser rescatados. El papa del niño realizó una hazaña físicamente casi imposible, al creer que iba a encontrar vivo a su hijo.

Existe un poder en el hecho de creer. Es un hecho que las creencias controlan la realidad. Creer en algo obliga a los líderes a alcanzar aquello que es inalcanzable para los demás. Permite a las personas empujarse a través de lo que parece imposible. Jala a las personas para que persistan a pesar de que todas las evidencias sugieran que debería renunciar. Las personas con un buen desempeño aprenden a adoptar fuertes creencias que les permiten hacer lo que hacen. ¡Las cosas buenas normalmente les suceden

> *"Cree, de verdad cree que puedes tener éxito, y lo tendrás".*

a las personas que creen que les van a suceder!

Acciones o la "Ciencia" del Desempeño

Después de entender firmemente las suposiciones, los líderes en desarrollo deben comprender que tienen que convertirse en una persona que tiene un buen desempeño, es apropiado investigar las *acciones* del desempeño, o el lado "científico" de lo que significa convertirse en una persona que tiene un buen desempeño.

Las Personas con un Buen Desempeño Trabajan Como Parte Integral un Equipo

Los líderes en el Nivel 2 deben reconocer que van a tener más logros si trabajan como parte integral un equipo, mas de lo que lograrían solos. Ray Kroc, fundador de McDonald's Corporation, dijo, "Ninguno de nosotros es tan importante como todos nosotros". Y claro, existen siglas famosas: TEAM, Together Everyone Achieves More. (EQUIPO, Juntos todos logramos mas.). Los líderes que están aprendiendo a tener un buen desempeño deben darse cuenta de que son una parte primordial del equipo, y que deben dirigir sus esfuerzos en todos los medios posibles para hacer que ese equipo funcione como debe funcionar (como uno de los dientes del engrane). Después de ayudar al equipo de fútbol americano New England Patriots de la NFL a ganar su tercer campeonato de la AFC en cuatro años, el defensa Ted Jonson comentó, "Hemos creado una cultura de éxito, que comienza con el dueño del equipo….y penetra a través de toda la organización. Nunca podrás poner el suficiente énfasis en el carácter de los jugadores. Nuestros jugadores creen unos en los otros, creen en sus habilidades, y están dispuestos a sacrificarse por el bien común". Así es como funcionan los ganadores, como parte de un equipo, y de esta manera es como ganan los equipos.

Las Personas con un Buen Desempeño Edifican el Liderazgo de la Organización

En conjunto con darse cuenta del papel que deben jugar en la estructura integral del equipo, los líderes que se quieren convertir en personas con un buen desempeño deben edificar el liderazgo de su organización. ¿Qué significa edificar? El uso que nosotros le estamos dando significa "elevar a los demás" por medio de palabras y respeto. Esto no significa un tipo de extraña veneración o idolatría. La edificación de los líderes sobre la autoridad que se encuentran por encima de él es simplemente la manera en que las personas con un buen desempeño amplían su trabajo y fortalecen los lazos del equipo en general. Es también el modo de demostrar respeto. La edificación puede lograrse por medio de elogios, al mostrar respeto por medio de acciones, y al ocuparse de anunciar los logros del liderazgo. Esto es importante por que establece las pautas bajo las cuales va a ser tratado el líder por sus seguidores conforme asciende los Niveles de la Influencia en su propia trayectoria. La edificación se remonta a la Regla Dorada que dice: "Trata al prójimo como quisieras que te trataran a ti mismo". Si un líder en desarrollo, consistentemente busca el bien para el liderazgo de la organización y difunde ese mensaje, se le revertirá con grandes creces.

Las Personas con un Buen Desempeño Promueven el Sistema de Capacitación y un Ambiente de Aprendizaje

Los líderes que se encuentran en el Nivel del Desempeño también deben de aceptar el sistema de capacitación y un ambiente de aprendizaje en su organización. Lo que significa que no solamente lo deben aprovechar para si mismos, sino que también deben promoverlo para los demás en la organización. De esta manera las personas con un buen desempeño expanden su energía a través de la organización y también faculta a los demás para aprender y crecer. Promover significa ayudar a los demás a entender los beneficios de algo. Existe una manera apropiada para hacerlo a cual consiste en tres pasos:

1. Anuncia
2. Explica
3. Promueve

Cuando se esté promoviendo una faceta del sistema de capacitación, primero los líderes lo deben anunciar claramente. Los anuncios simplemente incluyen los hechos acerca de algo, por ejemplo que, cuándo, cómo y dónde. Después, los líderes deben explicar el evento o ayuda de capacitación con suficiente detalle para comunicar cualquier información sobre antecedentes que le pueda ayudar a la persona que escucha a entender exactamente lo que se está promoviendo. Finalmente, los líderes deben promover cualquier cosa importante o relevante para la persona que está escuchando. Recuerda, la cosa por la que más se preocupan las personas cuando están escuchando algo nuevo es, ¿Qué obtengo yo e todo esto? En este punto es de gran ayuda el hecho que el líder se haya tomado el tiempo para conocer a las personas que están a su alrededor, como ya lo habíamos mencionado. En dichos casos, los líderes pueden promover específicamente las necesidades y habilidades de las personas que lo están escuchando, y así asegurarse de la relevancia del mensaje.

La clave de la promoción es el concepto de algo "único y particular". Al estar promoviendo cualquier faceta de la organización, en primera instancia el líder se debe preguntar, ¿que tiene esto que lo hace único o particular? Tal vez es la primera vez se hace dicho evento, o quizás es el último. Tal vez es una técnica de capacitación que apenas se descubrió pero que ha tenido resultados increíbles. Cualquiera que sea el caso, los líderes deben buscar esa característica única y particular antes de empezar a promover. Esto le añade valor a lo promovido y le da más relevancia a la persona que esta escuchando.

Los líderes entienden que la habilidad de promover efectivamente es importante para facultar al equipo que los rodea y así llevarlos a niveles más altos de logros. Cunado esto sucede, todos ganan.

Las Personas que Tienen Buen Desempeño Siguen los Métodos que Han Sido Previamente Probados.

Conforme pasa el tiempo, se han comprobado que ciertas técnicas y estrategias funcionan para todas las organizaciones y tareas. Los lideres que están en camino de volverse personas con un buen desempeño deben aceptar estos métodos que han sido probados y esforzarse para conocerlos y convertirse en expertos en ellos. Su meta debe ser dominar estos patrones de desempeño. Existe un lugar y un tiempo determinado para innovar e incluso para cambios radicales, pero no en este nivel. Si un líder no ha dominado las estrategias y patrones básicos, no va a tener en donde apoyarse cuando intente iniciar un cambio. En dicho caso, no lo van a tomar en serio y va a tener una influencia mínima.

Recuerda, el liderazgo significa influencia. Si un líder no cuenta con un registro de desempeño, ese líder no tendrá influencia. La manera más rápida y efectiva para obtener un registro de desempeño es por medio de un dominio de los patrones del éxito que ya están establecidos en la organización. La meta de cualquier líder que se esfuerza en convertirse en una persona que tiene un buen desempeño es que toda la organización se de cuenta de sus habilidades con los patrones que han sido probados. Esto le dará una plataforma y la experiencia necesaria para ayudar a los demás a lograr resultados similares. Esta es la ruta de la influencia. Tal y como escribió el Marques de Halifax en 1693, "Cuando un caballero ha aprendido a obedecer, se convierte en un líder mas capaz".

> "Cuando un caballero ha aprendido a obedecer, se convierte en un líder mas capaz".

Las Personas con un Buen Desempeño Construyen Sobre Fortalezas Básicas

Si las personas no fueron creadas iguales en todo, entonces las personas son desiguales en una gran variedad de cosas. Esto significa que algunos son mejores que otros en algunas áreas. Las personas con un buen desempeño aprenden a usar sus fortalezas para obtener el éxito, mientras que en segundo plano trabajan para minimizar los defectos de sus debilidades. Construyen sobre sus fortalezas y no alimentan a sus debilidades. No hay nadie que sea bueno para todo, pero todos somos buenos en *algo*. El éxito viene al identificar las fortalezas y construir sobre ellas.

Las Personas con un Buen Desempeño son Proactivas

Los líderes deben ser absolutamente proactivos. La iniciativa personal no es opcional para un líder. Tiene la responsabilidad exclusiva de motivarse a si mismo. Por esta razón comentamos con gran detalle acerca de los diferentes tipos de motivación en los capítulos anteriores de este libro. Los líderes deben saber que lo que los motiva, y deben estimularse constantemente para mantenerse motivados. Algunas veces, los líderes en crecimiento le preguntan a sus mentores si deben hacer una u otra cosa para ayudar a mantenerse motivados; un mentor sabio contestaría que a pesar de que este dispuesto, sabe que fallaría miserablemente. No existe una fuente de circunstancias externas en la que se puede confiar que le proporcione motivación consistente a una persona que tiene un buen desempeño. Es un trabajo interno. Los líderes deben aceptar esta verdad y esforzarse diariamente en tomar la iniciativa, ser proactivos, y tener un buen desempeño. Este hábito es un indicador seguro de que un líder esta madurando en el proceso del desempeño.

Cuando hablamos de iniciativa, nos gusta lo que tenía que decir Indira Gandhi, ex-primer ministro de India: "Existen dos tipos de personas: aquellos que hacen el trabajo y aquellos que toman el crédito. Trata de estar en el primer grupo; ahí hay menos competencia".

Las Personas con un Buen Desempeño se Esfuerzan por Crecer y Mejorar

Nadie ha logrado cosas grandiosas al consentirse a si mismos como a un bebe. Además de que tomar la iniciativa personal, los líderes deben aprender a ir más allá del límite de su zona de confort. ¿Qué es una zona de confort? Es el área de actividad ficticia en la que la persona se siente cómoda. Es ficticia por que el concepto de familiaridad se confunde con el de "confort". Un término mas preciso sería zona *familiar*. ¿Cuántos líderes están *cómodos* con sus actividades normales? Ya hemos establecido que los líderes en desarrollo comienzan con un descontento por el status quo. Los términos *confort* y *liderazgo* están en guerra el uno con el otro de manera constante, por lo tanto para un líder de hecho no puede existir una zona de *confort*.

Esta idea de zona *familiar* es real. El reto es ir más allá de lo familiar o lo fácil. Esa es la tarea principal del líder: llevar a las personas a un lugar, en donde puede ser que el líder no haya estado jamás. Para lograrlo, los líderes deben aceptar la idea de no estar cómodos y de encontrarse en un territorio que no es familiar constantemente. Cuando los líderes dejan de salirse de su zona familiar, es cuando dejan de ser líderes.

Está bien e incluso algunas veces puede ser necesario que un líder se empuje a si mismo. Los grandes logros siempre están localizados más allá de la puerta de la inconveniencia. Las recompensas del logro se esconden mas allá de los límites de la zona familiar, esperando a aquellos con agallas y disciplina para empujar mas fuerte, de experimentar crecimiento personal, mejorar, actuar con valentía e ir a lugares que nunca antes habían ido y reclamar esas recompensas como premios. Se le entrega todo el botín al vencedor. En el Mundo del liderazgo, el victorioso es aquel que se empuja para crecer y mejorar constantemente. Winston Churchill dijo, "Nunca se puede garantizar el éxito; solo es posible merecerlo". Las personas con un buen desempeño están concientes de esto y por lo tanto se esfuerzan hasta que saben que merecen el éxito.

> *Nadie ha logrado cosas grandiosas al consentirse a si mismos como un bebe.*

Las Personas con un Buen Desempeño se Vuelven personas que tienen facilidad para relacionarse

En este capítulo volvemos a ver la importancia que tienen las habilidades humanas del líder que aprendimos en el Nivel 1: para maximizar su influencia, un líder debe tener facilidad para relacionarse. Esto significa ser agradable, ser sincero, y tratar a las personas con "la menor fricción posible". Las personas que dejan un rastro de relaciones rotas, que lastiman los sentimientos de las personas o que siempre le están diciendo que hacer a los demás raramente tiene influencia con las personas. Los líderes deben tener un interés activo en las personas por medio de investigar, escuchar, sonreír y querer a los demás. Estas cualidades son las que hacen a las personas fáciles de relacionarse y le dan confianza y la confianza es el cimiento de las relaciones. Solamente con estos lazos el líder puede ejercer alguna influencia en la vida de los demás.

Abraham Lincoln era famoso por su habilidad de llevarse bien con los demás era algo que buscaba activamente. En una ocasión después de que una persona que era realmente bastante cascarrabias salió de la oficina oval en la Casa Blanca, el Presidente Lincoln dijo, "Me desagrada esa persona. Voy a tener que conocerlo mejor". Esta es la actitud que hace que un líder se relacione fácilmente.

Las Personas con un Buen Desempeño se Convierten en Personas en las que se Puede Creer y que Demuestran Convicción

La credibilidad es la divisa del liderazgo. Los líderes ganan credibilidad con sus organizaciones al impulsar el desarrollo de la confianza y demostrando una historia de desempeño. Pero también lo hacen por medio de su convicción. En muchos casos la visión del líder va a ser más grande y va a abarcar más que la de la organización. Por esta razón puede ser difícil para los seguidores creer en la visión del líder, por que está más allá de su comprensión. Creer en la visión es muy importante para la organización, pero puede venir después. Lo que debe ocurrir en primera instancia es que las personas crean en el líder. Antes de que las personas puedan creer en la visión, primero deben creer en el líder. No es importante que las personas crean en la visión, pero ¡deben creer que el líder cree en ella! Los seguidores pueden guiarse por la convicción del líder hasta que obtienen la propia. Esto aplica a través de todos los niveles de Influencia. Los líderes deben demostrar convicción por medio de sus

> *No es importante que las personas crean en la visión, pero ¡deben creer que el líder cree en ella!*

palabras y sus acciones. Como dice el dicho, "Las palabras se creen por los hechos".

Las Personas con un Buen Desempeño Mantienen una Actitud Positiva

La distinción de una persona que tiene un gran desempeño es tener una actitud positiva. La actitud apropiada puede ayudar a los líderes a lograr cosas que de otro modo pudieran parecer imposibles. Algunas veces las cosas van bien, y otras veces no. Los líderes maduros entienden que lo que cuenta no es lo que les pasa a ellos, es más bien es el modo en el que responden. Stephen Covey, autor de "*The Seven Habits of Highly Effective People*", explica que entre el estimulo y la respuesta tenemos la opción de cómo vamos a reaccionar. Podemos tener la capacidad de responder por ejemplo ser responsables. De ahí es de donde vienen las buenas actitudes: saber que sin importar lo que pase tenemos la opción de mantener una apariencia optimista y risueña.

La razón por la que la actitud es tan importante es por que es contagiosa. ¿Conoces a alguien que tenga una disposición tan mala que puede entrar en un lugar y poner a todos de mal humor? Se les llama "Rayos de Luz" Por que ¡la habitación se vuelve a iluminar cuando se van! O viceversa, ¿alguna vez has notado que tan contagiosas son las sonrisas? Todos conocemos personas que siempre sonríen y todo el tiempo parece que están alegres. Ya sea alentadoras o desalentadoras, las actitudes son contagiosas y las actitudes positivas son mucho más productivas que las negativas. Otra razón por la que las actitudes de los líderes son tan importantes es por su naturaleza auto-realizadora. Hay una lápida en Inglaterra que dice, VES; TE DIJE QUE ESTABA ENFERMO. Las actitudes son así. Tienden a producir lo que les exigimos. No obtenemos lo que queremos, no obtenemos lo que merecemos pero generalmente obtenemos lo que esperamos. La actitud juega un papel muy importante al determinar lo que esperamos que pase.

Existe una historia de dos cazadores de patos que una mañana salieron en su bote. Después de dispararle al primer pato, uno de los cazadores, que había traído con el a su perro, mando a su perro a recoger al pato. El perro salto del barco, corrió a través de la superficie del agua y recuperó al pato. El dueño del perro sonrió con orgullo, pero el otro hombre no dijo nada. Un momento después le dispararon a otro pato. Otra vez y rápidamente el perro se lanzó a través del agua para recuperarlo. Otra vez el segundo hombre estaba en silencio. Finalmente el dueño del perro dijo, "¿Notaste algo en particular acerca de mi nuevo perro? El segundo hombre respondió, "Si ¡que no sabe nadar!" parece que algunas personas pueden encontrar el lado negativo de cualquier situación. Algunas personas no están contentas a menos que no estén contentas. En las autoevaluaciones frecuentemente no vemos a las malas actitudes. La mayoría de las personas creen que tienen una buena actitud, pero en realidad muy pocas la tienen. Es mucho mas natural criticar, condenar y quejarse. Las personas con un buen desempeño se ven a si mismos honestamente y trabajan activamente para buscar lo mejor de cada situación. La actitud tal y como muchas otras acciones de una persona que tiene un buen desempeño es una *disciplina*.

Las personas que tienen una actitud positiva tienden a tener un mejor desempeño que las personas con una mala actitud. Por ninguna otra razón más que por el pragmatismo, los líderes deben trabajar para mantener en alto su actitud, por que tarde o temprano la persona que gana es la persona que cree que puede ganar.

Las Personas con un Buen Desempeño Dan lo Mejor de Sí en Todas las Situaciones

Culpar a las circunstancias de la vida por un mal desempeño es una tendencia natural. Uno dice "Tuve una mala niñez". Otro dice "He sido discriminado". "No fui bendecido con el talento que otros tienen". Todas estas excusas son muy comunes. Las personas con un buen desempeño saben que lo que importa no es lo que pasa sino que la manera en la que *responden* es la que los conduce hacia la grandeza. Los campeones son personas que sacan lo mejor de las circunstancias en las que se encuentran. No importa donde empiezas; lo importante es donde terminas. El talento, la riqueza, las conexiones, y la suerte les pueden dar a algunos cierta ventaja, pero casi siempre la victoria acompaña a aquellos que están más determinados y comprometidos. El Presidente Calvin Coolidge lo describió de la siguiente manera:

> Sigue Adelante
> No hay nada en el mundo que le pueda quitar su lugar a la persistencia.
> No lo hará el talento.
> No existe nada más común que un hombre con talento que no tiene éxito.
> No lo harán los genios.
> Un genio sin recompensas es casi un proverbio.
> No lo hará la educación por si misma.
> El mundo está lleno de vagos educados.
> La persistencia y la determinación son omnipotentes por si mismas.

Las personas con éxito saben que la adversidad se convierte en el lienzo en donde dibujan su éxito.

Las Personas con un Buen Desempeño se Enfocan en las Prioridades

Como ya hemos discutido en el Ciclo del Logro la productividad viene del enfoque. Así como dijo Alexander Graham Bell, "Concentra todos tus pensamientos en el trabajo que tienes en pie. Los rayos del sol no queman hasta que se enfocan". Las personas con un buen desempeño tienen un sinnúmero de logros porque juntan toda su energía para ejercer presión sobre un punto de interés. Tarde o temprano, los obstáculos y los bloqueos en el camino se derrumban ante la energía enfocada.

Lou Holtz representa este principio con las siglas WIN, (*What's Important Now*), que significa ¿Y ahora, qué es importante? Las personas con un buen desempeño deben mantener esta pregunta en mente para poder enfocar su energía en la cosa importante en todo momento. La mayoría de las personas tratan de hacer mucho con muy poco enfoque y terminan sin lograr nada. Las personas con un buen desempeño se enfocan en las prioridades y concentran su energía en las cosas mas importante que se tienen que hacer, dejando las cosas buenas para otro momento.

> *"No solo debes intentar hacerlo, simplemente hazlo".*

Las Personas con un Buen Desempeño Obtienen Resultados (Ejecutan)

En esta etapa del desempeño de los líderes, todos estos atributos son importantes, pero eventualmente todo acaba en los resultados. Las personas con un buen desempeño deben reforzar sus recursos y aplicar su aprendizaje para que puedan generar frutos de su trabajo. Existen muy pocas cosas que merecen respeto del mismo modo que los resultados. Los líderes deben ser efectivos. Como dice nuestro amigo Larry Van BusKirk, "No Puede Ser un Intento". O como dice Yoda en la película de "*La Guerra de las Galaxias*", "No solo debes intentar hacerlo, simplemente hazlo".

Es fácil puedes notar a los líderes reales por que sus equipos siempre tienen un desempeño superior. Los líderes deben evitar el riesgo de parecer que están ocupados pero tener muy poco que mostrar en cuanto a resultados, esperando de algún modo poder actuar y obtener la parte, más nunca entregan la mercancía realmente.

Uno de los autores (Chris) tenía una perrita llamada Mindy, una pequeña y bonita mezcla de cocker spaniel con poodle. Era una perra maravillosa excepto por un notable comportamiento: no venía cuando le llamabas. En vez, daba vueltas alrededor del piso haciendo todo tipo de alboroto y usualmente hacía énfasis en su comportamiento neurótico orinándose. Movía la cola, le temblaba la cabeza, sus patas se engarrotaban en el piso, daba vueltas repetitivamente, y no respondía cuando se le llamaba. Algunos líderes en desarrollo se comportan de la misma manera.

Cuando se les llama para desempeñarse harán todo tipo de alboroto, esperando demostrar sus buenas intenciones. Tiemblan, se dan de vueltas y hacen todos los ruidos correctos, pero cuando todo esta dicho y hecho se ha dicho mucho más de lo que se ha hecho.

Los líderes no pueden estar dando vueltas al estilo "Mindy;" ellos deben tener un buen desempeño. Deben generar resultados. El autor James A. Autry dijo que el comentario clave es, "veo que has estado ocupado. Ahora dime que es lo que has logrado". Esto es especialmente importante en esta etapa de los Niveles de Influencia. Si un líder no aprende a lograr sus metas en este nivel, no podrá avanzar al siguiente y por lo tanto no habrá aumento de influencia.

Las Personas con un Buen Desempeño Ignoran sus "Recortes en la Prensa"

Un primo cercano de la complacencia es la arrogancia. Después de que los líderes tienen un buen desempeño y éxito llega el reconocimiento y las recompensas. Es muy importante no volverse un engreído como resultado de nuestro éxito o "leer los recortes del periódico". "El famoso jugador de baloncesto Michael Jordan gano casi todo lo que era posible ganar en la Liga Nacional de Baloncesto, pero encontró nuevas maneras de establecer nuevas metas personales y para su equipo, así se mantenía motivado y en el camino para una constante mejoría, incluso después de convertirse en una de las personalidades mas famosas del mundo y de hacer millones de dólares. Las personas con un buen desempeño saben que no son mejores que los demás y se cuidan de los riesgos del ego y de la arrogancia. Esto se puede hacer con mayor facilidad recordando que las habilidades que nos convierten en personas con un buen desempeño en nuestro campo, son un regalo de Dios. Esta perspectiva no solamente previene la arrogancia también fomenta un espíritu de agradecimiento.

Influencia por Medio del Desempeño: Tom Brady "De ser un jugador que nadie quiso escoger al jugador más valiosos (MVP Must Valuable Player por sus siglas en inglés)"

Durante los primeros días de otoño del 2001, los New England Patriots, el equipo de fútbol americano de la NFL cuyo capitán era la estrella y mariscal de campo Drew Bledsoe, un muy aclamado jugador de "franquicia. Pero el equipo a lo mucho tenía un desempeño mediocre. La revista Sports Illustrated predijo que ese año iban a quedar en último lugar de su división (AFC East). Después para empeorar las cosas, durante del segundo juego de la temporada, Drew Bledsoe cayó sobre el pasto retorciéndose de dolor. Había sufrido una lesión en el pecho la cual lo inhabilitó para jugar por varios juegos y posiblemente durante toda la temporada. Las cosas habían ido de mal en peor. Un equipo que ya era malo había perdido a su estrella. Los Patriots tenían un record de 0–2 al inicio, y los aficionados tenían poca fe en el joven mariscal de campo que corría hacia el campo para remplazar a Bledsoe. Tom Brady solamente estaba en su segundo año como profesional y solamente había lanzado tres pases durante el juego reglamentario. Era joven y no tenía experiencia.

Sin embargo, años atrás, el aún mas joven Tom Brady había esto ocupado estudiando como convertirse en una persona con un buen desempeño. Todo en su vida era una competencia, y admite que era un mal perdedor. Decidió que la mejor manera para poder manejar sus derrotas era evitándolas, y buscando maneras para ganar. Dijo "Cuando estaba creciendo, recuerdo niños que eran mas rápidos que yo, y niños que saltaban mas alto que yo. No les podía ganar con pura habilidad atlética. Entonces encontré otras maneras".Después de recibir una beca de fútbol para jugar para los Wolverines de la Universidad de Michigan, estuvo sentado en la banca durante tres años. En 1998 tuvo su oportunidad, guió al equipo a un record de 10-3 y la victoria del Citrus Bowl, pero tuvo que dividir su tiempo en la siguiente temporada con la estrella y estudiante de segundo año de la Universidad, Drew Henson, quién había impresionado a los entrenadores por que jugaba con un estilo mas deslumbrante. Brady no estaba tan contento con este nuevo arreglo, pero aprendió la valiosa lección que uno no puede basarse en un desempeño pasado. Al darse cuenta que no podía controlar a Drew Henson o las decisiones de los entrenadores, redobló sus esfuerzos, trabajó arduamente, y se volvió a ganar su posición de entrada a la mitad de la temporada, dirigiendo al equipo a otra victoria.

El reclutamiento de la NFL estaba a punto de iniciarse. Según Jennifer Allen una escritora de deportes, "Un reportero nacional predijo que Brady tenía un poco mas de 50% de probabilidades de lograr ocupar un lugar en las listas del equipo de la NFL.' " Escogieron a Brady en el lugar 199, en la sexta ronda. Esto significa que *todos* los equipos de la NFL decidieron no elegirlo por lo menos cinco veces cada uno. Un día después del reclutamiento, el Boston Globe dijo que Brady iba a "dar los pases detrás de la linea, y quien iba a competir por un lugar en el equipo de las prácticas". El Sports Illustrated mencionó, "No esperábamos que Brady hiciera ninguna contribución importante para la ofensiva". A Brady le dieron la posición de mariscal de campo de reserva en cuarto lugar, clasificándolo oficialmente como "inactivo" por dieciséis juegos. Los jugadores inactivos no se ponen los uniformes para los juegos, y durante el juego están como aficionados viendo al equipo jugar.

Sin embargo Tom Brady ya había hecho su camino desde abajo, cuando estaba en Michigan, y sabía exactamente que era lo que tenía que hacer. Allen dijo, "De la misma manera como Brady lo había hecho toda su vida, siguió trabajando duro. . . . iba a todos los entrenamientos, fue a un programa de levantamiento de pesas y subió 30 libras de peso. En la noche, leía el cuaderno de estrategias, estudiaba el cuaderno de estrategias, y se memorizaba el cuaderno de estrategias. Más que nada, practicaba. Practicaba su pase de cinco pasos en el campo, lo estudiaba en grabaciones, y después, en las noches, lo practicaba en su departamento". Según la revista de Sports Illustrated, "Brady trabajaba muy duro para encontrar una ventaja para que el personal de entrenadores lo notara. Se aprendió todo el cuaderno de estrategias de los Patriots y se esforzaba para alcanzar la perfección cada vez que tocaba la pelota durante los entrenamientos. Incluso cuando estaba en el segundo o tercer equipo, se seguía enojando con sigo mismo por no hacer bien las jugadas". A raíz de esta actitud, nombraron a Brady como mariscal de campo de reserva para la temporada del 2001. Ya que el jugador que comenzaba el juego Drew Bledsoe tenía tanta resistencia, solamente había faltado a seis juegos por lesión en ocho temporadas de la NFL, nadie esperaba que Brady jugara mucho tiempo. Pero cuando Bledsoe cayó, Brady estaba listo.

En el primer juego de Brady guió a los Patriotas a la victoria con un marcador de 44-13. Dos semanas después anotó su primer pase de 300 yardas mientras que calmadamente guiaba a los Patriots a ganar en el tiempo extra. Los patriotas terminaron la temporada regular con un record de 11-3 con Brady como jugador principal. Después en el Súper Bowl XXXVI, con cientos de millones de aficionados viendo el juego y 1:21 minutos restantes para jugar, Brady guió a la ofensiva 53 yardas para obtener el gol de campo ganador. Su confianza y habilidad de desempeño bajo presión lo recompenso con un trofeo de Jugador Más Valioso del Súper Tazón, convirtiéndolo en el jugador más joven en recibir esos honores, a los veinticuatro años.

Sin embargo, aún con estos logros, Brady era criticado. Decían que los Patriots tenían a Bill Belichick el mejor entrenador en la liga. Decían que el equipo tenía una de las mejores líneas ofensivas de todo el fútbol, lo cual hace que cualquier mariscal de campo quede bien. Muchos decían que Drew Bledsoe aún era mejor mariscal de campo y que hubiese hecho lo mismo o mejor si estuviera sano. En la temporada del 2002 los Patriots cambiaron Drew Bledsoe e hicieron a Brady su principal mariscal de campo, ese año los Patriotas tuvieron un año difícil, ni siquiera llegaron a la liguilla y entregaron su titulo del Súper Bowl sin pelear.

Sin embargo, como se esperaba, Brady condujo a los Patriotas de vuelta. Ganaron quince juegos consecutivos en la temporada del 2003, incluyendo el Súper Bowl XXXVIII. Y volvieron a nombrar a Tom Brady el Jugador Más Valioso (MVP) del Súper Bowl. Su racha de victoria se extendió a la temporada del 2004 en esta temporada pusieron un nuevo record para la NFL al ganar 21 juegos consecutivos. Después Brady, condujo a los Patriots a la victoria de su tercer Súper Bowl en cuatro años, volviendo a los Patriots el segundo equipo de la historia de la NFL en lograr este desafío. Después, Brady como el principal mariscal de campo, obtuvo un record de 9-0 en la post-temporada, empatando el record que había implementado la leyenda de la Galería de Personajes Famosos Bart Starr.

Sin duda Brady se había convertido en una persona con un buen desempeño. Zach Thomas de los Miami Dolphins dijo, "creo que es una de las personas mas subestimadas en su posición, a pesar de que tiene tres anillos del Súper Bowl," y John Madden protagonista del programa de televisión de Monday Night Football estuvo de acuerdo con el y dijo, "creo que aun es subestimado".

Tom Brady personifica lo que significa convertirse en una persona con un buen desempeño. Al principio, no comenzó como campeón y con frecuencia lo hicieron sentir como el segundo mejor, y de hecho ¡lo obligaron a jugar como reserva! Pero a pesar de las críticas y fuertes adversidades, mantuvo una buena actitud y se enfoco solamente en lo que podía controlar, trabajando cada vez más fuerte. Cuando los entrenadores hicieron que Tom Brady se quedara en la banca, no se enfoco en sus decisiones ni en el desempeño de los otros jugadores que competían por el puesto, sino que se enfocó en lo que si podía hacer para cambiar la situación.

Su preparación y su actitud dieron resultados cuando apareció su gran oportunidad (Tu oportunidad llegará si te preparas), y por lo tanto fue capaz de capitalizar en ella la oportunidad. Incluso después de experimentar un gran éxito ante los estándares de cualquier persona, Tom Brady rehusó volverse arrogante (No leas tus recortes del periódico.) y continuó *enfocándose* en los retos a venir. Cuando se encontró bajo presión por ejemplo por la atención nacional, juegos importantes o marcadores casi empatados, Brady no se derrumbó por que había construido una creencia masiva en si mismo y en sus habilidades por medio de el "horno ardiente" de sobrepasar dificultades. Se probó a si mismo que podía obtener el éxito si solo seguía las reglas de cómo convertirse en una persona que tiene un buen desempeño. ¡Eso es exactamente lo que hizo!

Resumen

Los líderes en desarrollo que están subiendo por los Cinco Niveles de la Influencia y convirtiéndose en personas con un buen desempeño (Líderes en el Nivel 2) deben incorporar cada uno de los pasos de este capítulo mientras que continúan siguiendo los principios del aprendizaje que fueron descritos en el Nivel 1.

Convertirse en una persona que tiene un buen desempeño es un prerequisito para poderse convertir en un líder. Otra vez, convertirse en una persona con un buen desempeño debe ocurrir antes de que la persona pueda convertirse en un verdadero líder. El desempeño es lo que le proporciona al líder credibilidad, influencia y la habilidad de en realizad comenzar el llamado del líder, lo que por supuesto significa ¡dirigir! A muchos líderes en desarrollo les falta este paso crucial de convertirse en personas con un buen desempeño. Asumen que si les dan la posición o que si actúan con autoridad, las personas los van a seguir. Lo que no se dan cuenta es que entonces están administrando, no dirigiendo. Existe un mundo de diferencia entre ambas. Solamente cuando uno se convierte en una persona con un buen desempeño los demás nos dan permiso de verdaderamente dirigir. Entonces podemos pasar al Nivel 3.

CAPÍTULO 8

El Tercer Nivel de Influencia: Liderazgo

Para ser un general se requieren talentos diferentes que los de un soldado.

—TITUS LIVY

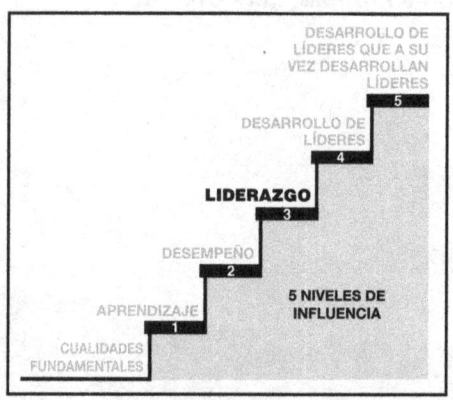

Hasta ahora hemos discutido las maneras que un líder crece personalmente; ahora es tiempo de tratar específicamente la capacidad del líder para incrementar su influencia por medio del liderazgo de los demás. Hasta ahora el líder ha formado un hábito de Aprendizaje, ha obtenido la valiosa experiencia de convertirse en una persona con un excelente Desempeño, y ahora esta listo para hacerse responsable por el Liderazgo de los demás. En este nivel, el grupo crece cuado el líder esta presente y por su presencia. Cuando se capitaliza, el término "Líder"

se refiere a un Líder de tercer Nivel.

El jugador de fútbol de los dos capítulos anteriores ahora se está convirtiendo en un líder en la cancha de los otros jugadores. La nombran capitán del equipo, y dirige las actividades al mismo tiempo que juega.

Suposiciones o el "Arte" de Dirigir

Tal y como en el paso anterior al convertirse en una persona con un buen desempeño, convertirse en un líder requiere cierto modo de pensar. Comienza con las suposiciones o maneras de pensar correctas. Sin la comprensión del proceso en el cual se basa el liderazgo de los demás, el líder tendrá dificultad de implementar las acciones correctas del liderazgo. La razón es por que el liderazgo es una perspectiva por si misma; es el lente a través del cual la persona ve al mundo. Los líderes aprenden a ver las cosas de cierta manera, desde una perspectiva estratégica para que puedan hacerse responsables del logro obtenido por medio de un grupo unido de personas. Como dijo J. Robert Clinton, "La diferencia entre los líderes y los seguidores es la perspectiva. La diferencia entre los líderes y los líderes efectivos es una mejor perspectiva. Los líderes efectivos tienen una mejor perspectiva". La manera como un líder ve las cosas, su perspectiva, es de gran importancia, y está basado en sus suposiciones.

Los Líderes Entienden que los Resultados Provienen de un Esfuerzo en Equipo

El liderazgo es el modo en el que una persona que tiene un buen desempeño extiende su habilidad por medio de los esfuerzos de los demás, para el beneficio de todos los involucrados. Veamos una vez más las siglas del acrónimo TEAM (*Together Everyone Achieves More por sus siglas en Inglés* Juntos todos logramos más). Claro está que los Líderes del Nivel 3 piensan de esta manera. En cada situación el líder piensa en el esfuerzo del "equipo" y en los recursos que debe reunir para poder hacer el trabajo. En el Nivel 3, el concepto de trabajo ya no involucra lo que puede hacer el individuo, pero más bien lo que un *equipo* de personas puede hacer.

Este concepto puede llamarse "apalancamiento". Para poder explorar esto más a fondo, vamos a retomar la ecuación que usamos en uno de los capítulos anteriores:

$$\text{Trabajo} = \text{Fuerza} \times \text{Distancia}$$

O, como la modificamos:

$$\text{Influencia} = \text{Esfuerzo} \times \text{Alcance}$$

Asumiendo que los líderes maximizaron su esfuerzo, la ecuación revela que, la única manera para incrementar la Influencia es por medio del incremento del Alcance. El diccionario Webster define apalancamiento como la acción de una palanca o la ventaja mecánica que se obtiene por medio de ella. Podemos ver que el líder de un equipo es su palanca. Existe una ventaja mecánica obtenida por el líder que organiza los esfuerzos de un grupo de personas para lograr una tarea más compleja. Cuando se hace de manera apropiada, los líderes expanden el poder de los individuos por encima de la suma de cada una de las partes. Como dice el dicho, los individuos pueden florecer pero los equipos explotan. Apalancamiento es la habilidad de poner una cantidad X de trabajo y recibir a cambio esa cantidad X multiplicada.

Volvamos a considerar a Bill Gates, multimillonario fundador de Microsoft Corporation y uno de los individuos más ricos del mundo. ¿Cómo explotaron las ideas de Bill Gates para crear software y computadoras en una industria tan grande y una enorme fortuna? Por supuesto existen muchas respuestas a esta pregunta, pero la que mejor la pude describir es el concepto de apalancamiento. Software no es nada más que un programa para computadoras. Se puede guardar en diferentes tipos de medios. Cuando Microsoft crea un nuevo producto de software, como por ejemplo la última versión de Windows, después le vende este producto a los clientes. Este programa de computadoras puede transferirse al cliente de diferentes maneras: por ejemplo en un disco óptico o incluso bajando la información vía Internet.

El costo transferido del producto al cliente es muy bajo. En el caso de un disco óptico puede ser tan bajo como un par de dólares y por vía Internet es radicalmente mas bajo. Lo que se está pagando no es el medio de transporte del programa de computación por si mismo. Ese programa se desarrolló una sola vez y fue copiado millones de veces. Un término que describe esta multiplicación de resultados es *duplicación.* Un producto terminado se puede duplicar una y otra vez a un costo muy bajo. Esto es apalancamiento. Puede ser en una de las formas más simples y puras de duplicación nunca antes vistas. Lo que explica gran parte del flujo de ingresos del enorme multiplicador de Microsoft. Construye un programa una vez, duplícalo a bajo costo, y véndelo millones de veces. Podríamos decir que Bill Gates y Microsoft apalancan sus destrezas a través de millones de clientes (y podríamos añadir que lo protegen agresivamente con leyes de derechos de autor). Esto va mas allá de lo que Gates y sus empleados podrían hacer individualmente. Para poder lograr este impacto tan grande, tienen que usar el poder de apalancamiento.

El liderazgo funciona de la misma manera. El liderazgo expande el alcance de una persona con un buen desempeño por medio del esfuerzo conjunto de los demás. Sin liderazgo, las personas estarán limitadas solamente a su buen desempeño personal. Podríamos decir que un líder de Nivel 2 se ocupa de sumar, mientras que un líder de Nivel 3 obtiene el apalancamiento de la multiplicación.

Los Líderes Entienden que las Personas Deben Estar de Acuerdo y Aceptarlo Antes que Cualquier Otra Cosa

Una suposición crítica que todos los líderes deben saber es que los seguidores deben estar de acuerdo y aceptarlos antes que cualquier otra cosa. La visión pude ser fascinante pero, ¿Vale la pena seguir al líder? Las recompensas pueden ser inspiradoras pero, ¿Podemos confiar en el líder? El ambiente puede ser incitante pero, ¿El líder se preocupa por su gente? Los recursos pueden ser abundantes pero, ¿Tiene carácter el líder? Las oportunidades pueden ser enormes pero, ¿el líder sabe lo que esta haciendo? Estas son preguntas que califican al líder las cuales se preguntan los seguidores inconcientemente antes de permitir que el líder los guíe.

El liderazgo no es una posición o un titulo, es una condición de permiso que los seguidores proporcionan por una vez que aceptan al líder. El liderazgo y la influencia al igual que la confianza, deben ganarse y ganarse continuamente.

Los Líderes Entienden La importancia de Encontrar y Desarrollar Buenas Personas

Ya que el concepto completo de liderazgo es el apalancamiento del logro por medio del esfuerzo colectivo de un grupo de personas, es razonable decir que la calidad de los resultados estará directamente relacionada con la calidad de las personas involucradas. Tal y como habíamos mencionado anteriormente, encontrar y desarrollar a las personas *correctas* es muy importante para obtener el éxito de una tarea. Los líderes están concientes de esto y por lo tanto se rodean del mejor talento posible. Por esta razón siempre es muy importante para el líder atraer, entrenar y retener personas con alto calibre.

> *La calidad de los resultados estará directamente relacionada con la calidad de las personas involucradas.*

George Barna dijo, "Todo líder tiene un juego incompleto de herramientas que utiliza para dirigir y por lo tanto, debe saber que es lo que puede y que es lo que no puede hacer. Los líderes efectivos superan sus debilidades por medio de combinar fuerzas con otros, cuyas fortalezas compensan sus debilidades, y sí creando una mezcla de habilidades y dones más completa y poderosa". Encontrar y entrenar a otras personas va a consumir una gran cantidad del tiempo del líder pero, tal y como mencionamos en la discusión del apalancamiento, valdrá mucho la pena. Los líderes en el Nivel 3 solamente son tan buenos como sus seguidores.

Los Líderes Entienden que es Común Guiar con Recursos Inadecuados

Mientras que puede ser importante guiar individuos con la mayor calidad posible, la mayoría de los líderes tienen un déficit muy severo en esta área. Una de las realidades del liderazgo es que no existen equipos perfectos. Sin importar cuanto enfoque y esfuerzo haga el líder para encontrar y entrenar a las personas, siempre habrán deficiencias, y muchas veces esas deficiencias van a ser enormes. Además, muchas veces también habrá una deficiencia de recursos. Un líder que espera recursos abundantes antes de establecer una meta, no es un líder.

Dos generales Ingleses estaban deliberando durante la Guerra de Secesión de los Estados Unidos de América. El general James Grant se quejó de la falta de provisiones y las pobres líneas de abastecimiento del ejército Inglés.

El Comandante en jefe Cornwallis contestó, "General, no debemos lamentarnos por lo que debería de ser. Debemos usar los medios que tenemos y hacerlo realidad".

En la Guerra Civil de los Estados Unidos de América, nombraron dos veces a George B. McClellan comandante del ejercito de Potomac, la mayor fuerza armada de la "Unión". Cada vez, hizo un trabajo maravilloso al entrenar a las tropas e infundir la disciplina de un "ejército normal" de alta tropa, pero nunca estaba listo para tomar acción. En una de las raras ocasiones en las que si confrontó a las Tropas Confederadas, a los cuales superaban en numero ya sea dos a uno y hasta tres a uno, pero siempre encontraba la manera de convencerse que lo opuesto era lo correcto. Se quejaba una y otra vez con el Presidente Lincoln que no tenía suficientes hombres, armas o abastecimientos para dirigir una campaña apropiada. McClellan sufría de una suposición incorrecta del liderazgo: pensaba incorrectamente que los líderes podían demandar y esperar situaciones perfectas antes de tomar acción. La realidad de un líder es que casi en todas las situaciones van a existir deficiencias. Los líderes reales están concientes de esto y de todos modos hacen lo menor que pueden. Como dice el dicho "Si te esperas a que todas las luces se pongan en verde antes de que hagas un viaje a través del país, nunca saldrás".

Los Lideres Entienden que el Liderazgo es la Limitación

El autor Ken Blanchard escribió, "No hay organización que se eleve sobre la pasión del líder". Los líderes no pueden culpar a su gente, a sus recursos o a las circunstancias. La efectividad del líder es la limitación ante la organización.

Se dice que "las personas se han convertido en clientes astutos del liderazgo". Esto significa que en esta sociedad tan escéptica las personas cada vez se vuelven mejores en identificar a los farsantes. El liderazgo no es algo que se pueda fingir, sin embargo las personas lo intentan con frecuencia. Quizás un individuo tiene un titulo o una posición, lo que le hace pensar que tiene influencia sobre los demás. Quizás en el pasado alguien haya logrado algo y piensa que esos logros le proporcionan influencia hoy en día. Estas dos suposiciones pueden ser ciertas en cierto grado, pero el liderazgo se debe ganar continuamente. Los seguidores ven a su alrededor y saben quien es el verdadero Líder en cualquier situación. Por esto es tan importante que el líder sea ambas cosas una persona que aprende continuamente y una persona con un buen desempeño. Aprender, crecer y lograr son las cosas que crean un balance positivo "en la cuenta de banco de la credibilidad" de los seguidores. Entre mas dirija el líder y conforme mejor sea su liderazgo, el calibre de los seguidores que atraiga va a ser más alto y con un mejor desempeño. Si el desempeño de las personas es mejor, los resultados de la organización van a ser mejores. Por medio de este proceso, el líder desarrolla el crecimiento personal de sus seguidores y así aumenta su efectividad personal. Los líderes están preguntándose constantemente si sus equipos están obteniendo resultados. Se enfrentan con la realidad y hacen una evaluación honesta del desempeño de su equipo y por lo tanto, de que manera se está desempeñando el como líder. La medida para calificar a un líder de Nivel 3 es por medio del desempeño de su organización y del crecimiento personal de las personas involucradas.

Los Líderes Entienden el Impacto que Tienen sus Acciones Sobre la Organización

Los líderes en este nivel deben estar concientes que cada una de sus acciones conlleva a una reacción. Existen muchos puntos de conexión a la organización cuando un líder es responsable de un grupo de personas. Si el líder tiene actitudes egoístas, mezquinas o disfunciones similares, su progreso se congelará. Todo lo que hace ahora el líder se amplifica por que lo hace con y a través de su gente. La habilidad de pensar en un escenario más grande y vivir por las prioridades es crítica. En este nivel, un buen juicio y una actitud positiva tienen grandes dividendos.

> *El liderazgo se trata de proporcionar servicio a otros.*

Los Lideres Entienden que el Liderazgo se Trata de Sacrificios

El liderazgo no es un lecho de rosas. No es algo que debes buscar con el propósito de obtener beneficios o privilegios. El liderazgo se trata de proporcionar servicio a otros. El liderazgo es una responsabilidad que demanda auto-disciplina y sacrificio. De hecho, entre mas alto se eleve el líder, existe menos tolerancia al error. En cuanto una persona se hace responsable de dirigir a los demás, su propio camino se vuelve objeto de escrutinio. Los seguidores siempre están vigilando para ver si el líder esta "Caminando por el camino" o simplemente "hablando por hablar". Parece que entre mas alto se eleve el líder, mas se limitan sus libertades personales. Las fallas que pudieron haber sido ignoradas en niveles inferiores se convierten en veneno una vez que la persona ha comenzado a dirigir. Esto es debido a que todo lo que hace el líder se amplifica a través de su organización, y por que en este punto el Líder no esta solamente manejando su propia vida, también está manejando las vidas de los demás. Esto es una gran responsabilidad.

Definitivamente existen beneficios y privilegios que acompañan a un liderazgo con éxito, los cuales se pueden disfrutar y además son halagadores. Pero estas recompensas no son el propósito del liderazgo; simplemente son beneficios que lo acompañan. Un Líder de Nivel 3 sacrificará sus deseos personales en beneficio de su visión y de su equipo. Conforme el líder pone sus intereses a un lado, va aprendiendo a servir a los demás, a trabajar hacia la visión, se sacrifica por una causa que es mas grande que el, y sus recompensas sobrepasan los beneficios y parafernalias de éxito. Las recompensas más importantes se convierten en la satisfacción de ver enriquecidas a las vidas de las demás personas y que se ha logrado la visión. Tales recompensas profundas e importantes hacen que el sacrificio valga la pena.

Los Líderes Entienden que el Trabajo de un Líder Nunca Termina

El liderazgo no es un trabajo con un horario "de nueve a cinco". No obedece horarios. El liderazgo requiere consistencia, diligencia y reflexión continua. En ningún punto del viaje del liderazgo existe un punto en el que el líder pueda sentarse y pensar "ya llegue" o "lo tengo todo bajo control". En el momento que esto pasa, o incluso antes, el líder será atropellado por problemas o por la competencia. Siempre habrán nuevos, retos, competidores, obstáculos y oportunidades. Nada se queda quieto, y la grandeza del liderazgo no es la excepción.

> *Los Grandes Líderes Aprenden a Encontrar Derrotas en Cada Victoria y Victorias en Cada Derrota.*

Los grandes líderes aprenden a encontrar derrotas en cada victoria y victorias en cada derrota. ¿Qué significa esto? Primero que nada, sin importar cuan bueno sea el desempeño del líder o de su organización, siempre puede mejorar. Incluso si ya ganaron todos los premios, las estadísticas revelan maneras en las que el equipo pudo haber tenido un mejor desempeño. Esta actitud mantiene a los líderes alejados de la peligrosa Cuneta de la Complacencia. Por otro lado, algunas veces los líderes sufren derrotas una y otra vez. Durante esos tiempos que van a venir tarde o temprano los líderes buscan señales de bondad en un panorama que se ve inhóspito. Aunque haya sido el peor año de tu organización en la historia, siempre habrá algo que puedas celebrar y que puedas mejorar.

Esta es la actitud que mantiene al líder alejado de la Cuneta del Desaliento y Abatimiento.

Las Acciones o la "Ciencia" de Dirigir

Con las suposiciones en mente, es apropiado explorar que es lo que hacen los líderes en este Tercer Nivel de Influencia. De esto es de lo que trata esta parte "científica" del liderazgo.

Los Líderes Moldean el Camino

Los líderes ponen el ejemplo. Los autores Kouzes y Posner escribieron, "las personas no siguen tus técnicas te siguen a ti". Para aprovechar efectivamente las energías colectivas de un grupo de personas, primero se debe moldear el camino. Aquí no existen atajos. Ninguno de todos los pasos de acción o la "ciencia" del liderazgo a seguir, valdrán la pena seguir si no vale la pena duplicar la copia maestra. Los líderes del Nivel 3 están concientes de esto y trabajan fuerte bajo su propio ejemplo.

Una pregunta que te puedes hacer a ti mismo es la siguiente: ¿Me gustaría que una organización entera estuviera llena de personas como yo? Si la respuesta es afirmativa, esto quiere decir que estas poniendo un buen ejemplo a seguir y moldeando el camino (o que vives terriblemente engañado).

Los Líderes Obligan a las Personas a Tener un Buen Desempeño

Uno de los trabajos más importantes de un Líder en el Nivel 3 es inspirar a los demás para que obtengan un buen desempeño y resultados. Elmer L. Towns observa que, "las personas siguen a un líder que les da argumentos poderosos para alcanzar el objetivo". Los líderes del Nivel 3 saben que las personas no harán lo que el líder espera de ellos, harán lo que el líder inspeccione. Las cosas que se logran son las cosas que son recompensadas. Por lo tanto los líderes deben recompensar las actividades correctas y hacerse el hábito de "ver a las personas en el momento en el que actuaron correctamente". El desempeño sobresaliente debe ser reconocido y recompensado y esto debe ser hecho públicamente. Esto le comunicará al resto de la organización un estándar por el cual esforzarse, y motiva a las personas que tienen un buen desempeño a alcanzar una mayor altura.

> *Las cosas que se logran son las cosas que son recompensadas. Por lo tanto los líderes deben recompensar.*

En el libro *In Leadership Lessons from General Ulysses S. Grant*, Al Kaltman escribió, "El líder superior esta conciente de que la llave del éxito es su habilidad para atraer y retener buenas personas y lograr un buen trabajo en conjunto para que funcionen como un equipo". El modo preciso que utiliza un Líder para incrementar su influencia es: inspirar a las personas a que trabajen en la misma dirección, funcionar como un equipo, y tener grandes logros en conjunto.

Una antigua fábula cuenta la historia de un granjero quién tenía dos mulas que lograron sacar el camión de un señor de la cuneta. Era un camión grande, del tipo de campo traviesa, con todo y su dado de peluche.

El conductor pregunto "¿Cuánto puede jalar una de esas? Mientras medía las dos mulas desnutridas del granjero.

"Cada una puede jalar hasta diez toneladas aproximadamente," contesto el granjero.

"Pero mi camión pesa por lo menos diez veces mas que eso," dijo el conductor.

El granjero contestó "No importa cuanto pueden jalar por separado, lo que importa es lo que pueden jalar juntas".

Esto es un ejemplo del poder en equipo. Los buenos líderes obligan a las personas a trabajar juntas y por lo tanto amplificar los esfuerzos hasta el punto en que el resultado va mas allá que la suma de cada una de las partes.

Los Líderes Capacitan a los Demás

Tal y como habíamos mencionado anteriormente, los líderes funcionan como entrenadores. El capacitar o entrenar involucra el aumento del buen desempeño de los individuos que pertenecen al equipo del líder, lograr el trabajo en equipo y que además sea efectivo.

Los Líderes que se encuentran en este Nivel de Influencia son responsables y están calificados para capacitar a aquellos que se encuentran en los dos niveles anteriores. Esta es una de las razones por lo que es tan importante dominar cada uno de los Niveles de Influencia previos. Un líder no sabe que tanto domina un tema hasta que intenta enseñarlo.

Los Líderes se Convierten en Sirvientes

En el libro *The Servant Leader,* los autores Ken Blanchard y Phil Hodges nos dicen, "En primer lugar el liderazgo es un tema del corazón. Cuando tenemos la oportunidad o la responsabilidad de influenciar los pensamientos y el comportamiento de los demás, la primera decisión que debemos tomar es si queremos ver el momento a través de unos ojos de auto-interés o por el beneficio de aquellos que están guiando".

Los líderes deben aprender que dirigir significa servir. El liderazgo no se trata de beneficios o status. No se trata de poder o riqueza. Se trata de servir a los demás y de expandirlos por medio de los esfuerzos coordinados de las personas. La única y más efectiva manera en la que un líder puede obtener lo mejor de su organización es por medio de servir a los demás.

> *"Puedes ser un sirviente sin ser un líder. Puedes ser un líder sin ser un sirviente, pero no un buen líder".*

Nuestro amigo y pastor del Berean Baptist Church durante veintitrés años, Robert Dickie, dice, "Puedes ser un sirviente sin ser un líder. Puedes ser un líder sin ser un sirviente, pero no un buen líder. Un verdadero líder que sirve puede contestar afirmativamente a las siguientes siete preguntas que se refieren a un liderazgo de servir. Las personas que están en tu equipo:

1. ¿Creen que estas dispuesto a sacrificar tu propio interés por el bien del equipo?

2. ¿Creen que estas dispuesto a escuchar sus ideas y que les darás algún valor?
3. ¿Creen que puedes entender lo que esta pasando en sus vidas y el modo en el que les afecta?
4. ¿Acuden a ti cuando se han caído las piezas o cuando algo traumático pasó en sus vidas?
5. ¿Creen que estas buscando lograr hacer una diferencia significativa en sus vidas y en el mundo?
6. ¿Creen que estas comprometido a ayudarles en su desarrollo y crecimiento?
7. ¿Sienten un fuerte sentido de comunidad en la organización que diriges?

Las respuestas afirmativas a estas preguntas demuestran que el líder está sirviendo a su equipo. Al hacer las cosas que mencionamos aquí, el Líder demuestra su amor por su equipo y les sirve en sus esfuerzos para lograr un buen desempeño. Al servir a los demás, el Líder del Nivel 3 maximiza el buen desempeño de su equipo.

Los Líderes Operan Como Comandantes de Campo

En el Nivel 3, los líderes ejercen influencia, de hecho por estar ahí en persona. Se encuentran peleando con sus tropas, decirlo así, y están a la mano para observar y dirigir actividades. Pueden observar condiciones que cambian y organizar acorde a eso. Su presencia le proporciona seguridad a su gente, se proporciona inspiración y visión de primera mano. En este nivel el grupo crece cuando el líder está presente. Los Líderes de Tercer Nivel que son efectivos siempre destacan por que su equipo siempre se esfuerza "Cuando se encuentran en el campo". En este punto el líder también se da cuenta que la velocidad del grupo es la velocidad del líder. Desde que el líder se encuentra cerca de su gente su buen desempeño crea un impacto muy grande en el desempeño en general del equipo. El liderazgo que se establece por medio de poner el ejemplo es crucial en el Nivel 3 y en los Niveles siguientes. El carisma, el don de gentes, y la relación de comunicación hacen que el Líder del Nivel 3 sea especialmente efectivo.

Los Líderes Organizan las Actividades

La Organización involucra el ver las cosas que se tienen que hacer y guiar los esfuerzos de las personas en esa dirección. Los líderes deben aprender a tener a las personas correctas en los lugares correctos. El autor Jim Collins, en su libro *Good to Great*, nos dice que primero debemos tener a las personas correctas en nuestro bus. Después nos explica la importancia de tener a las personas correctas sentadas en los lugares correctos en el bus. Ambas cosas con críticas para un Líder, la organización de su equipo y una vez más demostrar la importancia que tiene conocer a los integrantes del equipo. Estos integrantes cuentan con fortalezas y habilidades en ciertas áreas de deben ser utilizadas de acuerdo a ellas. Esto involucra la manera en la que el líder trata a cada uno de los integrantes. No todos quieren o necesitan ser tratados de la misma manera, la atención individual y el conocimiento del Líder del Nivel 3 multiplica su efectividad con su equipo.

Los Líderes Miden los Resultados

El Nivel 3 trata de los *resultados* del equipo, y los Líderes del Nivel 3 mantienen un marcador. Como en cualquier evento deportivo, existe un marcador para la organización (y si no existe debería). Los líderes deben aprender a llevar un marcador de lo que hacen para que puedan medir acertadamente el desempeño de su equipo y por lo tanto, cosechar retroalimentación concreta de su propio desempeño como Líder.

Si no medimos los resultados, no puede haber una representación de la realidad. Sin datos que representen la realidad, no puede haber ímpetu o planes para mejorar. En el Nivel 3 los Líderes deben medir los resultados, enfrentar la brutal realidad y caminar hacia la mejoría. Cualquier cosa menor es considerada como negligencia del deber.

Los Líderes Resuelven Problemas

Para ser una persona que resuelve problemas se requiere valentía. Los líderes deben enfrentar los retos de frente y sin retrasos. Los problemas son mucho más fáciles de resolver cuando son pequeños.

Algunas situaciones se parecen a los incendios forestales y lo único que requieren es que el líder les eche agua para que las llamas se apaguen. Otras parecen pequeñas brazas de posibilidad y requieren que el líder les eche un poco de gasolina para iniciar el progreso. Un Líder exitoso de Tercer Nivel sabe que se necesita y en que momento. Se vuelven expertos en resolver problemas, y eventualmente, incluso interceptar problemas a su paso y resolverlos antes de que se conviertan en una conflagración difícil de resolver.

Los Líderes se Comunican

Un líder debe ser bueno comunicándose. En el ejército existe un dicho que se usa para dar instrucciones a los comandantes de guerra, "Muévete, dispara y comunícate". Esta frase ejemplifica correctamente a todos los líderes. Entre más agresivas sean las tareas de un equipo, más se debe comunicar el líder. Cuando las personas están informadas, tienen un sentido de seguridad y de propiedad compartida en los objetivos. Cuando la comunicación es deficiente, las personas se sienten desconfiadas y con una falta de cercanía. La comunicación deficiente crea fricción y problemas. Un Liderazgo apropiado de Nivel 3 comienza, continua y termina con una buena comunicación.

Liderazgo en Acción: George Washington "El Sirviente Fiel"

Durante diciembre de 1777, los soldados ingleses dirigidos por el General Howe se instalaron en unos cómodos cuarteles de invierno en Philadelphia. Ciudad que tomaron bajo su control fácilmente, de manos de un grupo desorganizado de colonos que estaban peleando bajo la dirección de George Washington. Philadelphia había sido la ciudad capital del Congreso Continental, que era el cuerpo del gobierno encargado de administrar la "revolución" en contra de la Corona Inglesa. Los miembros del congreso habían huido de la ciudad por temor a perder sus vidas. Mientras se consideraban patriotas, el gobierno Ingles había dejado claro que debían ser tratados como traidores. Tal y como había dicho Benjamín Franklin, "Debemos permanecer juntos, o lo más seguro es que nos cuelguen a cada uno por separado".

Con el gobierno huyendo, con un tercio de la población de las colonias apoyado a los ingleses y con la nueva posesión de Nueva York y Philadelphia por parte de las fuerzas armadas de Howe ¿Qué pasaría con la lucha por la independencia? ¿Ya había terminado la guerra que apenas tenía un año y medio de edad?

Los miembros del Congreso, muchos de los cuales se habían reubicado en Nueva York y Pennsylvania, demandaron que el General Washington volviera a tomar control de la ciudad de Philadelphia. Pero el Ejército Continental acababa de sufrir una gran derrota en Brandywine Creek, y poco después en Germantown. Estaban rendidos, sus tropas muy disminuidas en número, y con falta de abastecimientos vitales. George Washington le respondió que no al congreso.

Después Washington seleccionó un sitio llamado Valley Forge localizado a veinte millas del noroeste de Philadelphia, en donde tenía planeado montar un campamento de invierno, para al menos intentar vigilar a los ingleses que se encontraban hibernando. El 18 de diciembre 11,000 hombres, de los cuales la mayoría se encontraban entre las edades de veinte y veinticuatro años, se arrastraron a través del campo. Las tropas estaban tristes, tenían frío, hambre y muy poca ropa. Algunos solamente tenían una camisa. La mayoría no tenía ni una. Miles de soldados no tenían ni siguiera sombreros, abrigos, zapatos ni calcetines. Cientos de soldados estaban tan enfermos que no podían caminar e incluso los tenían que cargar. Tal y como dijo Washington, "Pudieron haber rastreado los pasos del ejercito de White Marsh hacia Valley Forge por la sangre de sus pies".

Washington inmediatamente se ocupó de proporcionarles refugio y alojamiento a sus hombres. Formó grupos de cacería con soldados sanos, puso a todos a trabajar en un proyecto de vivienda con la construcción de chozas de madera, en parte por que eran necesarias y además para mantener a los hombres ocupados. Decidió que iba a vivir en su tienda de campaña, se rehusó a habitar el rancho que había requerido para su alojamiento hasta que sus hombres tuvieran un albergue apropiado. Incluso comió de las mismas raciones de "guerra" que sus hombres. Después implemento una rutina diaria de simulacros y ejercicio para rehabilitar a sus tropas y mantenerlos alertas. Eventualmente, utilizó a la gran cantidad buscadores de gloria del extranjero que el Congreso le había impuesto para entrenar y darle instrucciones a su ejército en movimientos militares, estrategias y disciplina. De lo que se suponía que era un ejercito que estaba destinado a pelear, Washington dijo, "lo único que pude hacer bajo estas circunstancias fue mandar a algunos grupos pequeños a vigilar y acosar al enemigo".

El Congreso parecía no entender las dificultades por las que estaba pasando el ejército, y no entendían el concepto de que cerca estuvieron de perder por completo a su ejercito. Washington les escribió: "Estoy completamente convencido sin duda alguna que a menos que algo grandioso y capital suceda para que esta situación cambie, este ejercito se va a reducir en una de las siguientes tres cosas. Morir de hambre, disolverse o desaparecer, para poder obtener subsistencia en la mejor manera posible". En vez de ayudar, el Congreso atacó personalmente a Washington. Fue desprestigiado y desacreditado abiertamente y en secreto. Circulaban susurros de que otras oficiales podían hacer un mejor trabajo como general en jefe. Otro de los Generales que se había unido a la causa, el General Thomas Conway, incluso escribió una carta en la cual atacaba el carácter de Washington y pedía que fuese removido. Muchos hombres se hubieran ido inmediatamente a York para defenderse, pero no George Washington. No iba a dejar a sus hombres en tales condiciones solamente para defender su propia reputación. Se iba a quedar en donde lo necesitaban y cumplir su obligación.

Después, el Congreso ordenó a Washington atacar a las fuerzas Inglesas en Canadá. Una vez más, para la consternación del Congreso y para avivar a sus adversarios, Washington se rehusó.

Una vez terminado el invierno, los hombres de Washington se volvieron mas disciplinados, más hábiles, más fuertes y mas que nada, mas dedicados a su comandante en jefe quién había sufrido a su lado. Los hombres podían sentir la verdadera preocupación que Washington tenía por ellos. Por esto Washington recompensaba a sus hombres abiertamente con cartas constantes. Escribió "Ver hombres sin ropa, para cubrir su desnudez, sin cobijas para acostarse sobre ellas, sin zapatos…y someterse sin siquiera emitir un murmullo, es una prueba de la paciencia y de la obediencia que en mi opinión es única".

De lo que Washington ya se había dado cuenta hacia mucho tiempo, y lo que muchos hombres entendieron con prontitud, era que lo único que tenían eran unos a los otros. Las ciudades vecinas y las colonias les proporcionaron muy poca ayuda. El Congreso parecía estar más preocupado por cualquier cosa menos por las condiciones de su ejército. Si iban a sobrevivir a través de estos tiempos tan desesperados, su única opción era apoyarse unos a otros. Para que eso sucediera, se requeriría un verdadero liderazgo. Y por eso nació George Washington.

Washington escogió al general en el que más confiaba, el General Nathaniel Greene, para ser el nuevo Jefe Supremo de su ejército. Greene inmediatamente se hizo cargo y mandó exploradores a lugares tan lejanos como los estados del sur para conseguir comida y abastecimiento. Greene administraba cada centavo, reponiendo la corrupción sin sentido que se había filtrado en el gobierno anterior al suyo. Finalmente, los ciudadanos locales también comenzaron a hacer aportaciones. Más tarde, la esposa de Washington, Martha, apareció y organizo para que todas las mujeres disponibles enmendaran y cocieran ropa. Dos mil hombres se encontraban sin zapatos, entonces Washington los hizo compartir. Después, trajo zapateros para que les enseñaran a los soldados como hacerse sus propios zapatos.

De acuerdo al autor Donald T. Phillips en el libro "*The Founding Fathers on Leadership*":

A finales de marzo, una vez que los soldados desnutridos estaban bien vestidos, bien instruidos y notablemente subiendo de peso. Uno de los oficiales que tenía un diario escribió "el ejercito se hace mas fuerte conforme pasan los días. Aumenta en número y existe un espíritu de disciplina entre las tropas que es aún mejor que el número de soldados. Cada una de las brigadas está en formación casi todos los días durante varias horas, marchando con regularidad y emoción". A finales de mayo, nuevas reclutas estaban llegando al Valley Forge para convertirse en miembros recientemente entrenados del Ejercito Continental renovado. Y a mediados de junio, Washington tenía 13,500 hombres a su cargo.

Durante los seis meses que pasaron en el Valley Forge, 3,000 hombres murieron de hambre y por enfermedades, casi uno de cada cuatro. Muchos perdieron extremidades por congelación severa, y todos vieron a sus compañeros pasar por dificultades inimaginables. Sin embargo todos los que sobrevivieron ese funesto invierno en el Valley Forge que después fue llamado el momento decisivo en la Revolución de los Estados Unidos de América.

Tan pronto llegara el verano, el ejército Inglés se iba a encontrar ante un ejército totalmente diferente del que habían perseguido a través de las montañas de Pennsylvania el invierno anterior. Era mas fuerte, mejor y mas grande que cualquier otro que hayan enfrentado hasta este momento del conflicto. Fue construido por George Washington, su líder, siempre al tanto y ocupado en cuidarlos.

Finalmente, el deseo del Congreso iba a volverse una realidad, y se iban a volver a mudar a Philadelphia. Además los ingleses perdieron interés debido a que mantener la ciudad no les proporcionaba ninguna ventaja estratégica y les resultaba muy costoso mantenerla. Pero el Ejercito Continental, aún enfrentaría grandes dificultades. El invierno que siguió fue aún peor que el que pasaron en el Valley Forge. Washington y sus tropas experimentarían más pérdidas que en cualquier otro momento en la guerra que se iba a extender durante años. Pero Washington, y casi solamente Washington, estaba conciente de que la lucha por la independencia estaba pivotada completamente en su habilidad para mantener a su ejército en el campo. Phillips dijo acerca del liderazgo de Washington durante el Valley Forge, "George Washington había logrado un giro impresionante por medio de la combinación de una actitud optimista y una realidad fundamentada sobre la situación y sobre lo que se tenía que hacer para rectificarla. Estuvo ahí todo el tiempo, luchando por su gente, animándolos, viviendo como ellos vivían y caminando entre ellos. Escucho y actuó de modo decisivo cuando era necesario. Lo mas importante de todo fue que George Washington nunca perdió la esperanza".

Quizás George Washington es el mejor ejemplo en toda la historia de un Líder en Nivel 3. El historiador ingles George Trevelyan dijo acerca de George Washington y de su Ejercito Continental que, "pueden existir dudas sobre si un numero tan pequeño de personas en un tiempo tan limitado realmente lograron efectos tan grandes y duraderos en la historia del mundo". Washington reconoció el impacto que tuvieron sus acciones de acuerdo a una perspectiva mas amplia y utilizo esa comprensión tan comprometida para permanecer tenaz y con muchas ideas para así poder enfrentar la poderosa adversidad. Estuvo presente en el escenario (*Moldear el camino*) incluso después de que fue atacado personalmente, sabiendo que su presencia, y solamente su presencia era requerida para mantener al ejercito unido (*Opera como comandante de campo*). De hecho, existió un periodo de seis años en el cual no regresó a su casa, y ¡nunca estuvo mas lejos de un par de días de distancia! (*El liderazgo requiere sacrificio*). Obligó a los demás a realizar acciones productivas, y obtuvo una enorme influencia a través de su constante demostración de un liderazgo de servir. Fue un organizador efectivo de logística y de abastecimiento, una persona que resolvía problemas con calma, y un ejemplo disciplinado para sus hombres. Se *comunicaba* efectivamente y con frecuencia, en persona y por medio de sus acciones incluso leía a la Tropa en voz alta el recientemente publicado libro de Thomas Paine llamado "*Common Sense*" lo cual le permitió desarrollar la moral de sus tropas.

Al darse cuenta de que posiblemente el era el único responsable de la victoria y la derrota en la lucha por la independencia (*Las personas deben estar de acuerdo y aceptarlos antes que cualquier otra cosa*), se responsabilizó del cuidado y entrenamiento de su ejercito, incluso cuando fue abandonado por sus superiores y dos terceras partes de su país. Formó a una colección de granjeros y comerciantes (*Los líderes tienen que guiar con recursos inadecuados*) y los convirtió en una fabulosa fuerza de lucha, y creó un lazo tan estrecho con sus hombres que con su simple presencia les inspiraba valentía. Durante ocho años Washington se las arregló para guiar soldados principiantes que habían perdido un número importante de batallas en contra de uno de los más temidos y poderosos ejércitos del mundo, manteniéndolos unidos y creyendo que al final podían prevalecer. Esto es liderazgo.

El historiador Page Smith comentó sobre Washington, "Su genio era su habilidad para resistir, para mantener el equilibrio en la mitad de un sin fin de frustraciones, decepciones, atrasos y fracasos". Y como dijo Washington en sus propias palabras, "He sido tu fiel sirviente hasta que siga estando en mi serlo. Yo he prevalecido". Los Líderes del tercer Nivel tienen mucho que aprender de este ejemplo de resistencia.

Resumen

Un líder comenzará a incrementar su influencia, al comenzar a comprender a fondo las suposiciones (arte) del Tercer Nivel de Liderazgo y al ejecutar las acciones (ciencia). Dicho líder podrá obtener resultados más importantes y cuantiosos, que cualquier lo que hubiera haber podido lograr la persona que tiene un buen desempeño, mientras que en el proceso enriquece las vidas de los demás. Sin embargo, en este Tercer Nivel de influencia el apalancamiento involucrado solamente llega tan lejos como el alcance que tiene líder. Esta influencia es producto de la presencia del líder en la escena. Pero los principios del liderazgo que se presentan en el Tercer Nivel se incrementarán en el Cuarto Nivel conforme el líder aprende a tener influencia no solamente a través de su grupo de *seguidores*, sino que aprende a tener influencia por medio del desarrollo y la efectividad de otros *Líderes*.

CAPÍTULO 9

El Cuarto Nivel de Influencia: El Desarrollo de Líderes

Un líder es un mejor líder cuando las personas apenas y lo notan. No es tan bueno cuando las personas lo obedecen y lo aclaman. Peor cuando lo odian. Pero un buen líder que habla poco cuado termina su trabajo, cuado ha logrado su meta, las personas dirán, "Lo hicimos nosotros".

—LAO-TZU (604-531 A.C.)

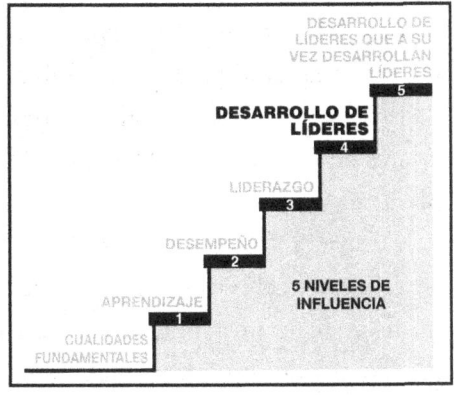

El Cuarto de los Cinco Niveles de Influencia es El Desarrollo de Líderes. Este capítulo trata de la habilidad que tiene el líder de aumentar su influencia por medio de la formación de *otros* líderes. El líder debe continuar aprendiendo (Nivel 1), teniendo un buen desempeño (Nivel 2) y Liderazgo (Nivel 3), pero ahora desarrolla las habilidades de otras personas las cuales también pueden prosperar en cada uno de estos tres niveles.

Los Líderes del Nivel 4 se convierten en los entrenadores de los líderes del Nivel 3 y de niveles inferiores. John Maxwell dijo, "cualquier líder que solamente este rodeado de seguidores se va a encontrar obligado a basarse continuamente en sus propios recursos para hacer que las cosas sucedan. Sin otros líderes para compartir el trabajo, se fatigará y desanimará". Jack Welch, ex presidente y Director General de GE (General Electric) escribió en el libro "*Jack: Straight from the Gut*", "formamos grandes individuos, los cuales después desarrollan productos y servicios maravillosos," y comentó acerca de su capacitación a nivel corporativo, "quería lograr, que la capacitación se enfocara en el desarrollo del liderazgo, no sólo en una capacitación funcional especifica". De hecho, llevó su tarea de formación de otros líderes tan lejos, que dijo: "manejábamos la fábrica de las personas para construir líderes grandiosos". Existe un viejo dicho que habla de la prosperidad, "si quieres un año de prosperidad entonces cosecha granos, si quieres diez años de prosperidad entonces cosecha hombres y mujeres". Esto es lo que hacen los líderes del Cuarto Nivel, y esto crea ramificaciones supremas a nivel personal y de la organización. Noel Tichy, autor del libro "*The Cycle of Leadership*", escribió, "el éxito de una empresa esta ligado directamente a su habilidad para crear líderes. Las empresas que más líderes poseen son las empresas con mayor éxito. "

Aquel Líder que tiene éxito al encontrar, desarrollar, y formar *otros* líderes ha ascendido al Cuarto Nivel de Influencia.

En el cuarto Nivel, el grupo crece, por que el líder ha formado otros líderes de Tercer Nivel. Un Líder de Cuarto Nivel tiene la tarea de remplazarse.

Continuando con el ejemplo del jugador de fútbol del los capítulos anteriores, en el Nivel 4 se ha convertido en la entrenadora. Su influencia no nace de su posición. En vez, nace se su habilidad para formar otros jugadores que son líderes (capitanes del equipo etc.) y asistentes del entrenador. Sus habilidades se emplean para el desarrollo de los demás para que asuman posiciones de liderazgo, dentro del mismo deporte. Estos individuos buscan su dirección y guía que los ayuden para aumentar sus propias habilidades de liderazgo.

Suposiciones o el "Arte" de la Formación de Liderazgo

Tal y como en cada uno de los Niveles de Influencia previos, hay suposiciones vitales en este paso de la Formación de Otros Líderes. Una vez que las suposiciones se encuentren en la mente del líder, le seguirán las acciones correctas.

También existe una tendencia sutil trabajando, conforme progresamos y escalamos a través de los distintos Niveles de Influencia. Entre mas suba los peldaños el líder, las suposiciones serán más numerosas e importantes, mientras que al mismo tiempo, las acciones se vuelven más pequeñas y esporádicas. Dicho de otro modo, entre mas asciendas a través de los niveles, existe más "arte" y menos "ciencia" involucrada. Quien *eres* se hace mucho mas importante que lo que *haces*. No nos entiendas mal, los líderes van a estar ocupados y van a trabajar en cada uno de los Niveles de Influencia, pero el énfasis de su esfuerzo cambiará conforme crecen en habilidad.

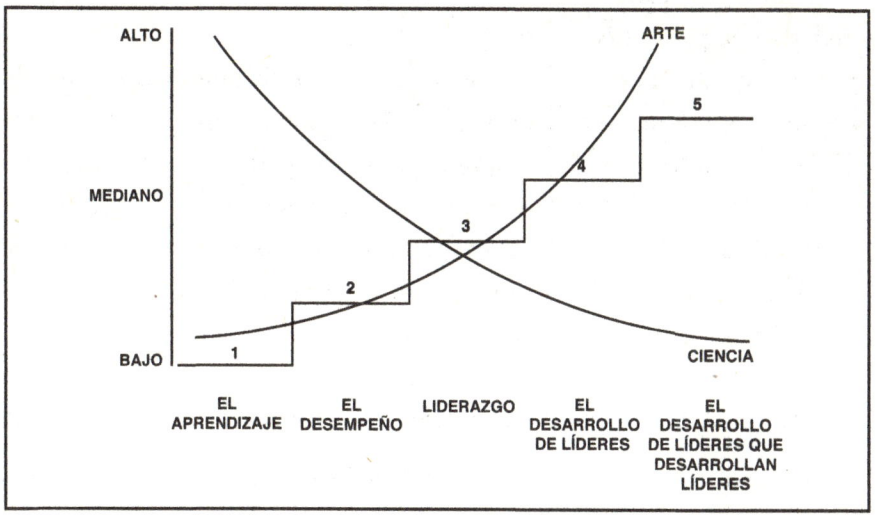

Los Líderes de Cuarto Nivel Saben que los Resultados Llegarán a Través de Otros Líderes

Este cuarto nivel es importante por que aumenta el alcance o el ámbito del líder dramáticamente. Es donde el líder no está contento solamente dirigiendo a los seguidores, entonces también se toma la molestia de formar otros líderes. Nos referiremos nuevamente a la ecuación física:

$$\text{Influencia} = \text{Esfuerzo} \times \text{Alcance}$$

Lo que vemos en este punto es que cada vez que un líder puede encontrar y formar a otro líder que logra un buen desempeño hasta el Tercer Nivel de Influencia, incrementa *exponencialmente* el alcance del líder original. En este caso el líder de Tercer Nivel obtendría beneficios de los conceptos de apalancamiento en términos de *multiplicación* (coordinando los esfuerzos de un equipo unificado de personas con un buen desempeño), el Líder de Cuarto Nivel obtiene las ventajas del *crecimiento exponencial* (La formación de otros quienes uno a uno se ocupan del efecto multiplicador).

> *"Obviamente, estaba rodeado de personas que tenían más dones y eran más talentosas que yo".*

Ross Perot, multimillonario fundador de EDS y Perot Systems, dijo, "Obviamente, estaba rodeado de personas que tenían más dones y eran más talentosas que yo". Este fue el secreto del éxito de EDS, el efecto multiplicador de todo este talento". Un Líder de Cuarto Nivel no se preocupa por ser la estrella de la organización; se preocupa por formar otras estrellas.

Los Líderes de Cuarto Nivel Entienden el Poder de la Duplicación

Mientras que un Líder de Tercer Nivel debe permanecer con su equipo para que se puedan lograr los resultados, un líder de Cuarto Nivel obtiene resultados incluso cuando no se encuentran presentes. Esta efectividad se obtiene por medio del rendimiento de *otros líderes* y su crecimiento exponencial mencionado en el párrafo anterior.

Los Líderes de Cuarto Nivel se enfrentan a los retos y a las oportunidades preguntándose a si mismos: ¿A quien he formado que puede manejar esta situación? ¿Cuál de mis líderes tiene el equipo capaz de realizar esta tarea? ¿Qué he hecho o que puedo hacer para ayudar a este líder a crecer y a mejorar?

Quizás uno de los mejores ejemplos del crecimiento exponencial por medio del poder de la duplicación viene de Ray Kroc y el sistema de franquicias de McDonald's. Mencionamos anteriormente que la visión de Kroc se extendía más allá que la de los fundadores del restaurante. En este punto podría ser de utilidad explicar la razón *por la cual* la visión de Kroc era tan grande: entendía el poder de la duplicación.

Kroc estaba convencido que el sistema de operación de un lucrativo restaurante de comida rápida, tal y como lo habían desarrollado los hermanos McDonald funcionaría. El toque especial que le añadió Kroc fue descrito por el autor John Love en el libro *McDonald's: Behind the Arches:*

> La esencia única pero sorprendentemente simple de la filosofía de las franquicias que tuvo Kroc, se basaba en que la compañía franquisiataria no debe vivir del sudor de sus franquicias, debe obtener el éxito por medio de la ayuda que otorga para que sus franquicias logren el éxito. *La genialidad de Ray Kroc se basaba en que trataba a sus franquicias como socios en partes iguales.* Como resultado de esto tenía algo que nadie mas tenía, franquicias que trabajaban de su mismo lado. Lo que eventualmente separó a McDonald's del resto fue la habilidad de Kroc *para reunir los esfuerzos de cientos de emprendedores* en sus franquicias de McDonald's para trabajar no solamente por sus intereses egoístas pero para los intereses de McDonald's. Ray Kroc lo veía de la siguiente manera, todos eran iguales. [Haciendo énfasis]

A pesar de que la mayoría de los líderes nunca experimentarán el poder de duplicación al mismo y sorprendente nivel que Ray Kroc y McDonald's, el ejemplo es claro. Los Líderes de Cuarto Nivel son capaces de alinearse con otros líderes para un propósito en común. Después desarrollan las habilidades de esos líderes para que sean capaces de lograr el éxito en equipo incluso cuando el Líder de Cuarto Nivel no este presente. El resultado es la productividad que se expande exponencialmente.

Los Líderes de Cuarto Nivel Saben que Los Líderes Tienen Fortalezas en Diferentes Áreas

Una de las razones por las que la formación de *otros* líderes funciona tan bien es por que todos tenemos diferentes fortalezas y habilidades. Los Líderes de Cuarto Nivel no son "protectores de territorios" o "se alimentan y viven de la fama", que tienen que ser los mejores en todo, obtener la gloria por cada logro y ser participes de todas las decisiones. Los Líderes de Cuarto Nivel se rodean de líderes que tienen fortalezas en diferentes áreas y en muchos casos, fortalezas en las que el Líder de Cuarto Nivel es débil. En otras palabras los Líderes de Cuarto Nivel se preocupan más por su visión que por su gloria personal. Están concientes que no son los mejores en todo, y por esta razón se rodean de líderes que son fuertes en las áreas que ellos no son. También se rodean de líderes que son fuertes en áreas en las que ellos son fuertes, y no se sienten intimidados por ellos.

Los Líderes de Cuarto Nivel Saben que La Visión Debe ser lo Suficientemente Grande para Muchos Líderes

Una de las razones por las cuales los Líderes de Cuarto Nivel son capaces de formar a otros líderes es por que la visión es lo suficientemente grande para todos ellos. Los Lideres están concientes de que el mejor talento no solo siente atracción por ofertas que involucran mucho dinero, ni por beneficios y poder, sino que por una visión convincente. A los Líderes de Cuarto Nivel no les molesta rodearse de talento y ayudar a los demás a desarrollar su talento, por que saben que ha suficientes cosas que hacer para todos. El logro de la visión ha tomado prioridad sobre metas más pequeñas, metas individuales, que parecen ser insignificantes en comparación con la visión.

Los Líderes de Cuarto Nivel Saben que el Reconocimiento es el Motivador más Valioso

En el cuarto nivel de influencia, el líder es ampliamente reconocido como un experto en su campo de trabajo. Los líderes de Cuarto Nivel toman un poco de "la atención pública" que tienen y la comparten con las personas que tienen un buen desempeño en su equipo. Lo hacen en voz alta y públicamente, edificando y reconociendo a las estrellas de su organización.

Los Líderes de Cuarto Nivel saben que una de las razones por las que la mayor parte de las personas en su organización tienen un buen desempeño es por el mero reconocimiento y crédito que les da el Líder de Cuarto Nivel. Mientras que los Líderes de Tercer Nivel están contentos por recibir crédito y reconocimiento de su propio liderazgo y buen desempeño, los Líderes de Cuarto Nivel saben que no están compitiendo con ninguna de las personas de su equipo y por lo tanto comparten el crédito para así construir y formar líderes. Los Líderes de Tercer Nivel generalmente están preocupados por la cantidad de reconocimiento que reciben; Los líderes de Cuarto Nivel se enfocan en la cantidad de reconocimiento que pueden otorgarle a los demás.

Algunos de los Líderes de Tercer Nivel de hecho se enojan cuando su propia gente comienza a igualar su buen desempeño. Los Líderes de Cuarto Nivel nunca se comportan de esa manera; en vez les dan el banderazo de salida a sus colegas y ven con agrado como los rebasan. Esta es una diferencia importante entre ser uno mismo simplemente un líder, y ayudar a *desarrollar a los demás como líderes*. Los Líderes de Cuarto Nivel están concientes del poder que tiene el reconocer a sus líderes. Entienden la importancia que tiene en la formación de los demás.

> *Reconocimiento: los bebes lloran por él y los hombres mayores mueren por él.*

El magnate de acero Charles Schwab una vez dijo, "considero que mi habilidad para despertar el entusiasmo de mi gente es el mejor activo que poseo, y la mejor forma para desarrollar lo mejor que hay dentro de cada persona, es por medio del reconocimiento y las palabras de aliento". Debió haber funcionado. Ya que Schwab se convirtió en un hombre muy rico y conocido por su habilidad en la formación de liderazgo en los demás.

Como dice el dicho que habla del reconocimiento, "Los bebes lloran por él y los hombres mayores mueren por él". Los Líderes del Cuarto Nivel no requieren ni lagrimas ni a la muerte para elogiar a sus líderes; saben que lo deben ofrecer profusamente.

Las Acciones o la "Ciencia" de la Formación de Líderes

En el Cuarto Nivel de Influencia, el lado "Artístico" del liderazgo esta comenzando a ser mas importante que el lado "Científico". Sin embargo, este cuarto nivel aún enmarca algunos pasos clave.

Los Líderes de Cuarto Nivel Obligan a Otros Líderes Para Obtener Resultados en Equipo

En el Nivel de Influencia anterior, el Tercer Nivel, el líder debía hacerse responsable de obligar a los demás para *actuar*. El líder de Cuarto Nivel debe obligar a las personas a obtener *resultados*. Existe una gran diferencia entre mantener a las personas ocupadas y volverlas efectivas. Existe un tiempo y un lugar para la actividad como enfoque, y generalmente esta presente en los primeros días de experiencia de un líder. La actividad crea habilidad, confianza y experiencia. Pero tarde que temprano, los resultados son lo que realmente importa. En el cuarto nivel, la credibilidad del líder viene a raíz de que es capaz de ayudar a *otros* líderes a lograr resultados.

Larry Bossidy, antiguo Director General de Honeywell y antiguo Vicepresidente de GE (General Electric), tiene algo que él llama Ultimate Metric (Medición Fundamental). Dijo, "Cuando estés confundido y no sepas que tan bien te estés desempeñando como líder, averigua como están las personas que estas dirigiendo. Y encontrarás la respuesta". En el libro *Attitudes and Altitudes,* el autor Pat Mesiti escribe, "Un líder efectivo no es aquel que es amado o admirado, mas bien es aquel que tiene seguidores que hacen las cosas correctas. La popularidad no es liderazgo; los resultados si lo son. Ser el mentor de una persona trata de la reproducción de tus valores [y resultados] en los demás". Un Líder de Cuarto Nivel se hace responsable por los resultados obtenidos en las vidas de las personas a las que dirige y forma.

> *La actividad crea habilidad, confianza y experiencia. Pero tarde que temprano, los resultados son lo que realmente importa.*

Los Líderes de Cuarto Nivel se Convierten en Los Exploradores del Talento

Si una organización tiene Líderes de Tercer Nivel efectivos, existe una gran probabilidad que alguien los desarrolló y fue su mentor. Esta es la tarea de un líder de Cuarto Nivel. Mike Shanahan, entrenador de los Broncos de Denver quienes ganaron dos veces el Super Bowl, y autor del libro *Think Like a Champion,* nos dice, "puedes hablar del trabajo en equipo, puedes hablar de compartir el trabajo, y puedes decir todo lo que quieras sobre cómo difundirlo. Pero en algún punto, tu líder debe salir a flote". Los líderes de Cuarto Nivel están concientes de esto y por lo tanto tienen la discreción para escoger y determinar a que personas les debe dedicar el tiempo y la energía para formarlas. Esto requiere que el Líder de Cuarto Nivel reconozca el liderazgo potencial de los demás. John Maxwell escribió en el libro *Equipping 101*, "Los grandes líderes buscan y encuentran líderes potenciales, y después los transforman en buenos líderes".

Existen varias cualidades que debemos buscar cuando determinamos a que personas vamos a formar como líderes. En el libro *"My Life and the Principles for Success"* el autor Ross Perot tiene una lista sencilla, y comenta, "tu éxito se basa en el juicio que utilices para formar una gran equipo de personas. Las personas que estas buscando no vendrán a ti las tienes que buscar. Busca a las personas que:

1. Sean Inteligentes
2. Sean Fuertes
3. Sean Confiables
4. Tengan un record de éxito desde su infancia
5. Les apasione ganar"

El Pastor Doug Murren dijo que los líderes vienen del rango de personas que tienen las siguientes características:

1. El ímpetu de innovar
2. Una pasión por los principios que va más allá del promedio
3. Una necesidad de afirmación que es mucho menor que el promedio
4. Un alto nivel de curiosidad
5. Un record intachable de como a dominado y evitado el fracaso.

Michael Abrashoff, antiguo Capitán del Barco de los Estados Unidos *Benford* y autor del libro "*It's Your Ship*", dijo, "apuéstale a las personas que piensan por si mismas," y añadió que el ser responsable de nuestras propias acciones es obligatorio. Peter Schultz, antiguo presidente de Porsche, dijo, "Contrata actitud. Capacita habilidades". En el libro "*A Fish Out of Water*" el autor George Barna aconseja a los líderes a buscar a las personas que:

1. Tengan facilidad para aprender
2. Tengan maduréz espiritual
3. Perciban al liderazgo como un acto de servir
4. Tengan pasión por la visión y por guiar a las personas hacia ella
5. Tengan suficientes talentos básicos que le permitan dar mayor valor al equipo.

Jeff Immelt, Director General de General Electric, fue citado en el libro de Noel Tichy "*The Cycle of Leadership*" diciendo que los líderes de GE deben comenzar con al menos cuatro características clave:

> Primero, debes tener un buen desempeño. No existe nada que pueda remplazar a las personas que muestran un buen desempeño, vez tras vez, durante épocas buenas y malas. . . . Segundo, quieres personas que saben como aprender todos los días. . . . Tercero, las grandes personas van a tener la habilidad de trabajar en diversos equipos globales. . . . Cuarto [es tener corazón]. Debemos encontrar la manera de atraer a las personas que quieren dar algo a cambio, dar algo a cambio al entorno, dar algo a cambio a la comunidad, dar algo a cambio al lugar en donde trabajan.

Pat Williams, Vicepresidente senior del equipo de Baloncesto Orlando Magic, dijo, "Estudios psicológicos nos muestran que las personas que tienen un alto desempeño, que tienen logros y éxito, no están preocupadas por lo que piensan los demás". Randy Haugen, empresario de Internet con gran éxito comenta: "Extraordinarios líderes en potencia son aquellos que:

1. Tienen un cimiento financiero
2. Cuentan con la capacidad de relacionarse fácilmente
3. Tienen credibilidad con sus compañeros
4. Saben mucho de las personas
5. Son seguros de si mismos
6. No están preocupados por lo que piensen los demás
7. Tienen disciplina personal".

Es importante notar como estas listas tienen mucho en común. Cuando lees las listas, casi existe un "sentimiento" de lo que son los candidatos correctos del liderazgo.

El reconocer líderes potenciales no es una propuesta en blanco y negro, y estas listas son inmensamente apreciadas por gigantes en el mundo del liderazgo. Para propósitos de este libro, nos enfocaremos en algunas áreas claves que son las más importantes al tratar de identificar a los líderes que vale la pena guiar y formar. Esta lista comienza con las tres Cualidades Fundamentales del Liderazgo con las que empezamos:

1. Hambre
2. Humildad
3. Honorable

Estas tres son fundamentales, pero al tratar de identificar líderes potenciales, existen algunos otros atributos que debemos considerar para que el Líder de Cuarto Nivel no pierda su tiempo guiando a aquellos que no se van a convertir en líderes efectivos. Los atributos son:

4. Actividad
5. Respeto
6. Relación conectada
7. Actitud
8. Capacidad para relacionarse fácilmente

Actividad

La actividad es un atributo sumamente importante que se debe buscar en aquellos que pueden ser potencialmente desarrollados para convertirse en líderes porque es un fuerte indicador de ambición, valentía e iniciativa. También se convierte en un diferenciador que puede ser utilizado por el mentor para explicar el privilegio que tiene esa persona de ser un Pupilo. El mentor o el Líder de Cuarto Nivel, le podría decir al Pupilo "la razón por la que estas aquí en vez de otros miles de candidatos es por que me has convencido por medio de tus esfuerzos que te quieres convertir en un líder. Si haces lo necesario y sigues mis consejos, te voy a enseñar lo que necesitas para obtener éxito". Cuando estés buscando líderes potenciales para desarrollar, busca a aquellos que tengan un alto nivel de actividad constante, personas que estén rotando continuamente a través del Ciclo de Logro, que hemos comentado anteriormente. Es imposible hacer virar a un auto estacionado, sin embargo un auto en movimiento gira fácilmente. Cuando se trata de encontrar líderes potenciales, busca a alguien que este en movimiento. Casi todo lo demás puede ser resuelto a través del camino.

Durante la Guerra Civil de los Estados Unidos, el Presidente Abraham Lincoln sufrió a través de una época de generales ineptos e inefectivos que se encontraban al frente del Ejército de la Unión. Parecía que el reto más grande era encontrar a alguien que tomara iniciativa para mover a la fuerza armada superior de la Unión hacia la batalla en contra del desarrapado Ejército Confederado. Algunos generales pasaron todo el tiempo que tenían instruyendo soldados. Otros pasaron todo su tiempo realizando combates inútiles y de poca envergadura. Otros se retiraron justo cuando la batalla, y quizás la guerra se puedo haber ganado. Lincoln quitaba a un comandante y lo remplazaba con otro que prometía llevar al ejército a la acción, una y otra vez. Finalmente el General Ulysses S. Grant demostró ser el hombre indicado. Pero tan pronto asumió el mando de las fuerzas Unidas, y las llevó a la acción, Grant fue severamente criticado. La respuesta de Lincoln fue un astuto recordatorio de la importancia que tiene la actividad como la materia prima de un líder. "No puedo remplazar a este hombre; el pelea," dijo Lincoln.

> "No puedo remplazar a este hombre; el pelea,"

Respeto

El concepto del respeto es fundamental para el proceso de convertirse en el mentor de una persona. Si un candidato para la formación de un líder no respeta al Líder de Cuarto Nivel, sus logros, y sus consejos, el proceso se derrumba antes de comenzar. Debe existir la creencia de que el mentor puede proporcionar al Pupilo lo que necesita para tener éxito como líder. Michael Dell, fundador de las Computadoras Dell, escribe en el libro "*Direct from Dell*", "para que cualquier empresa tenga éxito, es básico que los directores compartan el poder con éxito. También se deben respetar los unos a los otros, y comunicarse de manera constante de tal modo que prácticamente se vuelvan una sola mente que se ocupa de los asuntos y problemas más importantes que enfrenta la compañía". Esto es lo que hace el respeto: crea comunicación, y cooperación, y al mismo tiempo permite compartir el poder de con éxito.

Relación Conectada

Este término representa una relación en donde el mentor y el Pupilo simplemente parecen "conectarse". Para enseñar y aprender, el acuerdo más productivo es una relación en la cual ambos lados realmente se estiman.

Actitud

Es imposible enseñar liderazgo sin regresar continuamente al tema de la actitud. Las *personas* con éxito no cuentan con mejores circunstancias; simplemente tienen mejores actitudes acerca de sus circunstancias. Herb Kelleher, Director General de la lucrativa Línea aérea Southwest Airlines comenta, "los vamos a capacitar para que aprendan cualquier cosa que tengan que hacer, pero la única cosa que Southwest no puede cambiar en las personas son la actitudes inherentes". Los mentores deben buscar una actitud positiva por parte de cualquier candidato para la formación de liderazgo. Sin una actitud adecuada, no puede haber crecimiento personal.

La Capacidad Para Relacionarse Fácilmente

Los líderes están en el negocio de influenciar a las demás personas. Por esta razón, cualquier candidato para el proceso de formación de liderazgo debe tener las habilidades básicas con las personas. A esto lo llamamos "la Capacidad de relacionarse fácilmente". Una persona con capacidad de relacionarse fácilmente es querida, la gente confía en ella y es escuchada.

Hacen una buena primera impresión y una mejor impresión conforme la relación se vuelve más estrecha. Emanan credibilidad. Se aconseja a los mentores que estén en busca de un líder potencial, que elijan candidatos que ya tengan muy desarrollada esta habilidad de relacionarse con las personas fácilmente.

Los Líderes de Cuarto Nivel otorgan facultades a Otros Líderes

En el cuarto nivel, los líderes no están solamente formando *seguidores*, están formando *líderes*. Existe una gran diferencia entre ambos.
El otorgar facultades a otros líderes incluye el darles control y la autoridad para tomar decisiones. Significa dejarlos guiar sus propios equipos y cometer sus propios errores, simplemente, darles la libertad de volar o fallar. Los líderes verdaderos no se van a quedar con el Líder de Cuarto Nivel si no se les da la oportunidad de desplegar sus propias alas y enseñarles lo que pueden lograr, por que sin esta oportunidad nunca van a alcanzar su verdadero potencial. Esta es la razón por la cual se dice que los líderes promedio guían seguidores y los grandes líderes guían líderes.

Los Líderes de Cuarto Nivel Aprenden a Ser Mentores

La siguiente destreza más importante que un Líder de Cuarto Nivel debe desarrollar es la habilidad de ser un mentor. Como dijo el escritor H. Jackson Brown, Jr., "el talento sin disciplina es como un pulpo en patines de ruedas. Existe suficiente movimiento, nunca sabes si va a ser para delante, para atrás o para los lados". Los mentores le ponen el arnés al pulpo.

El Líder de Tercer Nivel es el Pupilo del mentor. En el Cuarto Nivel el se convierte en el mentor de otros. Ser un mentor es un proceso que requiere tiempo, energía, discreción, paciencia y disciplina, el cual puede ser difícil de llevar a cabo. Pero en realidad no

> *Los líderes promedio guían seguidores mientras que los grandes líderes guían líderes.*

existe nada que valga la pena tanto para un líder como ha habilidad de ser un mentor para que otros líderes de desarrollen y crezcan. Este es el secreto de multiplicación dentro de una organización, y el secreto de un crecimiento continuo y sustentable del buen desempeño de una organización.

Ser el mentor y formar a otros líderes puede parecer un arte perdido en la sociedad de "yo primero" estamos concientes que en muchas posiciones corporativas "la protección del territorio" es lo que dicta al día. Muchos "líderes" son cautelosos por formar a otras personas que tienen un buen desempeño por miedo a perder sus propias posiciones cómodas de liderazgo. Permítenos unas palabras de cautela: los líderes que se envuelven en si mismos y que buscan solamente su propio éxito y grandeza raramente duran mucho tiempo en el campo del liderazgo. Los verdaderos líderes confían en la habilidad que tienen de un buen desempeño y están concientes que la única manera de maximizarse a si mismos como líderes es por medio de la *formación de otros líderes*. Existe una verdadera situación en la que ambos lados ganan cuando un líder es mentor y le ayuda a crecer a otro líder. Y sin traer consigo a otros, el líder llega a su límite.

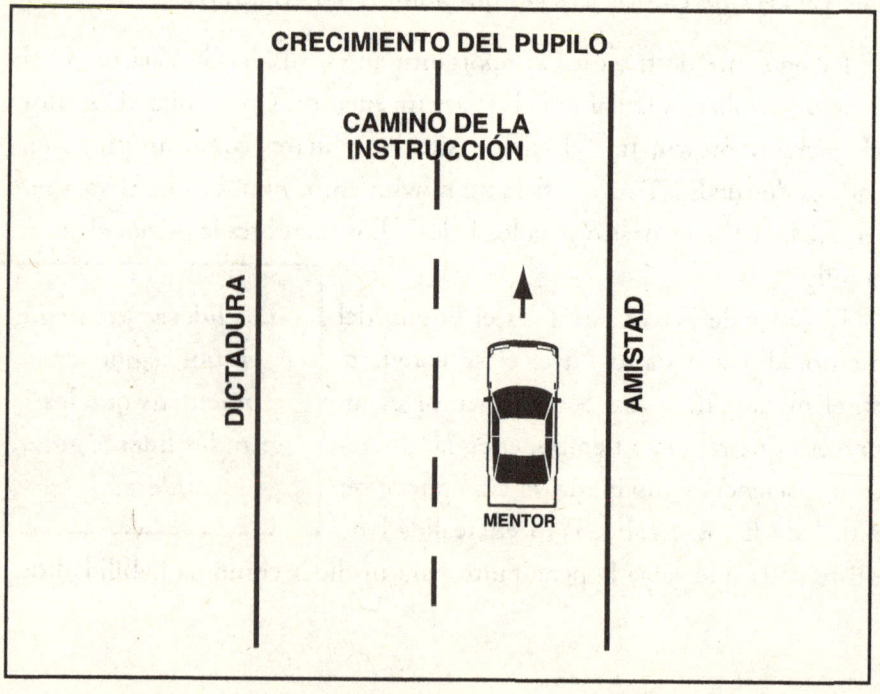

Los Líderes de Cuarto Nivel deben entender que el proceso de mentoría es un acto de malabarismo. Al igual que el camino al éxito esta delimitado por cunetas de Desaliento y Complacencia, el proceso de mentoría esta limitado por cunetas de Amistad y Dictadura.

Un mentor debe permanecer justo a la derecha del centro. Si un mentor se vuelve en un muy amigo del Pupilo, la familiaridad erosiona el respeto y la responsabilidad que el Pupilo tiene en la relación. Si un mentor se convierte en un dictador, el Pupilo se sentirá resentido y dolido; perderá la motivación y eventualmente el respeto que tiene por el mentor. Un mentor debe ser una persona que se preocupa por el desempeño del Pupilo lo suficiente como para decir lo que un amigo no se atrevería a decir. En cuanto a esto, de hecho el mentor *va mas allá* que la amistad. Pero además, el mentor debe respetar al Pupilo, de tal manera que no le permita ser mandón o demandante. Existen frases que pueden utilizar los mentores para que el Pupilo entienda exactamente cual es la situación de la relación. Una puede ser "¿esta bien que me vaya mas allá de una simple amistad y te hable como un mentor?" esto le recordará al Pupilo que, a pesar de que lo que está a punto de escuchar no es fácil de escuchar, es por su propio bien. De otro modo, el mentor puede decir, "quiero estar seguro que sepas que esto es únicamente lo que yo recomiendo. Puedes hacer lo que tú quieras. No soy tu jefe (si ese es el caso). Solamente quiero lo mejor para ti". Con simples frases como estas, el mentor le puede recordar delicadamente al Pupilo el tipo de relación que tienen y agrupar los consejos en una posición adecuada.

"Los mentores nunca deben asumir que cada uno de sus Pupilos deben ser tratados de la misma manera. Las personas somos diferentes, y cada uno de ellos necesita un tratamiento diferente. No queremos insinuar un tratamiento *desigual*, queremos insinuar un tratamiento *único y particular*. Como dijo el famoso productor y director de películas Steven Spielberg, "Ser el mentor de una persona no es formarlos de acuerdo a

> *"Ser el mentor de una persona no es formarlos de acuerdo a nuestra propia imagen, mas bien, es darles la oportunidad de crearse a si mismos".*

nuestra propia imagen, mas bien, es darles la oportunidad de crearse a si mismos". Esto puede lograse al entender el Pupilo como persona y descubrir que "cómo esta conformado".

Existen tres áreas que debes identificadas al comenzar a ser mentor de una persona. La primera es su personalidad o temperamento natural. Desde los antiguos filósofos, se sabe que cada uno de nosotros nace con una personalidad o temperamento básico. No hablaremos a gran detalle sobre este tema en este libro, pero los líderes deben saber cual es el temperamento dominante en sus Pupilos. Segundo, existen diferentes estilos de aprendizaje. Algunas personas aprenden por medio de instrucciones visuales, otros verbales y otros por medio de la experiencia. Tercero es el concepto de "Lenguajes del Amor". Esos son los estilos de comunicación que una persona prefiere, como la verbal, táctil, por medio de regalos, tiempo y/o actos de servicio. El conocer estas aptitudes naturales permite al mentor dar instrucciones en el preciso momento y creadas específicamente para la persona y así obtener el impacto máximo al formar al individuo como líder. Esto no es tan complicado como parece. Es de gran utilidad leer un poco acerca de los problemas de estilos de aprendizaje, lenguajes del amor y temperamentos para familiarizarte lo suficiente como para entender y ser capaz de identificar la inclinación natural de tu Pupilo. Esto facilitará de manera sorprendente el proceso de formación de liderazgo.

Ser un mentor involucra muchos pasos. Es mucho mas un arte que una ciencia. De hecho, se un mentor puede parecer una cirugía de cerebro a largo plazo. Lo que se intenta, es enseñarle al Pupilo como pensar correctamente como líder. El noventa y cinco por ciento de lo que trata de hacer un mentor es ayudar al Pupilo a desarrollar un pensamiento adecuado. En la siguiente sección, vamos a desglosar el proceso para mostrar sus partes componentes y así revelar el arte y enseñar la ciencia.

Pone el Ejemplo

En el libro *The Magic of Thinking Big*, el autor David Schwartz escribe, "durante un periodo, los subordinados tienden a convertirse en fotocopias de sus jefes. La manera mas simple de obtener un desempeño de alto nivel es estando seguros que vale la pena duplicar a la copia maestra". El ejemplo es una parte importante en todas las funciones del liderazgo, pero es especialmente importante al ser un mentor. Los seguidores necesitan ayuda. Los líderes necesitan un ejemplo. Por lo tanto para que un mentor pueda formar a otro líder es crucial poner el ejemplo. El Pupilo debe confiar al 100 por ciento que el mentor sabe de lo que esta hablando. Las pruebas se encuentran en los resultados. El mentor debe tener el fruto en el árbol para poder ser un consejero efectivo, por que saber y no tener significa, no saber. La única razón por la que el Pupilo va a escuchar al mentor es por que el Pupilo cree que el mentor le puede ayudar a obtener lo que quiere.

Hacer Preguntas

Con resultados obvios que demandan el respeto del Pupilo, el mentor puede comenzar el proceso de asesoría. Esto empieza al hacer preguntas. la naturaleza de las mismas puede variar, pero guían hacia lograr un número limitado de objetivos específicos y en relación con el concepto de Stephen Covey, en el libro *The Seven Habits of Highly Effective People*, que dice, "Primero busca para poder entender". Al principio, el mentor simplemente tiene que conocer al Pupilo, por que no podemos guiar a aquel que no conocemos. El mentor desea saber lo suficiente sobre el Pupilo:

1. ¿Qué lo impulsa?
2. ¿Qué lo hace especial?
3. ¿Por qué se involucró en este campo en particular?
4. ¿Qué lo motiva? ¿Cuáles son sus sueños?
5. ¿Cómo es su personalidad o temperamento?
6. ¿Qué retos ha tenido a través de su vida?
7. ¿Qué victorias ha tenido?
8. ¿Qué principios entiende e incorpora?
9. ¿Qué principios tiene aún que aprender?

10. ¿Qué es lo que aún no reconoce de si mismo?
11. ¿Cuál es su nivel de compromiso?
12. ¿Cuál es la base de su carácter?
13. ¿Qué está pensando?

La clave para el mentor es ser una persona que sabe escuchar. Un mentor debe aprender a hacer que las personas hablen de si mismas y de sus experiencias en el pasado de un modo que pocas veces hacen. Si el mentor logra que alguien hable por suficiente tiempo, puede aprender casi todo lo que debe saber sobre esa persona. Como si el mentor estuviera diciendo, "quiero conocerte para así poderte ayudar a lograr tus sueños". Un buen mentor pregunta, escucha y observa haciendo notas mentales, excavando mas profundo en los problemas que son especialmente esclarecedores en el modo de pensar del Pupilo. Eventualmente, el mentor podrá decirle al Pupilo cosas de si mismo que incluso el Pupilo no sabía. El escuchar, le permitirá al mentor saber en que esta pensando el Pupilo y como interpreta este la información, cual es su perspectiva y realmente que tan ambicioso es por alcanzar sus metas.

Construye la Relación

Para que el proceso de la formación de un líder sea efectivo, el Pupilo debe estar 100 por ciento seguro que lo que le esta diciendo el mentor es por su bien. El diccionario Webster define confianza como la "seguridad que tiene el carácter, la habilidad, la fortaleza o la verdad de alguien o de algo". Este nivel de confianza solamente puede ocurrir en donde existe una relación. Los mentores deben buscar formar lazos con sus Pupilos, y no existen atajos cuando se trata de relaciones. El mentor debe invertir tiempo constantemente y dedicarlo a construir y asegurar la relación. Esto es especialmente importante cuando llega el momento que el mentor tenga que corregir el camino del Pupilo o cuando tenga que enfrentar problemas de deficiencia. En este punto mas vale que exista una relación en la que el mentor se pueda apo-

> *No existen atajos cuando de trata de relaciones.*

yar. El viejo dicho aún prevalece: "a las personas no les importa cuanto sabes hasta que saben cuanto te importa". Esto es verdad especialmente al hablar del proceso de formación de liderazgo.

El autor Stephen Covey nos proporciona una analogía que nos puede ayudar a entender la construcción de las relaciones. Imagina la buena voluntad de una relación como una cuenta de banco. Ambos lados necesitan tiempo y experiencia para depositar "buena voluntad" en las cuentas de banco de cada uno. Conforme pasa el tiempo las cuentas de banco crecen y existe un excedente de buena voluntad. Entre más se acumula, más alto es el nivel de confianza entre las dos partes. Además, cuando existe un excedente en el balance que se construyó, existen suficientes "fondos" de buena voluntad en caso de que una de las partes se retire. En todas las relaciones existirán momentos en los cuales un comentario lastima los sentimientos o una de las partes se sienta despreciada o defraudada (e decir, un retiro). Si tienes suficientes fondos de buena voluntad en la cuenta de banco, la relación puede sobrevivir la transacción y no sufrir una bancarrota. "Estoy seguro que Fred no tenía la intención" o "Lo voy a perdonar, por que se lo que significo para ella" son las respuestas naturales en una relación que tiene una cuenta de banco con excedente. Los líderes están concientes de este principio y hacen un esfuerzo constante para hacer depósitos de buena voluntad en las cuentas de banco de sus compañeros y subordinados de manera regular.

Cuando un líder tiene la posición de mentor, este concepto se vuelve aún más crítico. La razón es por que en el proceso de mentoría, algunas veces es necesario y de hecho es el trabajo del mentor, proporcionar consejos que pueden ser incómodos y pueden ser interpretados como ofensivos para el Pupilo. Si no se ha establecido previamente una cuenta de banco de buena voluntad, la relación se va a la bancarrota y el proceso de ser un mentor falla. Pero en una sólida relación construida sobre una base de buena voluntad, el Pupilo toma el consejo y lo utiliza para crecer y mejorar. John Maxwell escribió, "nunca subestimes el poder que tiene construir relaciones antes de pedirles que te sigan".

Reafirma al Pupilo

Todos necesitan ser aceptados, y los líderes no son diferentes. Los mentores reafirman a sus Pupilos al aceptar donde se encuentran y al aprobarlos como personas. Esto no significa que el mentor debe estar de acuerdo con todo lo que hace el líder en crecimiento, lo que significa es que acepta al Pupilo como persona de valor y alguien que vale la pena respetar. Entre mas nueva sea la relación, es mas importante que el mentor se mantenga en una posición en la que no se dedica a juzgar. Ya habrá suficiente tiempo en el proceso de formación del liderazgo para hacer ajustes e inspirar el crecimiento personal. Sin embargo, la puerta de entrada para hacer cambios positivos nunca se abrirá a menos que el Pupilo primero sea aceptado y reafirmado por lo que él es desde un principio.

Construye la Creencia del Pupilo

Es muy difícil lograr algo a menos que se crea en el objetivo, en el plan, en el liderazgo y en la causa que se encuentra detrás de todo ello. En un nivel aún más profundo, es muy difícil lograr algo cuando la persona no cree en su propia habilidad. Un mentor apoya por medio de convicción en todas estas áreas, pero particularmente en la categoría de creer en uno mismo. Esto puede volverse un desafío. Incluso los líderes más fuertes de vez en cuando dudan de si mismos. Los mentores están listos con la evidencia de un buen desempeño en el pasado y soporte basado en su propia experiencia para así reforzar la creencia del Pupilo en si mismo y la posibilidad que existe de poder lograr algo. Anthony Robbins explica que las creencias deben tener el soporte de una evidencia que lo respalda, del mismo modo como un banquillo se sostiene con sus patas. Las patas soportan a la creencia están compuestas por:

1. la evidencia de un buen desempeño en el pasado
2. carácter
3. valores

Los mentores ayudan a reforzar la creencia que tiene el Pupilo sobre si mismo por medio del constante recordatorio de esta evidencia que lo soporta. Teniendo a una persona que cree en el, y más importante, que le ayuda a creer en si mismo como un componente crítico para poder contar con mayores logros. Los Líderes De Cuarto Nivel que son efectivos cumplen con esta responsabilidad.

Construye el Sueño del Pupilo

Otro componente clave de las responsabilidades del mentor, es ayudar al Pupilo a desarrollar su sueño. Los mentores caminan, han visto mas allá, y le pueden ayudar al Pupilo a soñar y a pensar más lejos de lo que podría por si mismo. Muchas veces los líderes no pueden ver que tan lejos los puede llevar su propia grandeza, pero un mentor si puede. Como observó John Wanamaker, "Una persona no esta haciendo mucho hasta que la causa por la que esta trabajando lo posee".

Mata el Miedo del Pupilo

El miedo es lo que frena y limita el desarrollo del líder en el borde de su zona de confort. Los mentores proporcionan una salida. Esto se puede hacer al volver a formular las situaciones para ayudar a los Pupilos a ver las cosas de diferente manera. Se puede lograr al exponer los problemas que causan ansiedad para verlos como los finísimos obstáculos que son en realidad. Generalmente, hace que el mentor le de el valor al Pupilo para enfrentar sus miedos de frente. Como dice el dicho, "El noventa y cinco por ciento de las cosas por las que nos preocupamos nunca ocurren, y el 5 por ciento de las cosas que si ocurren no son tan malas como nos las habíamos imaginado". Cuando los líderes tienen un buen desempeño y se alejan de sus zonas de confort, con frecuencia se impresionan por la mínima resistencia que enfrentaron en comparación con la gran resistencia que habían temido que ocurriera. El cruzar estas barreras es lo que acaba con el miedo, y los mentores están ahí para que ese cruce se haga con valentía en prenda. La valentía no es una acción sin miedo es una acción a pesar del miedo. Los mentores promueven esta valentía.

Otorga Confianza

Una de las maneras que usan los mentores para infundir valentía en los corazones de sus Pupilos es por medio del desarrollo de la confianza. Se ha dicho que la confianza es algo frágil. En un instante el líder esta por los cielos y en el siguiente por los suelos. Los mentores ayudan a construir y a restaurar la confianza al señalar y recordar victorias pasadas y recordando al líder sus fortalezas y habilidades. "No es tan difícil" dice el mentor, "ya has estado aquí antes. Con tus fortalezas, vas a poder manejar este reto también". Un mentor desarrolla la confianza al ser específico. Los halagos y las palabras sueltas no tienen significado, y de hecho hacen que la confianza del líder se reduzca aún mas. Un mentor conoce las habilidades y los éxitos del pasado de su estudiante y los menciona específicamente. "¿Recuerdas aquella ocasión en la que superaste X problema? ¿Cómo lo hiciste? Entonces, vas a hacer esto de la misma manera, y eres un líder mucho mas fuerte ahora de lo que eras en ese momento". Este tipo de refuerzos construye la confianza y le permite al líder maximizar en vez de paralizarse por las dudas o el miedo.

Mantiene al Pupilo en la Fase de Acción

Otra manera en la que los mentores desarrollan la confianza de sus Pupilos es manteniéndolos en acción. La confianza en un buen desempeño generalmente se debilita cuando la actividad del líder disminuye. El recordar las victorias del pasado y el buen desempeño tiene límite. No existe nada como un nuevo éxito que pueda reforzar más la confianza, y los mentores se aprovechan de esta verdad. Mantener a los Pupilos en el juego (involucrados en la acción) es la mitad de la batalla para desarrollar la confianza.

La etapa de acción también es necesaria para el desarrollo de los hábitos adecuados. Si los líderes no pueden hacer que su gente haga suficientes cosas correctas de manera constante, eventualmente esas cosas se van a convertir en hábitos. Cuando los líderes desarrollan buenos hábitos, su capacidad se convierte en una competencia inconciente; pueden tener un buen desempeño sin tener que hacer una pausa para pensar demasiado en ello. Hacer las cosas correctas repetitivamente, hará que se desarrollen varios instintos conforme pasa el tiempo. Para un líder, el desarrollo de buenos instintos se convierte en una obligación. Muchas veces los líderes tienen poco tiempo para tomar decisiones clave. La habilidad de tomar las decisiones correctas bajo presión solamente se puede desarrollar por medio de vivir la etapa de acción el suficiente tiempo para que, los hábitos efectivos y el buen juicio, se conviertan en parte de nuestros instintos. Nada de esto se puede aprender en ningún otro lado que no sea la fase de acción. Los buenos mentores mantienen a sus Pupilos altamente comprometidos en la fase de acción para así fomentar este desarrollo.

> *Lo que importa no es lo que sucede, sino cómo ve el líder aquello que sucede.*

Volver a Formular los Retos del Pupilo

Los mentores deben tener la habilidad de ver las cosas bajo su propia luz y después ayudar a esparcir esa luz en la mente del Pupilo. En ocasiones puede ocurrir que el líder este tan cerca del bosque que no puede ver los árboles. Algunas veces los soldados que están en el campo de batalla no tienen una perspectiva de quién está ganando la guerra. Los mentores le pueden dar su perspectiva sobre los retos que enfrenta el líder. Esto se hace por medio de volver a formular los retos, donde el mentor toma el reto tal y como lo definió el Pupilo y lo "vuelve a formular" bajo una luz diferente. Puede ser que el Pupilo solo vea limones, pero el mentor le enseña a hacer limonada. El Pupilo solo ve nubes, pero el mentor ve la perspectiva consoladora, la esperanza. Esta es una habilidad muy importante y va dirigida a lo que debe hacer un mentor. Volver a formular los problemas y retos permite al Pupilo ver una nueva perspectiva para llegar a la solución. No es más que presentar la evidencia de manera distinta para convencer al líder que todavía puede tener éxito. Sin una formulación adecuada de los retos, se pueden ver insuperables los obstáculos. "Pudiera parecer de este modo ahora," comenta el mentor, "pero te aseguro que cuando me pasó a mi, resultó ser totalmente lo opuesto. Velo de esta manera". No es lo que pasa, sino que lo que cuenta, es como el líder interpreta los hechos. Los mentores le ayudan a sus líderes a ver las cosas de manera adecuada.

Permite que las Batallas Instruyan

Todo mentor esta conciente que las batallas que enfrentará el Pupilo están ahí para instruirlo. Mientras que es importante volver a formular los retos y obstáculos desde una perspectiva adecuada como lo acabamos de discutir, también es trabajo del mentor permitir que las batallas acontezcan para que así impartan su sabiduría. Es correcto decir que aprendemos más de nuestros errores que de nuestros éxitos. El novelista Americano Herman Melville dijo, "Aquel que nunca ha fallado en nada, no puede ser grandioso". En el caso de cualquier gran líder fueron las batallas las que lo hicieron grandioso. En el libro *Know Your Limits—Then Ignore Them*, el autor John Mason dice, "Los problemas son el precio del progreso. Los obstáculos que enfrentamos en la vida tienen la intención de hacernos mejores, no de amargarnos".

> "Los problemas son el precio del progreso".

Existe un concepto llamado "experiencia del desierto". Moisés se vio obligado a guiar a los Israelitas a través del desierto durante cuarenta años para prepararlos como la gente que iba a heredar la tierra prometida de Canaan. Jesús se fue al desierto para rezar y poner a prueba su capacidad de resistir totalmente la tentación. Dicen que el Presidente Ronald Reagan se encontró con su "experiencia del desierto" cuando su carrera de estrella de cine y su matrimonio terminaron simultáneamente después de la Segunda Guerra Mundial. Era un actor que iba en ascenso, haciendo cientos de películas y estaba casado con la actriz del año, pero el divorcio y un cambio en sus contratos lo dejaron completamente solo, se dedicó a hacer pequeñas partes en televisión y viajó a través del país como un portavoz nacional de General Electric. Fue una caída en status que muy pocas personas hubieran soportado, y duró años.

Pero una de las personas que escribió la biografía de Reagan, Peggy Noonan, nos explica como los años que pasó Regan como portavoz para General Electric, de hecho lo *convirtieron* en un político. Podía hablar libremente de problemas políticos que le interesaban mientras que perfeccionaba sus habilidades de comunicación. (El que después fuera conocido incluso por sus críticos como "El Gran Comunicador" no fue accidental.) Además, iba de pueblo en pueblo conociendo a miles de personas y aprendiendo acerca de "cómo piensa la corriente dominante americana". Fueron las habilidades que aprendió durante esos años, su experiencia en el desierto, las que le dieron las armas para ser uno de los mejores presidentes de la historia de los Estados Unidos de América. Se dice que cada problema presenta al hombre a si mismo, y los años que paso Regan como portavoz ayudaron a presentar el actor al hombre de estado.

Los Líderes de Cuarto Nivel saben que sus Pupilos van a ser perfeccionados en el ardiente horno de la lucha, y por lo tanto lo permiten y ayudan a impartir las lecciones que se aprenden en el camino. Como mentores, Los Líderes de Cuarto Nivel deben ayudar a sus Pupilos a darse cuenta que el desayuno de los campeones no es un cereal, es la lucha. Después de todo, la lucha es lo que le da el sazón y hace que la victoria tenga un sabor dulce.

> *Todo líder necesita que lo alienten.*

Alienta al Pupilo

Después de volver a formular los retos viene el aliento. Todo líder necesita que lo alienten. Los mentores informan a los Pupilos que ellos llevan las semillas de la grandeza en su interior, que *si* cuentan con lo que se requiere para lograr el éxito.

Cuando un hombre con el corazón roto llamado Nathaniel Hawthorne, fue a casa para decirle a su esposa que lo habían despedido de su trabajo en una Agencia Aduanal y a confesarle que era un fracasado, ella lo sorprendió con una exclamación de alegría.
Le dijo de manera triunfal, "¡ahora ya puedes escribir tu libro!"

El le contesto con una confianza titubeante "Si, ¿Y de que vamos a vivir mientras que lo escribo?"

Se asombró, cuando ella abrió un cajón y saco una gran cantidad de dinero.

Exclamó, "¿De donde sacaste eso?"

Ella contesto, "siempre he sabido que eras un hombre brillante. Sabía que algún día ibas a escribir una obra maestra. Entonces, del dinero que me dabas para la casa, cada semana guardaba un poco; aquí hay suficiente dinero para sobrevivir un año entero". I

> "El verdadero secreto para lograr el éxito es el entusiasmo".

Una de las mejores novelas de la literatura americana fue creada gracias a su confianza y aplomo: *The Scarlet Letter*.(La Letra Escarlata). Algunas veces el aliento es lo único que se necesita.

Difunde un Entusiasmo Contagioso

Ralph Waldo Emerson dijo, "Nunca se ha logrado nada grandioso sin entusiasmo". Walter Chrysler nos dice, "El verdadero secreto del éxito es el entusiasmo. Si, más que entusiasmo yo diría que es emoción. Me gusta ver cuando las personas se emocionan. Cuando se emocionan, hacen que sus vidas tengan éxito". Los mentores deben demostrar las cualidades de entusiasmo y emoción. El entusiasmo es contagioso, es como el fuego en madera seca, que se esparce de un lugar a otro. Los mentores son los fogoneros que inician el fuego, manteniendo a las llamas de la emoción en sus Pupilos avivadas. El entusiasmo es un sentimiento, y los mentores deben volverse hábiles para poder transferirlos.

Cuando Vince Lombardi se convirtió en el entrenador principal de los Green Bay Packers, el equipo había decaído. El año previo su record de juego había sido de diez juegos perdidos y un empate en los últimos doce partidos. De acuerdo a un artículo en la revista *Guideposts*, Lombardi apareció y dijo, "Caballeros, vamos a tener un equipo de fútbol. Vamos a ganar algunos juegos. ¡Entendieron! Van a aprender a bloquear a correr y a taclear. Van a jugar mejor que todos los equipos con los que se enfrenten. Que tengan confianza y entusiasmo por mi sistema. ¡De aquí en adelante, quiero que solamente piensen en tres cosas: su hogar, su religión y los Green Bay Packers! ¡Dejen que el entusiasmo se apodere de ustedes!" desde ese momento, los Green Bay Packers se convirtieron en el equipo dominante durante una década. El mentor Vince Lombardi, no solamente había transferido el sentimiento de entusiasmo, ¡lo había exigido! Además exigió que sus jugadores fueran entusiastas y no solamente relativo a su entrenador, sino que ¡también sintieron gran entusiasmo por su sistema! Los Líderes de Cuarto Nivel saben como generar este tipo de entusiasmo en sus líderes.

Enseña la Filosofía

Todas las Organizaciones efectivas y sus líderes tienen una filosofía de éxito, un mapa de comportamiento y pensamiento que explica y continúa con su historia de éxito. La tarea del Líder de Cuarto Nivel es inculcar esa filosofía en los corazones y mentes de los líderes que se están formando. Cada interacción entre el mentor y su Pupilo es una oportunidad para predicar y enseñar la filosofía ganadora.

Bill Walsh, antiguo entrenador principal de los 49ers de San Francisco, comentó sobre el entrenador con mayor éxito en la historia de los deportes John Wooden, "John Wooden es un 'entrenador y filósofo' en el un sentido verdadero es: un hombre que cuyas creencias, enseñanzas y sabiduría van mas allá de los deportes, y finalmente se enfocan a sacar lo mejor de ti mismo y de los demás en todas las áreas de la vida. Es un maestro y experto que entiende la motivación, la organización y la psicología. El entrenador Wooden puede compartir su sabiduría con éxito por que tiene el don de poder expresar su filosofía de manera directa y simple, de manera accesible y aplicable para todas las personas". La habilidad de expresar y compartir una filosofía ganadora es la aptitud central que debe tener cualquier mentor. Si funcionó para el entrenador atlético con más éxito en la historia, vale la

> *Para tener una buena calidad de vida, debemos tener una buena calidad de pensamientos.*

pena que los mentores de todos los campos lo utilicen.

Imparte su Manera de Pensar (El Sentido Común)

El Don más importante que cualquier líder con éxito tiene que compartir con los demás es su manera de pensar. Para tener una buena calidad de vida, debemos tener una buena calidad de pensamientos. El autor David Schwartz, en el libro *The Magic of Thinking Big,* dice, "En lo que se refiere al éxito, no se mide a las personas en centímetros, o kilos, o títulos, o antecedentes familiares; las personas se miden por el tamaño de sus pensamientos. La grandeza de nuestros pensamientos determina que tan grandes son nuestros logros. Además la mejor preparación para el liderazgo es el pensamiento". Uno de los objetivos más importantes para un mentor es impartir gradualmente su manera de pensar al Pupilo. Este proceso no es fácil ni rápido. Solamente puede ser el resultado de pasar tiempo con el Pupilo, viendo y enfrentando os problemas de manera constructiva. Se requiere estudio diligente por parte del Pupilo y un cuestionamiento e instrucción cautelosa de parte del mentor. Conforme pasa el tiempo, el Pupilo debe reaccionar a las nuevas circunstancias con la siguiente pregunta: ¿Qué pensaría mi mentor acerca de esto? Eventualmente, en una relación bien desarrollada, el Pupilo le presentará los retos al mentor con un análisis con su mejor aproximación sobre lo que el mentor probablemente hubiera recomendado. De esta manera, el Pupilo puede adoptar la manera de pensar del mentor y puede aprender a aplicarlo a cualquier cosa que suceda en su camino.

Corrección de la Trayectoria y Confrontación de Problemas

Discutimos el concepto de corrección de la trayectoria en el Ciclo del Logro e hicimos énfasis sobre la importancia que tiene buscar una guía. Esta es un área de operación muy grande para el Líder de Cuarto Nivel. Cuando eres un mentor, es tu trabajo identificar en que casos el Pupilo esta fuera de la senda o trayectoria, para dar una corrección a la misma.

1. ¿Qué principios le faltan al Pupilo?

2. ¿Cuáles son sus patrones de pensamiento y en que están equivocados?
3. ¿Cómo debe volver a formular su perspectiva?
4. ¿Cómo puede el Pupilo ver las cosas de manera distinta para que tenga un comportamiento más efectivo y un mejor desempeño?
5. ¿Qué actitudes son inapropiadas y cuales no son productivas?
6. ¿Qué necesita ver el Pupilo que no está viendo y de que manera le puede ayudar el mentor a verlo?

Este es el tipo de preguntas que debe explorar el mentor cuando esta escuchando al Pupilo e investigando una visión correcta de la situación. En este punto es donde escuchar y conocer al Pupilo son requisitos absolutos. De hecho, el mentor debe ayudarle al Pupilo a verse a si mismo.

Esto es necesario porque todos tenemos "puntos ciegos" en nuestras vidas. Estos son problemas o debilidades que simplemente no podemos ver de nosotros mismos (a pesar de que los demás si puedan). Los mentores se darán cuenta que sus Pupilos son "intencionalmente ciegos y ciegamente intencionados" en lo que se refiere a estos puntos ciegos, y la tarea del mentor es ayudar al Pupilo a enfrentar estas áreas.

> *De hecho, el mentor debe ayudarle al Pupilo a verse a si mismo*

Es como si el mentor sostiene un espejo de la verdad para que el estudiante pueda guardar su espejo de auto-decepción.

Las correcciones de trayectoria se deben hacer con amor. Recuerda, el Pupilo debe saber sin tener duda alguna que el mentor lo esta haciendo por su propio bien. Debe saber que el mentor nunca diría algo para lastimarlo intencionalmente. Solamente bajo esta plataforma se pueden hacer efectivas correcciones de la trayectoria. La terminología que nos gusta viene de dos autores Josh McDowell y Bob Hostetler en su excelente libro, *The New Tolerance*. McDowell y Hostetler dicen que debemos hablar con "una verdad humilde y un amor agresivo". La humilde verdad se refiere a que las correcciones de trayectoria deben ocurrir gentilmente y con amabilidad para que el Pupilo no se desmoralice. El amor agresivo se refiere a que el sentimiento de preocupación y de respeto es tan fuerte que el mentor puede sentir la libertad de hacer correcciones de trayectoria sin lastimar los sentimientos o el orgullo del Pupilo.

¿Cuantos de nosotros nos hemos inclinado a hacer lo contrario por instinto y en vez hablar con una verdad agresiva y un amor humilde? Paul David Tripp, autor del libro *Instruments in the Redeemer's Hands,* escribe, "Nosotros no queremos servir a los demás de tal modo que se requiera. . . sacrificio personal. Preferiríamos lanzar granadas de verdad hacia la vida de las personas, en vez de presentar ante ellos nuestra propia vida. Los Líderes de cuarto nivel nunca deben simplemente "lanzar granadas de verdad" a su gente. Primero deben tomarse el tiempo para establecer un amor agresivo. Como el autor Stevenson Willis escribió, "El tacto es el martillo de terciopelo con el que se suavizan los golpes de la dura realidad". El Rabino Zacarías dice, "Si le quitamos a alguien la nariz, entonces ¿Qué bien le podemos hacer al darle una rosa?" Los Líderes de Cuarto Nivel saben que entre mas fuerte sea el amor se permiten correcciones mas fuertes.

> *"Si le quitamos a alguien la nariz, entonces ¿Qué bien le podemos hacer al darle una rosa?"*

Existe un dicho que dice que las conclusiones verdaderas no pueden ser resultado de suposiciones defectuosas. Los mentores le ayudan a los Pupilos a enfrentarse con los problemas que los están retrasando por medio del asesoramiento de las suposiciones.

El grado de respeto que existe entre el mentor y el Pupilo se puede medir con la cantidad de honestidad que existe entre ellos. Además se necesita honestidad para enfrentar problemas y obstáculos claros efectivamente.

En el área del crecimiento personal, el operativo fundamental es que la lección continúa hasta que la lección se aprenda. Si una organización no se mueve hacia delante, es por que el líder no se esta enfrentando a los problemas que surgen en el camino. Los mentores pueden ayudar señalando estos problemas y obligando al líder a hacer cambios para que las cosas se vuelvan a mover hacia delante.

Imagina el progreso de la organización como si fuera una marea en gran movimiento. La tarea del líder es quitar todos los obstáculos que están en el camino de la marea que sube y baja. Cuando el flujo del agua choca contra un bloqueo, el flujo se detiene y el líder se ve en la necesidad que quitar el obstáculo. Si no lo hace, la organización se detiene sin tener progreso. Algunas veces el problema es con el líder mismo. Puede ser que sea él mismo, el que está bloqueando al agua. Los mentores pueden ayudar al líder a identificar este problema y a quitar o retirar los obstáculos del camino. A veces, los problemas que tienen que enfrentar los líderes no son agradables, pero de todos modos deben de manejarse. En este punto es donde los mentores y los líderes deben tener la valentía de hacer lo necesario para resolverlo.

Este proceso de enfrentar problemas requiere que observemos y escuchemos de cerca, pero además, como mencionamos anteriormente demanda tacto. Los mentores deben aprender a utilizar "martillos de terciopelo" cuando estén quitando las moscas de la frente de sus Pupilos. Debemos enfrentar los problemas, y el mejor método es atacarlos cuando aún son pequeños. Recuerde que arrancar una pequeña rama es más fácil que después tener que cortar un roble.

> *Los mentores deben aprender a utilizar "martillos de terciopelo" cuando estén quitando las moscas de la frente de sus Pupilos.*

Una de las mejores técnicas para enfrentar las áreas de interés que involucran al Pupilo es el "método del sándwich". Lo que involucra halagar al líder estudiante en las áreas de fortaleza y en logros valiosos específicos. Después el mentor enfrenta el problema con calidez y entendimiento, pero al mismo tiempo con audacia y atrevimiento. El objetivo del mentor debe ser "poner todo sobre la mesa". Por último, una vez que se hayan enfrentado y discutido directamente los problemas con el fin de obtener una conclusión productiva (reconocimiento del Pupilo, un compromiso para mejorar o corregir el problema y respondiendo todas las preguntas), el mentor puede terminar la discusión al formar nuevamente al Pupilo, recordándole sus oportunidades y haciendo énfasis en que lo que se tiene que corregir es el comportamiento no la persona. Recuerde es vital que el Pupilo entienda cuán importante y valioso es el Pupilo para el mentor. Sería mucho mas fácil para el mentor ignorar las conversaciones incomodas (al menos en el momento), pero el mentor se debe dirigir a estas cosas por que se preocupa por el estudiante.

Hace que el Pupilo se Haga Responsable

Una gran parte de la mentoría involucra el concepto de hacerse responsable. El hecho de que cada uno de nosotros busque excusas o coartadas cuando las cosas no salen como nosotros queremos es una tendencia natural. Los líderes no pueden darse este lujo. Los mentores deben entrenar a sus Pupilos en el arte de hacerse responsables y no solamente por sus acciones, también por sus resultados.

> *Los mentores deben capacitar a sus Pupilos en el arte de volverse responsables y no solamente por sus acciones, sino también por sus resultados.*

En 1899 un pequeño artículo escrito por un hombre llamado Elbert Hubbard apareció en la revista The Philistine. Contaba la historia de una junta entre el presidente de los Estados Unidos, William McKinley, y el Coronel Arthur Wagner jefe del Buró de Inteligencia Militar de los Estados Unidos. La guerra con España en la isla de Cuba estaba a punto de estallar y los Estados Unidos tenía la desesperada necesidad de comunicarse con el líder insurgente cubano, el General Calixto García. Se sabía que el General García solamente se encontraba en las montañas de Cuba guiando a las tropas rebeldes en su pelea por la libertad. Se desconocía exactamente en donde se encontraba.

Coronel Wagner le dijo al presidente, "tengo un hombre, un joven oficial, el teniente Andrew Summers Rowan. Si hay alguien que puede llevarlo un mensaje a García es Rowan". Después el Coronel Wagner le dio instrucciones a Teniente Rowan, "debes llevar el mensaje al General García, lo podrás encontrar en alguna parte del Este de Cuba. . . . Debes planear y actuar por ti mismo. La tarea es tuya y solamente tuya. Llévale

EL CUARTO NIVEL DE INFLUENCIA

este mensaje a García". Tres semanas después de haber recibido órdenes, Teniente Rowan regresó a Washington con la noticia de que había entregado el mensaje con éxito, y que había abierto las líneas de comunicación.

Tal y como dijo Elbert Hubbard, "Lo que quiero enfatizar es lo siguiente: McKinley le dio a Rowan una carta que debía ser entregada a García. Rowan tomo la carta sin preguntar, '¿Dónde está?' ¡ Juro por Dios !, existe un hombre que merece que le hagan un busto de bronce y que pongan su estatua en todas las universidades del país. El aprendizaje que los jóvenes necesitan no proviene de los libros, ni de la instrucción de esto o de aquello, debemos enderezarlos y volverlos leales hacia conceptos como la confianza, hacia actuar con prontitud, concentrar sus energías: en hacer las cosas, 'Llevarle un mensaje a García.'

"Y al hombre al que, le dieron la carta para entregársela a García, tomo la misión discretamente, sin hacer preguntas estúpidas, sin la intensión de aventar la carta a la alcantarilla más cercana, o hacer otras cosas en vez de entregarla, nunca posterga sus quehaceres , ni se ha ido a huelga para que le aumenten el sueldo. La civilización se encuentra en una larga búsqueda para encontrar individuos como este. Te dará y hará cualquier cosa que le pidas. Este tipo de personas no se encuentran con facilidad por lo que ningún jefe se puede darse el lujo de despedirlo. Lo quieren en todas las ciudades, pueblos, y aldeas; en todas las oficinas, tiendas y fábricas. El mundo llora por el. El hombre que le puede llevar el mensaje a García, se necesita y se necesita con urgencia". Teniente Rowan se hizo responsable, y punto. Esto es lo que significa el liderazgo, y esto es lo que los Líderes de Cuarto Nivel deben hacerles entender e incorporar a los líderes que están formando.

> *La actitud de un mentor debe ser la siguiente "no voy a quedarme con el crédito cuando ganes. No voy a echarte la culpa cuando pierdas".*

La actitud de un mentor debe ser la siguiente "no voy a quedarme con el crédito cuando ganes. No voy a echarme la culpa cuando pierdas".

Anteriormente, cuando hablamos de aceptar la culpa y de compartir el crédito, estábamos discutiendo que la posición general del líder era al timón del equipo. Sin embargo, en el proceso de mentoría, el mentor le transfiere la responsabilidad al Pupilo. Es como si la estafeta del liderazgo se pasara. Ahora es la guerra del Pupilo, y el mentor le está enseñando a guiarla.

Recuerda, que el mentor ya tiene un fruto en el árbol que demuestra que su información tiene valor. Por lo tanto el Pupilo debe tomar esa información y asumir la responsabilidad de implementarla, y los resultados de esa implementación.

Responsabiliza al Pupilo

Los líderes son responsables de sus propias acciones, punto. Es tarea del mentor enseñar este hábito. Comienza cuando el mentor hace que el líder en desarrollo se haga responsable por sus resultados, y lo "fuerza" a medir su propio potencial. Esto funciona por que las personas van a hacer cosas que no lograrían por si mismas, por la aceptación de otra persona. Se cultiva una relación en la que el Pupilo quiere tener un buen desempeño para ganarse el respeto de su mentor. De hecho, ganarse el respeto es un prerrequisito para poder continuar la capacitación. Si el mentor esta asignando tiempo y energía en el desarrollo de un futuro líder y no hay nada que este cambiando o mejorando (mejoría que se puede medir en un periodo razonable), entonces el mentor está perdiendo su tiempo y por lo tanto debe buscar un estudiante digno del entrenamiento.

> *"No existe nada mas grande que un reto".*

Pat Summitt, autora del libro *Reach for the Summit*, hablo de su papel como entrenadora de baloncesto, "solamente prometo lo que puedo entregar. No garantizo el éxito. Le digo a nuestros jugadores, 'Si trabajas conmigo, te ayudaré a convertirte en el jugador que *deberías* ser.' Los puedo llevar hasta ese punto, pero *ellos* tienen que tomar esos pasos finales".

Reta al Pupilo

El *hambre* y el *deseo* son la clave para que el desarrollo continuo del Pupilo vaya hacia delante. Esto nace en gran parte del reto que el líder percibe para lograr un buen desempeño; y para las personas que logran grandes cosas, entre mas grande sea el reto, mejor va a ser el desempeño. Cuando Michael Jordan se retiró por primera vez del baloncesto y decidió que en vez iba a jugar baseball, fue por que sintió que ya no tenía retos en la cancha de baloncesto. El mariscal de campo Terry Bradshaw, quien ganó cuatro veces el Super Bowl como su mariscal de campo del equipo de los Pittsburgh Steelers, dice, "No existe nada mas grande que un reto". Los mentores deben estar seguros de que sus líderes en desarrollo se mantengan desafiados. Las preguntas que se debe hacer un Líder de Cuarto Nivel para estar seguro que el Pupilo se encuentra desafiado son:

1. ¿Qué visión estas persiguiendo en este momento?
2. ¿Qué metas tienes para poder realizar esa visión?
3. ¿Qué tipo de actividades se requieren para poderlo lograr?
4. ¿Estas dispuesto a hacer el trabajo?
5. ¿Qué tan fuerte es tu compromiso?
6. ¿Qué tipo de persona se requiere para poderlo lograr?
7. ¿Estas dispuesto a cambiar para convertirte en esa persona?

El mantener a los líderes con grandes desafíos les da lo que necesitan para crecer y les da el poder para mejorar su camino cuesta arriba a través de los Niveles ascendentes de la Influencia.

Busca un Cambio de Corazón

Todos estos pasos en el proceso de mentoría son correctos, pero no servirían de nada si de algún modo logran esquivar al corazón. En el libro *In Intruments in the Redeemer's Hands* el autor Paul David Tripp escribe, "si el corazón no cambia, las palabras y el comportamiento de la persona pueden cambiar temporalmente a causa de una presión o incentivo externo. Pero cuando esa búsqueda o ese incentivo externo se eliminan, los cambios desaparecen. El cuerpo siempre sigue al corazón". Después Tripp nos da un ejemplo brillante, el cual se menciona a continuación.

Supongamos que existe un árbol de manzanas que año tras año da frutos por debajo del estándar, con un producto seco y de diferente color. Un jardinero, cansado de no obtener del árbol fruta sana y con buen sabor, toma unas tijeras, una engrapadora y algo de cartulina de color y los coloca en la base del árbol. Sube por la escalera y corta cada una de las piezas de fruta que no sirve y en vez engrapa en cada rama una manzana perfecta, hecha de papel. Obviamente este ejemplo es ridículo porque por el simple hecho de dar la apariencia de que hay frutos saludables no va a producir una mejor cosecha. Al igual, en cualquier momento si nos dirigimos a los problemas que involucran a las personas poniendo una mascara para que exista un cambio en su apariencia externa, estamos siendo igual de ridículo porque de esta manera no podemos ver la raíz del problema que estamos enfrentando.

Tripp resume: "Entre la raíz y un fruto y entre nuestro corazón y nuestro comportamiento existe una innegable conexión. Las personas y las situaciones no determinan nuestro comportamiento, proporcionan la ocasión en la que nuestro comportamiento revela nuestro corazón. Los cambios que duran siempre deben ser por medio del camino del corazón. Por lo tanto, el corazón es nuestro blanco en el crecimiento personal y profesional".

> *"Los cambios que ignoran al corazón casi nunca transforman la vida".*

Las palabras de Tripp van directo al corazon del asunto (la intensión es hacer un juego de palabras). Los mentores deben tener como blanco los corazones de sus Pupilos para que exista un cambio que perdure, verdadero crecimiento, y frutos cohechables. Muchas veces las personas hacen cambios externos y se desilusionan cuando los resultados no duran. Esto es por que no se han comprometido a cambiar en lo más profundo de su interior, al nivel del corazón. Los mentores buscan el cambio y el crecimiento en el corazón de sus Pupilos por que ahí es en el único lugar donde los cambios perduran. Los resultados vienen después y son obvios y sostenidos.

Desarrolla un Balance en el Pupilo

En este punto puede ser de ayuda compartir cinco categorías o áreas de crecimiento personal que pueden ser utilizadas durante el curso de la formación de un líder. Estas categorías son:

1. Finanzas
2. Fe
3. Familia
4. Amigos
5. Contar con buena salud

Estas cinco áreas se pueden comparar con los rayos de la rueda de una carreta. Cualquier rayo que este fuera de balance con los demás afectará drásticamente la operación de la llanta. En la vida de un Pupilo esto mismo es verdad. El bienestar de una persona en un área afecta a las demás. Cabe razonar que el crecimiento en todas las categorías ayuda en la vida del Pupilo a lo largo y ancho. Por otro lado, un mal desempeño en una o dos áreas afectará a las demás categorías en un sentido negativo. Además por la misma razón, muchas veces lo negativo tiene más capacidad de propagarse a través de las demás categorías que lo positivo. Conforme pasa el tiempo, uno de los objetos del proceso del desarrollo del liderazgo es mejorar cada una de las categorías y eventualmente alcanzar un equilibrio o una armonía entre ellas.

Las *finanzas* van en primer lugar. Esto es porque el proceso de mentoría generalmente comienza en un escenario laboral, que tiene un impacto directo sobre las finanzas. Pero las disciplinas que se requieren no solamente están enfocadas a ganar más dinero, sino el guardar, presupuestar, e invertir, son extremadamente importantes para construir confianza y estabilidad. Además las finanzas son fáciles de medir y subrayan la habilidad del mentor para ayudarle al Pupilo a tener éxito.

En realidad la *fe* es la más importante. Después de todo, someterse a Dios y cumplir con Su propósito en la vida, al final es de lo que se trata la vida. Además, una fuerte fe en un llamado y propósito son esenciales para que tenga significado el ser un líder. Sin embargo, puede tomar tiempo antes de que el Pupilo se sienta lo suficientemente cómodo con su mentor para poderse abrir en esta área. Sin embargo, esta área debe ser tratada como un punto muy importante para el crecimiento continuo.

También, la familia es de suma importancia. En realidad no importa cuanto éxito tenga un líder si no tiene en orden su vida personal. Las peleas en el hogar, en las relaciones más personales y privadas que tenemos es veneno para nuestro bienestar, felicidad y productividad. Los mentores no omitirán esta área si verdaderamente quieren ayudar a los líderes en desarrollo a tener un éxito rotundo.

> *En realidad no importa cuanto éxito tenga un líder si no tiene en orden su vida personal.*

Los amigos son una consideración crucial en el crecimiento de un líder. Esto se debe a que la mayoría de las personas se asocian con grupos que no son productivos en la vida. Muchas veces existen personas que tienen un inmenso deseo de cambiar y de crecer, que incluso comienzan a hacer algunas decisiones difíciles y a tomar pasos en esa dirección, y continúan asociándose con sus viejos amigos y conocidos. En el peor de los casos, sería que estas asociaciones sean destructivas para su crecimiento personal y algunas veces los desvíen del camino al éxito. En el mejor de los casos, estas relaciones aportarán muy poco valor.

Existen dos dichos que aplican en este punto. "Dime con quién andas y te diré quien eres" o "El que anda con lobos a aullar se enseña" y "Si queremos cambiar algunas cosas en nuestras vidas, entonces ¡tenemos que cambiar algunas cosas en nuestras vidas!" para la mayoría, esto debe comenzar con las personas a las que mas les invertimos tiempo de nuestras vidas. Los mentores están concientes de que los líderes en desarrollo deben escoger prudentemente sus asociaciones con los demás.

La *salud* encabeza la lista por que ningún éxito y ninguna responsabilidad tendrán significado para el líder si el líder carece de bienestar físco. Una dieta adecuada y ejercicio no solamente le permiten al líder tener una vida mas larga para disfrutar los frutos de su labor y maximizar sus contribuciones al mundo, sino que también le proporcionan más energía y hacen que sea más efectivo en su vida diaria.

Podemos entender que mantener los cinco rayos de la rueda en un balance perfecto es irreal, pero así como dijo Vince Lombardi, "Le vamos a dar una oportunidad a la perfección, y si nunca la obtenemos, seguramente ¡vamos a obtener la excelencia en el camino!" ¡Dicho como un verdadero mentor!

La formación de Líderes: Lord Horatio Nelson "Una Banda de Hermanos"

Tan sólo un año después de ser nombrado almirante y con escasos treinta y nueve años de edad, un inglés demostró la rara habilidad no solamente de dirigir, sino que también de formar a otros líderes. Cuando llego el momento de la verdad, esta habilidad probó ser crítica, inclinando el balance del poder a nivel mundial y asegurando el futuro de sociedades libres.

En verano de 1798. Un joven novato llamado Napoleón Bonaparte estaba ascendiendo rápidamente al poder en el ejército francés. En abril de ese año, Bonaparte fue nombrado comandante en jefe del Ejercito del Este y le ordenaron tomar posesión se Egipto en nombre de la República de Francia.

Atrevido, extrovertido y valiente, Bonaparte era el indicado para la tarea. Después de muchos años de ser admirador de la cultura del Este, soñaba con establecer un Imperio en el Este que fuera rico en enseñanza y en arte, obviamente, consigo mismo en el trono. El plan secreto de Napoleón era navegar con sus fuertes tropas a través del Mediterráneo y primero atacar a Egipto, después moverse a través de Siria y Persia para llegar a la India.

El enemigo incondicional de Francia, Inglaterra, tenía conocimiento del enorme cuerpo expedicionario que se estaba formando pero no podía determinar cual era su blanco ni su ruta. Además, los ingleses vivían con un constante miedo de una invasión francesa en su isla aislada, y tenían que tener gran parte de la fuerza de su ejército y marina en casa para poderse defender. Su mejor oportunidad para derrotar a Napoleón era en mar abierto, antes de que pudiera desembarcar a su poderoso ejército en alguna playa desconocida. Políticamente, esto les serviría para atraer a muchos otros países de Europa y de Asia para volverlos aliados en contra de los agresivos franceses. Sin embargo al no saber hacia donde se dirigía Napoleón, sería casi un milagro poderlo encontrar una vez que haya zarpado y navegado el enorme Mar Mediterráneo. Además, el número de barcos que se necesitaría propagar como una red para poder encontrar a las fuerzas de Napoleón simplemente no existía. La mejor oportunidad para poder interceptar a la expedición era justo en el momento en el que zarpaba de Francia. Lo más probable es que esto ocurriría en el puerto de Toulon, uno de los principales puertos navales del sur de Francia y el que probablemente le proporcionaría alojamientos a dicha campaña masiva.

El hombre que se encontraba al mando del escuadrón naval de los ingleses que fue enviado para interceptar y destruir a las fuerzas de Napoleón llamado Horatio Nelson, quién recientemente se había recuperado de la perdida de su brazo derecho en el ataque sobre Santa Cruz de Tenerife, y quién además quedó ciego de un ojo a raíz del sitio de la ciudad de Calvi en el año de 1794. Cuando se lo presentaron al Rey George el rey proclamó, "¡has perdido tu brazo derecho! Tu país demanda un poco más de ti" ¡ya lo creo!

Lo que siguió fue uno de los episodios mas famosos de "el gato y el ratón" en la historia militar. Una tormenta masiva dañó el barco de Nelson y algunos otros barcos de su flota, lo que le dio suficiente tiempo a los franceses para escapar de las aguas de Toulon. Después, la tormenta separó a Nelson de su encuentro con sus "fragatas" lo que, similar a la caballería de esos tiempos, servía como los "ojos y los oídos" de una flota. Fragatas eran rápidas y ligeras lo que les daba la capacidad de navegar rápidamente a través de los grandes océanos, encontrar escuadrones enemigos, y regresar rápidamente a la flota principal para decirles en donde encontrar al enemigo y así poder atacar. Al ser separado de ellos, a Nelson le faltaba la mejor manera de reconocimiento disponible, y lo único que le quedaba era buscar a Napoleón como si caminara en la oscuridad. Pero había buenas noticias. Los refuerzos de Inglaterra programados llegaron y estaban integrados por un barco con 50 hombres y diez pequeños navíos con setenta hombres. Con este tamaño de flota y con sus múltiples jóvenes y capaces capitanes, Nelson comenzó la búsqueda.

De acuerdo a Nathan Miller en *Broadsides*, "En encuentro entre del mas grande general y el mas grande almirante de la historia parecía ser inminente". Era mucho más que eso. Francia se había convertido en la potencia militar preeminente del mundo. Inglaterra se había convertido en la marina dominante del mundo. En lo que se podría llamar la Guerra entre la Ballena y el Elefante, los viejos conceptos de poder chocarían con los nuevos, y la Dictadura se interpondría en contra de la Democracia.

Las citas de Napoleón con mas divisiones en Córcega y después navegó para atacar a Malta, seguro del rumor que el barco de Nelson había fallado en Sardinia y estaba siendo reparado. Al mismo tiempo Nelson, había recibido información que lo convenció del hecho que Napoleón estaba navegando para atacar a Nápoles, y por lo tanto enfiló a su flota en esa dirección. Un poco después Nelson se enteró del ataque sobre Malta, y salio a toda vela para llegar rápidamente a esa isla. Sin embargo, antes de llegar a Malta, Nelson se enteró que los franceses ya habían la conquistado (verdadero) y que ya habían seguido navegado (falso). Ahora se encontraba convencido, y estaba en lo correcto, que el último blanco de Napoleón era la ciudad de Alejandría en Egipto, Por lo tanto Nelson cambió su curso y se dirigió directamente hacia allá

De alguna manera, sin saberlo la flota inglesa pasó a un lado de la flota francesa, la cual finalmente había zarpado de Malta. Había sido una noche con mucha neblina y los franceses habían oído a los ingleses por el sonido de sus disparos al aire en la espesa noche, por esta razón permanecieron en silencio y pararon todas sus actividades. Sin que ellos lo supieran, la flota inglesa navegó por su lado y llegó a Alejandría días antes que los franceses. Al llegar, los ingleses investigaron sin encontrar rastro de los franceses. Al no tener sus Fragatas para poder explorar y revisar los alrededores, Nelson se vio obligado a seguir en su búsqueda navegando hacia el Este del mar Mediterráneo. Aún no había señales de los franceses. Nelson pensó que quizás después de todo Nápoles había sido el blanco de napoleón, y por eso viró su flota para navegar hacia el Este nuevamente, dejando Egipto abierto para el ataque devastador de los franceses, que ocurriría tan sólo un par de días más tarde. La historia tiene registro de que los franceses llegaron a Alejandría el mismo día que los mástiles de la flota de Nelson desaparecían en el horizonte. Nelson llegó nuevamente hasta Nápoles antes de recibir la noticia que la flota francesa de hecho si había llegado a Alejandría. Una vez más se dio la vuelta y navegó para alcanzar a su presa.

Durante los días y las noches de esta persecución anunciada, Nelson intensificó la formación de los jóvenes capitanes de los barcos que estaban bajo su mando. De acuerdo a lo que dijo Miller:

> A lo largo de todo el viaje, cuando la marea lo permitía, invitaba grupos de capitanes a su grandiosa cabina [su buque], en donde, durante la cena, tal y como lo relató el Capitán Berry, "disertaba y desarrollaba sus propias ideas de diferentes maneras y explicaba a detalle los mejores métodos de ataque, y los planes que proponía para ejecutar al encontrar al enemigo, podían ser utilizados en cualquier posición que estuvieran, de día o de noche". En esta "escuela de capitanes" conocieron las intenciones de Nelson a detalle, Berry añadió que durante la batalla, las indicaciones eran casi innecesarias. De acuerdo al propio Nelson, se convirtieron en "Una Banda de Hermanos".

Finalmente Nelson encontró a la flota francesa anclada cerca de Alejandría en Aboukir Bay: trece barcos alineados, cuatro grandes Fragatas, y una gran variedad de navíos pequeños. Sin embargo, los franceses estaban preparados para una invasión y habían organizado sus barcos en una posición defensiva muy efectiva a través de una línea de de rocas peligrosas y poco profundas. Los barcos de batalla estaban posicionados en una protectora línea externa, mientras que los más pequeños estaban Pupilos atrás de ellos. Además, los barcos franceses tenían resortes que habían fijado a sus anclas, lo que les permitiría maniobrar fácilmente para encontrar varios ángulos de fuego. Los franceses habían llenado una de las playas cercanas con cañones y se habían preparado para aumentar la potencia del fuego defensivo de su flota. Lo hicieron al quitar los cañones de los barcos que daban hacia tierra y que de todas maneras no hubieran sido útiles para el ataque. Además, la flota francesa tenía más potencia de fuego en general que los ingleses: 1,026 armas contra solamente 740. Una línea de barcos tan bien posicionada, armada y anclada, generalmente era invencible. El obstáculo final, generalmente mortal en las batallas marítimas, y especialmente en aquellas que se llevan a cabo a la orilla del mar, era que ¡faltaba poco tiempo para anochecer!

Una vez comenzada la batalla, Nelson se vio obligado a confiar en el buen desempeño de sus capitanes. Estaba demasiado oscuro, había demasiado ruido y era demasiado confuso para poder utilizar las señales de las flautas y banderas para la comunicación. De acuerdo a lo que dijo Colin White, autor de múltiples libros que hablan acerca de Nelson, "fue una de las batallas navales mas feroces y decisivas de la época de navegación. Los planes de batalla de Nelson ya habían sido aceptados por sus capitanes con anticipación. Como resultado, a pesar de que iba a anochecer y tomo la decisión de atacar inmediatamente, pudo dejar clara la conducta de acción detallada a sus subordinados". Nathan Miller escribe, "En innumerables ocasiones, Nelson había discutido sus planes con sus capitanes para atacar a los franceses si los encontraba anclados. No había tiempo para consultas o para dar instrucciones elaboradas, y además no las necesitaban. Cada uno de los capitanes sabía que estaba pasando por la mente de su almirante".

Esto probó ser una tarea monumental. Al principio del ataque, uno de los comandantes de Nelson vio una apertura entre dos de los barcos franceses y navegó directamente y a través de ellos, usando una técnica de batalla casi nunca antes vista, rompiendo con todas las costumbres del pasado, y dándole la oportunidad de navegar del lado de la líneas de defensa de la flota francesa que daba hacia la costa. Otro capitán tomo una iniciativa similar en un lugar diferente de la línea, y después de esta incursión, la flota francesa se vio devorada por disparos que provenían de ambos lados, sin poderse defender del lado que daba a la costa porque los cañones habían sido descargados y colocados en tierra firme. Los cañones que estaban en tierra firme, simplemente estaban fuera del alcance de los atacantes barcos ingleses y por lo tanto se encontraron inhabilitados sin poder participar en el combate.

"Fuego amigo," esa triste condición que ocurre cuando un ejercito accidentalmente le dispara a sus propios soldados, era uno de los peligros mas inminentes al pelear durante la noche, y especialmente cuando existían barcos disparando de ambos lados de los barcos enemigos. Sin embargo el entrenamiento que les había dado Nelson a sus capitanes les fue de gran utilidad también en ese momento. En muchas platicas preparatorias que les había dado Nelson a sus capitanes, se habían puesto de acuerdo con anticipación de colgar cuatro faros en ciertos lugares específicos en cada uno de los barcos, para así poderlos identificar fácilmente en la oscuridad. Sobre la inmensa y viciosa batalla que iba a acontecer, Nelson comentó al referirse a sus capitanes, "Cada uno conocía su deber".

El mismo Nelson recibió una herida muy seria en la cabeza y pensó que estaba herido de muerte. Fue llevado rápidamente con el cirujano pero se rehusó a ser atendido antes que a sus múltiples marinos que también estaban heridos. Nelson dijo "tomare mi turno al igual que mis valientes compañeros". Conforme amanecía, después de doce horas de una cruenta batalla que no se había detenido, muchos de esos valientes compañeros se colapsaron dormidos sobre sus cañones. Miller concluyó:

> Ninguna otra victoria de la Época de Batallas Navales estuvo tan increíblemente completa. . . . de los trece barcos franceses que estaban alineados para tomar acción el día anterior, nueve fueron capturados, dos fueron quemados y solamente dos lograron escapar. Los franceses perdieron a 1,700 hombres muertos, 1,500 heridos

y 3,000 fueron tomados como prisioneros. Las victimas inglesas sumaron un total de 218 muertos y 677 heridos, incluyendo al propio almirante. Todos los elementos de lo que se convertiría en el "Toque de Nelson" fueron visibles en la Batalla del Nilo: liderazgo que inspira, la intensiva capacitación de sus capitanes, la delegación de decisiones tácticas cruciales para ellos en el corazón de la batalla en vez de adherirse a practicas comunes, y tomar riesgos calculados para asegurase de que la batalla no solamente fuera decisiva sino devastadora para la flota del enemigo.

Nelson escribiría acerca de su triunfo ese día, "la victoria no es un término lo suficientemente fuerte para dicha escena". Como dijo el autor Alan Schom en el libro *"Napoleón Bonaparte"*, "Un mes después de que llegaron, Napoleón y su ejercito de acuerdo con todas las intensiones y para todos os efectos prácticos, se convirtieron en prisioneros virtualmente en Egipto". Napoleón y su Gran Ejército del Este fueron atrapados.

Además, la victoria de Nelson envalentonó a los gobiernos de Turquía, Rusia y Nápoles, lo cuales se unieron a los ingleses para formar una colisión en contra de Francia. Napoleón se nombraría a si mismo como emperador de Francia y gobernaría gran parte de Europa continental, pero su dominio se vería limitado y al final fallaría, al menos en parte, a causa de su derrota sufrida a manos de la marina inglesa. De eso, nunca se recuperaría por completo.

Nelson y sus capitanes lo lograron. Dicha victoria unilateral tan inmensa no podría ser lograda por un hombre. Ni pudo haberse logrado solamente con practicas de liderazgo de un nivel inferior que el que fue utilizado. (*Sin la formación de otros líderes, uno se ve limitado solamente al desempeño de los seguidores.*) La victoria requirió un esfuerzo coordinado de muchos líderes. A pesar de que el gobierno inglés había recibido enormes críticas cuando le confiaron la operación a un comandante tan joven, Nelson demostró su habilidad no solo como un hombre de mar, pero como *líder de otros líderes*. El mismo Napoleón después diría, "si no hubiera sido por ustedes los ingleses, hubiera sido Emperador del Este; pero en cualquier lugar donde hay agua para poder navegar un barco, nos los encontraremos en nuestro camino". Esto se debió en gran parte al legado que Nelson y sus capitanes habían comenzado, el cual se continuó por el resto del siglo. (Los Líderes de Cuarto Nivel dejan un legado a través de los líderes que desarrollan.)

Nelson fue un verdadero Líder de Cuarto Nivel. *Encontró y formó a otros líderes* que eran capaces de tener un nivel tan alto de desempeño al igual que el había tenido en su carrera ilustre, por lo tanto expandió su influencia significativamente. (*Un Líder de Cuarto Nivel es igual de bueno que los líderes que forma.*) Los hombres admiraban a Nelson por su increíble record de guerra, y no solamente fue aceptado como líder, también creyeron en la visión de aniquilar a la flota de los franceses y a aplastar a Napoleón. (*Los líderes deben aceptar y creer en sus líderes y en su visión*). Los tomo bajo su tutela, dándoles instrucciones cuidadosas, enseñándoles su filosofía de ataque y su manera de pensar, y les dio facultades al hacerlos responsables de los resultados cuando más importaba (*dar facultades a los demás líderes para que guíen a sus propios equipos, facultándolos para poder tener éxito como líderes por su propio derecho*). Conforme iban teniendo éxito, trabajó para que los promovieran y para que progresaran, escribiendo cartas floridas y llenas de elogios para los periódicos y para sus superiores en la marina (*elogiarlos públicamente y reconocer un comportamiento correcto*). Incluso cuando estaba herido y pensó que se estaba muriendo, *demostró un liderazgo servicial* al tomar su lugar en la fila.

Al formar y desarrollar su Banda de Hermanos, Nelson había creado el escuadrón de pelea mas efectivo que nunca antes habían visto los océanos del mundo. Cuando se presentó el momento de la verdad, las horas que le había cuidadosamente invertido para formar otros líderes, obtuvo su recompensa.

Resumen

Cerramos el aprendizaje sobre el Liderazgo de Cuarto Nivel con un pequeño resumen, utilizando de las palabras de Paul David Tripp. Los

Líderes de Cuarto Nivel:

1. Aman a las personas
2. Conocen a las personas
3. Hablan con la verdad
4. Y ayudan a dirigir donde Dios los ha llamado para tal efecto.

CAPÍTULO 10

El Quinto Nivel de la Influencia: El Desarrollo de Lideres Que Desarrollan Lideres

Los hombres que son realmente grandiosos tienen ese sentimiento curioso de que la grandeza no esta en ellos mismos, sino que ocurre a través de ellos.

–JOHN RUSKIN

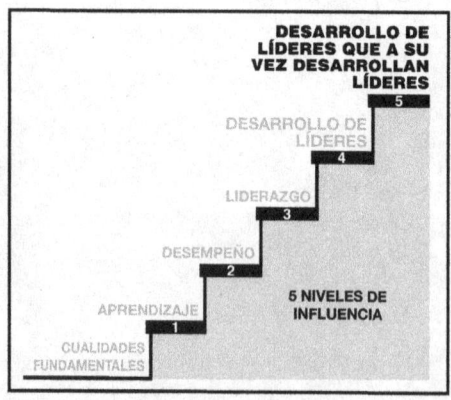

El Quinto Nivel de la Influencia está en la cima de la habilidad del liderazgo. En donde la influencia el Líder de Tercer Nivel tiene la misma duración que el líder y la influencia del Líder de Cuarto Nivel tiene una duración hasta que los líderes del líder perduran, el Líder de Quinto Nivel sobrepasa a todos. La Influencia de un Líder de Quinto Nivel puede observarse en aquellas raras ocasiones en las que el líder no solamente tiene éxito como líder por si mismo y no solamente tiene éxito en la formación de otros líderes, sino que consigue formar líderes que tienen la habilidad de formar otros líderes quienes de ahí hacia delante continuaran con el legado. En la historia, la influencia de los Líderes de Quinto Nivel ha definido movimientos e ideas que se han escuchado a través de las generaciones teniendo un impacto profundo en el mundo.

Nuestro ejemplo del jugador de fútbol se ha extendido hasta el momento en el que consideremos una Influencia de Quinto Nivel. Sin embargo es concebible que el atleta no solamente haya madurado para convertirse en una entrenadora y líder grandioso, sino que también se convirtió en una persona legendaria. Quizás fue pionera de nuevas técnicas o métodos de entrenamiento que revolucionaron el deporte por completo. Su seguimiento de los mejores jugadores de fútbol en el mundo fue enorme, al igual que los que formó a su vez a otros. Lo más probable es que existan innovaciones que lleven su nombre o quizás incluso un equipo profesional. Cuando alcance este punto su influencia va a haber alcanzado el Quinto Nivel.

Suposiciones o el "Arte" del Quinto Nivel

Los Líderes del Quinto Nivel entienden que:

1. Los resultados llegarán a través de la resistencia y de la s ucesión de la visión.
2. La visión y el líder están entretejidos

Los Resultados Vendrán a Través de la Duración y de la Sucesión de la Visión

Un Líder de Quinto Nivel puede ser identificado por la magnitud de lo que deja atrás. El tamaño de la visión, su legado duradero, y la continuidad con éxito que se lleva a cabo a manos de otros líderes, es el fruto del esfuerzo del Líder de Quinto Nivel. Donde los Líderes de Primer

Nivel solamente son tan buenos como lo que aprenden, Los Líderes de segundo Nivel solamente son tan buenos como su buen desempeño personal, Los Líderes de Tercer Nivel solamente son tan buenos como el buen desempeño de su equipo, Los Líderes de Cuarto Nivel solamente son tan buenos como el buen desempeño de sus líderes, Los Líderes de Quinto Nivel solamente son tan buenos como la calidad duradera, y la sucesión de su visión.

La Visión y el Líder están Entretejidos

Un Líder de Quinto Nivel no solamente tiene clara la visión, no sólo es capaz de postularse ante la organización, sino que de hecho el/ella debe incorporar y hacer suya esa misma visión. Uno no puede pensar en Martin Luther King, Jr. Sin pensar en el movimiento de los derechos civiles y en su visión de "tengo un sueño" de una América, construida sobre verdadera equidad y oportunidad. Los recuerdos aún son dulces dos generaciones después. Su liderazgo atrajo a miles de los mejores y más brillantes líderes de Los Estados Unidos, a favor de una causa que se quemaba dentro de sus corazones, que produjo cambios en las leyes de los Estados Unidos, y les enseñó a los líderes de todas partes la manera en la que se protesta pacíficamente, honorablemente y con éxito. Posteriormente, su visión y su ejemplo inspiraron a líderes y a movimientos tales como Nelson Mandela y el final del Apartheid en Sudáfrica y a Lech Walesa y el movimiento para liberar a Polonia del Comunismo Soviético. Como dijo el mismo King, "Si un hombre no ha encontrado una razón por la cual estaría dispuesto a morir, no es apto para vivir".

> *"Si un hombre no ha encontrado una razón por la cual estaría dispuesto a morir, no es apto para vivir".*

Los Líderes de Quinto Nivel se involucran tanto en su causa que logran incorporar esa misma causa. El líder está casi perdido dentro de la visión.

La Acciones o la "Ciencia" del Quinto Nivel

En el Quinto Nivel del Liderazgo ya no queda mucha ciencia; casi todo se ha convertido en arte. En el Quinto Nivel, lo que causa el impacto es: quién es el líder y qué es lo que defiende el líder, no lo que hace el líder. Esta es una de las razones por las que los Líderes de Quinto Nivel son tan escasos.

Por Favor no nos mal entiendan. Los Líderes de Quinto Nivel han estado "haciendo" por mucho tiempo, probablemente durante toda su vida adulta, para poder alcanzar la cima del impacto del liderazgo. Su ejemplo ha resonado y creado un seguimiento de líderes del más alto calibre. Su mera esencia de alguna manera se ha partido en mil pedazos dentro de la propia visión. Los Líderes de Quinto Nivel se han rebajado muchas veces, como sacrificio para aumentar la visión. Como dijo Juan Bautista cuando Jesús comenzaba a predicar sus creencias, "Me debo rebajar para que El (Señor) se pueda enaltecer". Los Líderes de Quinto Nivel personifican un sentimiento similar. Deben rebajarse para que la causa se agrande.

> *Los Líderes de Quinto Nivel se rodean de líderes que tienen el potencial de eclipsar su propia gloria personal.*

Después de haber dicho todo lo anterior, solamente le queda al Líder de Quinto Nivel por hacer una acción principal: atraer y formar los líderes de más alto calibre disponibles a favor de la causa.

Atraer a Los Líderes del Más Alto Calibre a Favor de la Causa

Existe un punto en el desarrollo de otros líderes, donde el mentor se ve limitado por los atributos del pupilo. Convertirse en un Líder de Quinto Nivel requiere seguidores que no se encuentren en el Cuarto Nivel de Influencia, y existen muchos, muchos líderes que nunca llegarán a esa altura, y se quedarán en vez estancados en el tercer nivel. Entonces la Influencia de Quinto Nivel consiste en la habilidad del líder para encontrar personas del más alto calibre para poder desarrollarlas, y después retenerlas.

En primer lugar, ¿Cómo se puede lograr atraer líderes del más alto calibre? En este nivel de discusión, las ventajas, los incentivos o incluso ofertas fabulosas de un plan de incentivos accionario no logrará retenerlos. Las personas que tienen un liderazgo talentoso raramente son atraídas por dichas baratijas como su punto de interés mayor. En vez, solo se puede atraer a los mejores líderes de cualquier campo con una visión fuerte y poderosa, una en la que puedan creer, una que les proporcione un espacio para dejar su huella, y una visión que le hable a su llamado interno.

El encontrar Líderes de Cuarto Nivel con el fin de formarlos, requiere un líder maduro y muy seguro de sí mismo. En este Nivel de Influencia, no hay lugar para el ego o los celos de poder que acosa a muchos líderes en el cuarto e incluso en el Tercer Nivel de Influencia. El Liderazgo de Quinto Nivel requiere que el líder se rodee de personas con habilidades incluso más grandes que las propias, lo cual va en contra de la naturaleza humana. Los líderes pequeños se rodean de seguidores; los grandes líderes se rodean de otros líderes. Los líderes más grandes, Los Líderes de Quinto Nivel, se rodean de líderes que tienen el potencial de eclipsar su propia gloria personal.

Napoleón Bonaparte, del cual ya hemos hablado brevemente, es un gran ejemplo de un Líder de Tercer Nivel el cual fue obligado por su ego a rodearse de seguidores. Su visión era de gloria personal, por lo tanto se rodeó de aduladores: miembros de su familia, hombres que dice "sí jefe" a todo, y seguidores que no pondrían en peligro a su poder. Al hacer esto, Napoleón eliminó las fuentes de habilidad de liderazgo que le pudieron haber ayudado a dirigir su imperio. Confiaba en las personas sobre las que tenía influencia en vez de confiar en las personas a las que les tenía respeto. Esto no solamente drenó a su reino de liderazgo talentoso en la mayoría de sus oficinas, también produjo miedo de tener iniciativa a todos aquellos que se encontraban en puestos de autoridad. Los almirantes en jefe que perdieron las dos batallas marítimas principales en la guerra en contra de Inglaterra, la Batalla del Nilo (la cual comentamos en el capítulo anterior) y después en la Batalla de Trafalgar, estaban paralizados por el miedo que le tenían a Napoleón y tenían miedo de tomar la iniciativa de lo que su experiencia en liderazgo les dictaba y decía que era prudente. Esto resulto en la destrucción de la marina francesa en dos ocasiones y se convirtió en el eje de la última derrota de Napoleón.

Por ello, para convertirse en un Líder de Quinto Nivel uno debe tener a su ego sólidamente en control, pero eso no es todo. El dirigir a Líderes de Cuarto Nivel no es fácil. Por definición los Líderes de Cuarto Nivel son fuertes y piensan por si mismos. Tienen sus propias ideas y defienden sus creencias con firmeza. Richard Nixon observó, "Si un individuo quiere ser una líder y no es controversial, eso significa que nunca defendió nada". Es poco común lograr consenso, los Líderes de Quinto nivel saben que se prefiere que si exista esta condición. De acuerdo a lo que dijo Abba Eban, "El consenso significa que todos están de acuerdo en decir colectivamente lo que ninguno cree individualmente". Entonces los Líderes de Quinto Nivel deben poder manejar un poco de caos mientras que sus Líderes de Cuarto Nivel dicen lo que tienen en mente y ejercen decisiones que creen que son prudentes.

> *"El consenso significa que todos están de acuerdo en decir colectivamente lo que ninguno cree individualmente".*

Esto nos trae al tema de "inmiscuirse" o como dicen los teóricos encargados de la administración moderna "micro-administración". El ex-presidente Jimmy Carter tuvo una de las administraciones con menos éxito en la historia de los presidentes de estados Unidos. No tenía nada que ver con su carácter, ya que ha sido considerado como una de las personas más decentes y honestas. Sin embargo, su influencia estaba severamente limitada por su inhabilidad de delegar autoridad y su necesidad obsesiva de estar involucrado en cada mínimo detalle de su administración. Como dijo el Presidente Dwight D. Eisenhower, "un presidente que no sabe como descentralizar se hundirá en los detalles y no tendrá tiempo para manejar los temas importantes".

Quizás lo que mejor contrasta con el estilo de Carter se puede ver en su sucesor, Ronald Reagan. En el libro *Ronald Reagan: How an Ordinary*

Man Became an Extraordinary Leader, el autor Dinesh D'Souza describe un famoso incidente que ocurrió al final de la administración de Carter:

> Apenas habían nombrado a Reagan como Presidente, y Carter sintió que era importante hacerle un resumen de los temas más importantes con los que se tenía que enfrentar un presidente nuevo. Carter le leyó la lista, comentando varios tratados y acuerdos secretos que tenían los Estados Unidos con otros países. Reagan escucho educadamente, pero no hizo ninguna nota o pregunta. "la información era 'bastante compleja,'" escribió Carter, "y no entiendo como es posible que la retuviera toda solamente escuchando".

Carter sentía que los detalles eran importantes, y por esto él mismo los dominó. Reagan les dejaba los detalles a sus subordinados y se enfocaba en una perspectiva mayor. La diferencia entre los dos presidentes era mucha más que simplemente el estilo; era una diferencia en el Nivel de Liderazgo que tenían.

Los Líderes de Quinto Nivel deben permitir a sus Líderes de Cuarto Nivel realmente *dirigir a sus líderes*, y vivir y aprender de sus propios resultados. Un líder que se entromete nunca podrá atraer o retener el liderazgo mas talentoso por que los líderes verdaderos se rehúsan a ser "gobernados;" a lo mucho accederán a ser "guiados".

El Desarrollo de Líderes Formadores de Líderes: Pablo el Apóstol *"Una Influencia de Valor Inestimable"*

El era un hombre pobre que sobrevivía de la generosidad de sus seguidores y de su humilde profesión, de la elaboración de tiendas de campaña. La historia convencional lo tiene en una estatura baja, alguien que no imponía, y quizás incluso un poco deforme. No fue elegido para hacerse cargo de ninguna posición, no tenía ninguna autoridad oficial y no tenía parafernalias de éxito. Primero conocido como Saúl de Tarso y después como Pablo. No tenía ninguna característica externa en la que se piensa en el mundo cuando se habla del término de "líder," pero era, después de Jesús, el Líder del Quinto Nivel más grande que la historia jamás haya producido.

El suceso ocurrió alrededor del año 64 A.C., y el escenario era en Roma, el epicentro del mundo civilizado. Habían tomado prisionero a Pablo en Jerusalén y lo habían acusado de iniciar un disturbio en un templo en esa ciudad. Lo transportaron a Cesárea, una ciudad romana en la costa este del Mar Mediterráneo, para llevarlo a juicio. Fue juzgado por tres diferentes oficiales romanos cada uno por separado, y cada uno de ellos se vio afectado personalmente por su testimonio, y por lo tanto fue retenido por más de dos años. En algún punto del proceso, Pablo evoco sus derechos de libertad de religión como ciudadano de Roma, y por lo tanto necesitaba ir a la ciudad capital de Roma para ser juzgado. Un peligroso viaje en barco resulto en un naufragio en las islas de Malta. En esa primavera, después de que las tormentas invernales habían terminado, finalmente Pablo fue llevado a Roma para ser juzgado, posiblemente frente al despiadado Emperador el mismo Nerón. Sin embargo, tenía que esperar, y fue puesto bajo arresto domiciliario durante dos años más.

Después de este gran encarcelamiento y aventura tuvo una vida copada de dificultades y persecución. De acuerdo con las palabras del mismo Pablo, "cinco veces he recibido cuarenta azotes menos uno. Tres veces he sido azotado con varas; una vez apedreado; tres veces he padecido naufragio; una noche y un día he estado en lo profundo de la mar; En caminos muchas veces, peligros de ríos, peligros de ladrones, peligros de los de mi nación, peligros de los Gentiles, peligros en la ciudad, peligros en el desierto, peligros en la mar, peligros entre falsos hermanos; En trabajo y fatiga, en muchas vigilias, en hambre y sed, en muchos ayunos, en frío y en desnudez;" (2 Corintios 11:24–28).

Había viajado extensamente, ignorando los peligros hacia su persona, persiguiendo la grandiosa, visión de divulgar al mundo la información de la muerte y la resurrección de Cristo. A lo largo de su camino reunió compañeros. A estos hombres, les enseñó y los capacitó en las artes del liderazgo, enseñándoles su inmensa fe en Cristo y la importancia que tiene su sacrificio como líderes serviciales para divulgar las palabras del evangelio a lo largo del mundo civilizado de esos tiempos. Había "plantado" iglesias in ciudades desde Asia Menor hasta Macedonia, en la importante ciudad de Efebos y en la libertina ciudad de Corinto, además en una de las metrópolis mas avanzadas del viejo mundo, la ciudad de Antioquia. Quizás lo mas extraordinario y como resultado de su encarcelamiento en ese lugar, se inició, una iglesia activa y próspera, en Roma, el asiento del gobierno del imperio y el centro de las religiones paganas.

Después, creó la oportunidad de enseñar y debatir sobre las mentes más brillantes en el mundo, en Atenas el centro del pensamiento intelectual y el hogar de la filosofía. En cada uno de los lugares que visitaba, les enseñaba a grupos enteros de líderes y seguidores para que ellos llevaran a cabo su trabajo cuando el seguía su camino. Escribía profusamente, instruyendo, enseñando, reprimiendo, dando consejos, y entrenando a través de cartas que eran entregadas por sus mensajeros privados. De acuerdo a Albert Barnes, el autor del libro *The Life of the Apostle Paul*, "Por lo menos trece, y probablemente catorce de los veintisiete libros del Nuevo Testamento, los escribió el o fueron dictados por el". Estos escritos no solamente sirvieron para continuar siendo una guía para sus líderes, los cuales en ese momento se encontraban dispersados en el Imperio Romano, mas bien se convirtieron en directrices para millones de seguidores alrededor del mundo, y a través de los siguientes dos milenios.

Sin embargo, y a pesar de todo lo que había hecho, muchos ven el juicio de Pablo ante los gobernantes de Roma como su marca superior del nivel del agua. De acuerdo a lo que dijo el autor John MacArthur en el libro *The Book on Leadership*, "De hecho, ese momento fue la cima del ministerio de Pablo, y el cumplimiento de su deseo mas profundo". Fue llamado para ser nombrado el apóstol de los Gentiles. Roma era el centro cosmopolita del mundo pagano. Durante mucho tiempo Pablo busco la oportunidad para predicar el evangelio en dicha jurisdicción, ante los líderes políticos y personajes más importantes que imponían las tendencias de la moda filosófica del mundo. Esta era la oportunidad". La visión de Pablo lo había llevado al centro de la tormenta, donde enfrento con valentía al deber de su llamado.

Pablo, por su propia cuenta, después de su "primer juicio" fue "entregado de la boca del león" y puesto en libertad. Existen muchas conjeturas sobre sus viajes posteriores a España y Macedonia. Poco tiempo después, lo más probable es que como parte de la masiva persecución Cristiana después de que Roma fue quemada (el fuego fue iniciado por el mismo Nerón para allanar el camino para construir un templo y convencionalmente culpo a los cristianos) Pablo fue encarcelado nuevamente en la prisión de Roma. Sin embargo, en esta ocasión, no existirían amables condiciones de "arresto domiciliario". Fue metido a un húmedo y oscuro agujero en el piso, de acuerdo a la leyenda histórica, en la base de la Prisión Mamertita. Aquí escribió sus últimas cartas, mientras esperaba ser ejecutado. En este punto, ya no existe registro del lugar donde se encontraba o las actividades de Pablo. Lo más probable es que le hayan cortado la cabeza de acuerdo con la usanza ostiana.

El hombre había perecido, pero su trabajo siguió viviendo. En los años posteriores a la muerte de Pablo, las iglesias que el y sus seguidores habían iniciado florecieron y crecieron, alcanzaron las fronteras e iniciaron nuevas iglesias.

Pablo había dejado atrás una gran variedad de líderes que continuarían con su visión. Su pupilo principal, Timoteo, recibió dos cartas específicas. Lo que Pablo escribió en estas cartas: "para poder pasar el manto de liderazgo de la iglesia a su joven pupilo," dijo John MacArthur. "Consideró a Timoteo como su clon; una copia en papel carbón de su liderazgo". También estaba Tito, un hombre que tenía la habilidad de equipar y entrenar a los demás. Cuando pablo le escribió la epístola a Tito, este líder se encontraba dirigiendo una iglesia que Pablo había creado, en la isla de Creta. En esa epístola (Tito 1:5) Pablo escribe, "Por esta causa te dejé en Creta, para que corrigieses lo que falta, y pusieses lideres por las ciudades, así como yo te mandé".

La cita con los ancianos en cada una de las ciudades era específica, un proceso deliberado para encontrar, formar y facultar a los líderes a través de las tierras para que lleven a cabo la visión de difundir el evangelio de

Cristo. Después estaba Lucas, el sirviente personal de Pablo. Lucas vivió el naufragio con Pablo y fue encarcelado junto con él. Pablo encargó a Lucas la escritura de historias y hechos, referentes al mensaje del evangelio, lo que resulto en dos libros del Nuevo Testamento, Lucas y Hechos. Marcos era un joven pupilo que había comenzado con el pie izquierdo. Una vez decepcionó severamente a Pablo y después se hizo "útil para el ministerio" y fue recomendado por Pablo para convertirse en un líder. En sus cartas, Pablo menciona otros nombres de aquellos que estaban involucrados en la difusión de la iglesia, y quizás existen miles que no se nombraron.

Ambos, los que mencionó y los que no mencionó se convirtieron en un legado dinámico para el Liderazgo de Quinto Nivel de Pablo el Apóstol. Estableció líderes seguidores deliberada y meticulosamente, a través del paisaje del viejo mundo, estableciendo la estructura de la iglesia la cual entrenaría y desarrollaría a más y más líderes que lleven el evangelio hasta el final de la tierra. Y eso fue lo que hicieron. Entre las primeras iglesias estaban las de las ciudades de Troas, Assos, Mitilena, Pergamo, Tiatira, Sardis, Philadelphia, Hierapolis, Smyrna, Magnesia, Mileto, Efebos, Cos, Cnido, Rodas, Mira, Attalia, Perga, Listra, Iconio, Colossae, Laodicea, Derbe, Seleucia (ambas en Asia Menor lo que hoy en día se conoce como Siria), Tarso (en donde vivía Pablo), Salamis, y Pafos. Al final del primer siglo, solamente después de cuarenta años de la muerte de Pablo, esta lista de iglesias a través de Asia Menor, Gracia, Roma, Puteoli y alrededor de la Costa de Nápoles había crecido aún más.

A finales del siglo tres, los líderes de Pablo y sus descendientes, así como los de los apóstoles originales habían divulgado el mensaje del evangelio de Cristo a lugares tan lejanos como el norte de Gran Bretaña (que hoy en día se conoce como Inglaterra) y a lugares tan lejanos como el este de la Península Ibérica (hoy en día conocido como España y Portugal), e incluso en el norte de África. Quizás el signo más indicativo de la entrada del Cristianismo a través del mundo es la decisión del emperador romano Constantino de aceptar el cristianismo en el año 312 d.c. A finales del siglo cuatro, el Cristianismo se convirtió en la religión oficial del Imperio

Romano, el mismo Imperio que había ¡ejecutado a Pablo!

Hoy en día, el cristianismo es la religión dominante de los siguientes continentes Norte América, Sudamérica, Europa y Australia, además esta creciendo rápidamente a través de Rusia, China y muchas partes de África. Todo esta ocurriendo en lugares que pablo nunca visitó y en las vidas de las personas a las que Pablo no conoció, ¡cientos de años después! Esto es indicativo de la influencia de un Liderazgo de Quinto Nivel. *(Las visiones sobreviven por más tiempo, crecen y se convierten en movimientos, y conforme pasa el tiempo se llevan a cabo por los demás.)* De acuerdo a Albert Barnes, "No ha existido nadie de nuestra raza que ha hecho tanto para determinar las opiniones teológicas del ser humano como lo a hecho Pablo". La visión de Pablo acerca del Cristianismo se divulgó a lo largo del mundo de una forma tan fuerte, tan real y tan durable que es imposible considerar a Pablo sin pensar además en su causa. *(El líder crece hacia su misión.)* Lo que se puede decir de las causas y de las visiones de los verdaderos Líderes de Quinto Nivel es que el mundo no va a ser el mismo.

Resumen

El Liderazgo de Quinto Nivel se trata de hacer una diferencia en el status quo que sobrevive por más tiempo que el líder. Los Líderes de Quinto Nivel comienzan por atraer, inspirar y permitir a los líderes que son formadores de *otros líderes*. Solamente la visión más fuerte, más humilde, más segura que llegan a alcanzar los líderes es la cima del liderazgo. Los resultados de dicha habilidad son astronómicos. En el libro *In The Effective Executive*, Peter Drucker dijo, "Ningún ejecutiva ha sufrido por que sus subordinados son fuertes y efectivos. No existe alarde del que uno puede estar más orgulloso, pero además no hay mejor receta para un ejecutivo que las palabras de Andrew Carnegie, el padre de la industria de acero de Estados Unidos, escogida para su propia lápida: 'aquí yace un hombre que sabía como traer a su servicio hombres que eran mejor que el.'"

Este capítulo y el resumen de la vida Pablo el Apóstol demuestran que los Líderes de quinto Nivel no son comunes entre nosotros. Un Líder de Quinto Nivel se encuentra en su propia liga. Ordena las poderosas fuerzas de Líderes de Cuarto Nivel y las dirige hacia una dirección productiva, esta "encendido" por una visión que abarca todas sus energías colectivas, y deja un verdadero legado en la tierra. El Quinto Nivel es una medida de Influencia que cualquiera que este verdaderamente tenga inspiración, dirección con causa, y que sea un líder en búsqueda de una visión, debe aspirar.

Conclusión

Cómo entender los Cinco Niveles de la Influencia

El concepto de los Cinco Niveles de Influencia es especialmente útil por muchas razones. Primero, ayuda al individuo a evaluar su propia habilidad y a entender como y en donde debe mejorar. Segundo, ayuda al líder a entender en donde se encuentran las personas en habilidad y por lo tanto que hacer para ayudarlos a desarrollarse. Tercero, asiste al líder en la evaluación del Nivel de Liderazgo que existe en cualquier parte de su *organización*.

El estar concientes de esta información sobre uno mismo, sobre las demás personas y las organizaciones, es de mucha ayuda para diagnosticar problemas y proporcionar una guía, corrección y dirección. Por ejemplo si una persona siente que se encuentra en el Segundo Nivel, sabe en que tiene que trabajar para llegar al Tercer Nivel. Si una persona en particular tiene un desempeño de Segundo Nivel, entonces el líder debe encontrarse en el Tercer Nivel. Si una división tiene un desempeño de Tercer Nivel, el líder debe proporcionar un Liderazgo de Cuarto Nivel, y de ahí en adelante.

Los distintos Niveles de Influencia también sirven para ilustrar el concepto de "habilidad de influencia" por medio de las acciones correctas del líder. En el Primer Nivel no existe influencia, excepto en el líder en desarrollo por si solo. En el Segundo Nivel la influencia se puede considerar como una "suma," ya que todos los esfuerzos del individuo se suman a la organización. Podemos pensar en el Tercer Nivel como "multiplicación" por que en este nivel la contribución se amplifica por medio de un equipo. El Cuarto Nivel sería el impacto "exponencial" por que los líderes están afectando a otros líderes los cuales pueden dirigir equipos. El Quinto Nivel se encuentra más allá de la descripción matemática y sólo puede ser nombrado como "revolución".

Los Resultados del Liderazgo

Colin Powell, héroe de Tormenta en el Desierto y ex-secretario de estado, observó que, "no existen secretos para alcanzar el éxito. Es el resultado de la preparación, del trabajo fuerte, y de aprender de los fracasos". Se podría decir lo mismo del liderazgo. No existen secretos. Se requiere trabajo. Se requiere preparación. Existirán fracasos. Se deberá comprender las lecciones resultantes de esos fracasos. En esencia, el líder debe crecer.

Existe una conversación en la novela *The Sun Also Rises*, escrita por Ernest Hemingway, en la que un personaje le dice a otro, "¿Cómo caíste en la bancarrota?" la respuesta es, "Gradualmente, después súbitamente". El efecto compuesto del liderazgo se parece mucho. Al principio, cuando el líder o la organización entran en la fase de aprendizaje, parece ser gradual, e incluso inexistente. Después, súbitamente, el desempeño mejora. De este desempeño es de donde se elevan los líderes. De este liderazgo nacen algunos que pueden dirigir a otros líderes. Después, súbitamente los resultados se vuelven astronómicos.

El punto es que el liderazgo es un proceso. Es continuo y compuesto. No ocurre en un abrir y cerrar de ojos, pero conforme pasa el tiempo, ocurre de manera innegable.

Camina un Kilómetro y Ve un Kilómetro Mas Allá

Todas las personas entran a la cancha de juego del liderazgo con diferentes habilidades innatas, pero todos pueden mejorar esas habilidades. El componente vital de la efectividad del liderazgo es el crecimiento personal continuo.

El concepto de liderazgo, que para muchas personas parece ser tan desalentadores e intimidante, se hará cada vez más claro conforme haciendan las escaleras de los Cinco Niveles de la Influencia. Como dijo el físico Edward Teller, "No existe una tarea que valga la pena y que a la vez tenga una perspectiva simple, pero si es correcta, será simple en retrospectiva". El viaje del liderazgo no es claro cuando se comienza; pero con preparación, experiencia, crecimiento en influencia y sabiduría el camino se hace cada vez mas claro. Con cada nuevo kilómetro recorrido, el siguiente kilómetro se hace visible. El estudiar los Cinco Niveles de la Influencia desvanece la neblina, elabora un mapa del viaje y permite al líder aspirante ver más allá y hacia su propio futuro.

Cómo Invocar a Todos los Líderes

Convertirse en un líder no debe asustar a nadie, más bien debe inspirar. El liderazgo es una de las tareas más gratificantes para los seres humanos. Además es una de las más importantes.

> *"La única manera en la que el mal puede florecer es si las personas buenas no hacen nada".*

Nuestra sociedad esta sufriendo una crisis de liderazgo. Como notó Edmund Burke hace un siglo, "La única manera en la que el mal puede florecer es si las personas buenas no hacen nada". Existen demasiadas personas que están sentadas e inactivas, mientras que el mundo pide un poco de liderazgo a gritos. Necesitamos líderes en el gobierno, líderes en los negocios, líderes en la comunidad, líderes en las escuelas, líderes en nuestras casas, y líderes en las iglesias.

El autor Gil Bailie escribió, "No te preguntes a ti mismo que es lo que

necesita el mundo. Pregúntate que te hace sentir vivo, y ve a hacer eso, por que lo que necesita el mundo son personas que se sientan vivas".
Los líderes nacen en cada lugar en donde alguien se siente vivo. Esa es la llave para descubrir tu propio llamado al liderazgo: encuentra que es lo que te hace sentir vivo.

Albert Schweitzer creía que, "La tragedia de la vida es que un hombre muera dentro mientras que sigue vivo". Los líderes no permiten que pase esta tragedia. Viven mientras que siguen vivos.

En última instancia, el liderazgo es una responsabilidad personal. Debes entenderla conforme vaya pasando el tiempo, pero no te preocupes: Dios no te dará una visión sin los medios para poderla lograr.

Entonces siéntete vivo.

Ponte a trabajar.

¡Dirige!

BIBLIOGRAFÍA

Abrashoff, Captain D. Michael. *It's Your Ship: Management Techniques from the Best Damn Ship in the Navy.* Nueva York: Warner Business Books, 2002.

Ambrose, Stephen. *Band of Brothers: E Company, 506th Regiment, 101st Airborne from Normandy to Hitler's Eagle's Nest.* Nueva York: Simon & Schuster, 1992.

Attner, Paul. "Right of Way". *Sporting News,* St. Louis: Vulcan Sports Media, Inc., 13 de diciembre, 2004, p.26.

Autry, James A. *The Servant Leader: How to Build a Creative Team, Develop Great Morale, and Improve Bottom-Line Performance.* Nueva York: Three Rivers Press, 2004.

Axelrod, Alan. *Profiles in Leadership.* Nueva York: Prentice Hall Press, 2003.

Barna, George. *A Fish Out of Water: 9 Strategies to Maximize Your God-Given Leadership Potential.* Nashville: Integrity Publishers, 2002.

———. *Leaders on Leadership: Wisdom, Advice and Encouragement on the Art of Leading God's People*. Ventura: Regal Books, 1997.

Barnes, Albert. *The Life of the Apostle Paul*. Grand Rapids: Baker Books, 1996.

Beliles, Mark A., and Stephen K. McDowell. *America's Providential History*. Charlottesville: Providence Foundation, 1989.

Boettner, Loraine. *The Reformed Doctrine of Predestination*. The Presbyterian and Reformed Publishing Company, 1974.

Brands, H. W. *Andrew Jackson*. Nueva York: Doubleday, 2005.

———. *The First American: The Life and Times of Benjamin Franklin*. Nueva York: Doubleday, 2000.

Bruce, F. F. *In the Steps of the Apostle Paul*. Grand Rapids: Kregel Publications, 1995.

Bush, George W. *A Charge to Keep:* My Journey to the White House. Nueva York: HarperCollins Publishers, 1999.

Callo, Joseph F. *Legacy of Leadership: Lessons from Admiral Lord Nelson*. Oregon: Hellgate Press, 1999.

Carnegie, Dale. *How to Win Friends and Influence People*. Nueva York: Simon & Schuster, 1936.

Carter, Andre. "Lord of the Rings: Tom Brady Has Two Super Bowl Rings. He Wants More". *Sports Illustrated for Kids,* Nueva York: Time, Inc.: Septiembre 2004, p. 26.

Collins, Jim. *Good to Great: Why Some Companies Make the Leap . . . and Others Don't*. Nueva York: HarperCollins Publishers, 2001.

Covey, Stephen R. *The 7 Habits of Highly Effective People: Powerful Lessons in Personal Change.* Nueva York: Simon & Schuster, 1989.

Csorba, Les T. Trust: *The One Thing That Makes or Breaks a Leader.* Nashville: Nelson Publishers, 2004.

D'Souza, Dinesh. *Ronald Reagan: How an Ordinary Man Became an Extraordinary Leader.* Nueva York: Simon & Schuster, 1997.

Dorman, Henry O. *The Speaker's Book of Quotations.* Nueva York: Ballantine Books, 1987.

Dowley, Tim. *The Baker Atlas of Christian History.* Grand Rapids: Baker Books, 1996.

Eldredge, John. *Wild at Heart: Discovering the Secret of a Man's Soul.* Nashville: Thomas Nelson Publishers, 2001.

Eng, Steve. *Jimmy Buffett: The Man from Margaritaville Revealed.* Nueva York: St. Martin's Press, 1996.

Flexner, James Thomas. Washington: *The Indispensable Man.* Nueva York: Little, Brown and Company, 1969.

Franklin, Benjamin. *Autobiography and Other Writings.* Oxford: Oxford University Press, 1993.

George, Bill. *Authentic Leadership: Rediscovering the Secrets to Creating Lasting Value.* San Francisco: Jossey-Bass, 2003.

Gerber, Michael E. *The E Myth Revisited.* Nueva York: HarperCollins Publishers, 1995.

Gilbert, Martin. *Churchill: A Life.* Nueva York: Henry Holt and Company, 1991.

Godin, Seth. *The Purple Cow: Transform Your Business by Being Remarkable*. Nueva York: Penguin Group, 2002.

Guinness, Os. *Character Counts*. Grand Rapids: Baker Books, 1999.

Hanson, Neil. *The Confident Hope of a Miracle*. Nueva York: Vintage Books, 2003.

Hayward, Steven F. *Churchill on Leadership: Executive Success in the Face of Adversity*. Rocklin: Prima Publishing, 1997.

Herman, Arthur. *To Rule the Waves: How the British Navy Shaped the Modern World*. Nueva York: HarperCollins Publishers, 2004.

Holtz, Lou, and Harvey Mackay. *Winning Every Day: The Game Plan for Success*. Nueva York: HarperCollins Publishers, 1998.

Hunter, James C. *The Servant: A Simple Story about the True Essence of Leadership*. Roseville: Prima Publishing, 1998.

———. *The World's Most Powerful Leadership Principle: How to Become a Servant Leader*. Nueva York: Crown Business, 2004.

Kaltman, Al. *Cigars, Whiskey & Winning: Leadership Lessons from General Ulysses S. Grant*. Nueva Jersey: Prentice Hall Press, 1998.

Keller, Jeff. *Attitude Is Everything: Change Your Attitude . . . And You Change Your Life!* Tampa: INTI Publishing, 1999.

Kouzes, James, and Barry Posner. *The Leadership Challenge*. San Francisco: Jossey-Bass, 2002.

Krzyzewski, Mike, with Donald T. Phillips. *Leading with the Heart: Coach K's Successful Strategies for Basketball, Business, and Life*. Nueva York: Warner Books, 2000.

Love, John. *McDonald's: Behind the Arches.* Nueva York: Bantam Books, 1986.

MacArthur, John. *The Book on Leadership.* Nashville: Nelson Books, 2004.

Maxwell, John C. *Equipping 101: What Every Leader Needs to Know.* Nashville: Thomas Nelson Publishers, 2003.

———. *The 21 Irrefutable Laws of Leadership: Follow Them and People Will Follow You.* Nashville, Thomas Nelson Publishers, 1998.

McLellan, Vern. *Wise Words and Quotes.* Wheaton: Tyndale House Publishers, Inc., 1998.

McCormack, John, and David R. Legge. *Self-Made in America: Plain Talk for Plain People about the Meaning of Success.* Nueva York: Addison-Wesley Publishing Company, 1990.

McDowell, Josh, and Bob Hostetler. *The New Tolerance.* Wheaton: Tyndale, 1998.

Mesiti, Pat. *Attitudes and Altitudes: The Principles, Practice and Profile of 21st-Century Leadership.* Anaheim: KNI Incorporated, 1997.

Miller, Nathan. *Broadsides: The Age of Fighting Sail, 1775-1815.* Nueva York: John Wiley & Sons, Inc., 2000.

Morris, Edmund. *The Rise of Theodore Roosevelt.* Nueva York: Ballantine Books, 1979.

O'Leary, Jeff. *The Centurion Principles: Battlefield Lessons for Frontline Leaders.* Nashville: Thomas Nelson, Inc., 2004.

O'Neil, William J. *Military and Political Leaders & Success: 55 Top Military and Political Leaders & How They Achieved Greatness*. Nueva York: McGraw-Hill, 2005.

Perot, Ross. *My Life & The Principles for Success*. Arlington: The Summit Publishing Group, 1996.

Phillips, Donald, T. *Lincoln on Leadership: Executive Strategies for Tough Times*. Nueva York: Warner Books, 1992.

———. *The Founding Fathers on Leadership: Classic Teamwork in Changing Times*. Nueva York: Warner Books, 1997.

Randall, Willard Sterne. *George Washington: A Life*. Nueva York: Henry Holt and Company, 1997.

Remini, Robert V. *The Life of Andrew Jackson*. Nueva York: Harper & Row Publishers, 1988.

Robbins, Anthony. *Awaken the Giant Within: How to Take Immediate Control of Your Mental, Emotional, Physical & Financial Destiny!* Nueva York: Simon & Schuster, 1991.

Roberts, Wess. *The Best Advice Ever for Leaders*. Ciudad de Kansas: Andrews McMeel Publishing, 2002.

Roosevelt, Theodore. *An Autobiography*. Nueva York: Da Capo Press, 1913.

Schefter, Adam. "Brady Is a Man in Charge of His Future". NFL Network, Jacksonville: NFL.com, 6 de febrero del 2005.

Schom, Alan. *Napoleon Bonaparte*. Nueva York: HarperCollins Publishers, 1997.

Schwartz, David J. *The Magic of Thinking Big.* Nueva York: Prentice Hall, 1959.

Shanahan, Mike, and Adam Schefter. *Think Like a Champion: Building Success One Victory at a Time.* Nueva York: HarperCollins Publishers, 1999.

Shirer, William L. *The Rise and Fall of the Third Reich.* Nueva York: Simon & Schuster, 1960.

Slater, Robert. *The Wal-Mart Decade: How a Generation of Leaders Turned Sam Walton's Legacy into the World's #1 Company.* Nueva York: Penguin Group, 2003.

Stanley, Andy. *The Next Generation Leader: 5 Essentials for Those Who Will Shape the Future.* Oregon: Multnomah Publishers, Inc., 2003.

Strock, James M. *Theodore Roosevelt on Leadership.* Roseville: Prima Publishing, 2001.

Summitt, Pat, with Sally Jenkins. *Reach for the Summit: The Definite Dozen System for Succeeding at Whatever You Do.* Nueva York: Broadway Books, 1998.

Tedlow, Richard S. *Giants of Enterprise: Seven Business Innovators and the Empires They Built.* Nueva York: HarperCollins Publishers, 2003.

Thorpe, Scott. *Revolutionary Strategies of the Founding Fathers: Leadership Lessons from America's Most Successful Patriots.* Naperville: SourceBooks, Inc., 2003.

Tichy, Noel M. *The Leadership Engine: How Winning Companies Build Leaders at Every Level.* Nueva York: HarperCollins, 1997.

Tichy, Noel M., and Nancy Cardwell. *The Cycle of Leadership: How Great Leaders Teach Their Companies to Win*. Nueva York: HarperCollins, 2002.

Walton, Sam, and John Huey. *Sam Walton: Made in America*. My Story. Nueva York: Doubleday, 1992.

Welch, Jack, and John A. Byrne. *Jack: Straight from the Gut*. Nueva York: Warner Business Books, 2001.

Weller, Bob. The Dreamweaver: *The Story of Mel Fisher and his Quest for the Treasure of the Spanish Galleon* Atocha. Charleston: Fletcher and Fletcher Publishing, 1996.

White, Colin. *Nelson: A Pitkin Biographical Guide*. Gran Bretaña, 2003.

Williams, Pat. *The Paradox of Power: A Transforming View of Leadership*. Nueva York: Warner Faith, 2002.

Willis, Stevenson. *The Proverbs of Leadership: Principles for Leading Your People to the Pinnacle of Greatness*. Nashville: Pillar Press, 2002.

Wooden, John, and Steve Jamison. *Wooden: A Lifetime of Observations and Reflections On and Off the Court*. Chicago: Contemporary Books, 1997.

Tarde o temprano, todos seremos llamados a dirigir.

Ya sea en tu hogar o en tu trabajo, en tu comunidad o en tu iglesia, un día vas a tener que pararte y tomar el control.

¿Estás preparado para cuando llegue ese día?

Con la ayuda de esta guía única, que te orientará paso a paso, podrás obtener valiosísimas habilidades de liderazgo. Chris Brady y Orrin Woodward te orientarán a través de sus principios, que han supera la prueba del tiempo: "Cinco Niveles de Influencia":

- Aprende: un líder debe tener la habilidad de aprender de cualquier persona.
- Logra un Buen Desempeño: persevera en el fracaso para encontrar el éxito.
- Dirige: extiende tus habilidades ampliando a tu equipo.
- Forma Líderes: aprende a confiar en tu gente.
- Desarrolla Líderes que Formen Líderes: crea un legado.

Estos cinco principios se ilustran a detalle, conforme el libro examina líderes clásicos como Winston Churchill, Benjamín Franklin, Theodore Roosevelt, George Washington e incluso San Pablo. Al seguir el ejemplo de cada uno de ellos, podrás adaptar estos cinco pasos a tu propia carrera profesional y vida, liberar al líder que llevas dentro…y lanzar tu propia revolución de liderazgo.

CHRIS BRADY

El Ing. Brady obtuvo su licenciatura en ingeniería mecánica en la Universidad de Kettering (anteriormente GMI) y su maestría en ingeniería en sistemas de manufactura obteniendo el título de fellow, en la Universidad de CarnegieMellon. Hizo su tesis de la maestría en la Universidad de Toyohashi en Japón. El señor Brady es un ávido piloto y navegante, y disfruta casi todas las formas de aventuras motorizadas.

ORRIN WOODWARD

Obtuvo su licenciatura en ingeniería de manufactura en la Universidad de Kettering. Actualmente cuenta con cuatro patentes en Estados Unidos, así como con un Premio Nacional exclusivo en Benchmarking. El Ing. Woodward obtuvo su licenciatura en ingeniería de manufactura en la Universidad de Kettering (anteriormente GMI), así mismo realizó sus estudios en Administración de Empresas en la Universidad de Michigan. Actualmente cuenta con cuatro patentes en Estados Unidos, así como con un Premio Nacional exclusivo en Benchmarking por su análisis de productos. Orrin disfruta de la pesca en el océano, hacer ejercicio para mantener su condición física y constantemente enriquecer su ya extensa biblioteca.

Brady y Woodward han trabajado construyendo negocios de miles de millones de dólares, enfocándose en el desarrollo del liderazgo relacionado al comercio electrónico vía Internet. Invariablemente, su organización ha sido reconocida como la de mayor crecimiento en su ramo. Ambos son aclamados expositores en los cuatro continentes, han enseñando los principios de los negocios y del éxito. Su primer libro, Leading the Consumer Rebellion, se convirtió en un Best Seller durante su primer año.

Los autores donarán cien por ciento de todos los anticipos y regalías, que obtengan de esta edición, a All Grace Outreach en Flint, Michigan.